本书的出版得到上海交通大学
"文科成果文库资助计划"的资助

教育改变了什么？

What does education change?

刘少雪 著

商务印书馆
The Commercial Press

图书在版编目（CIP）数据

教育改变了什么？／刘少雪著. — 北京：商务印书馆，2025. — ISBN 978 - 7 - 100 - 24857 - 0

Ⅰ.G40-03

中国国家版本馆CIP数据核字第2025H6L894号

权利保留，侵权必究。

教育改变了什么？

刘少雪　著

商　务　印　书　馆　出　版
（北京王府井大街36号　邮政编码 100710）
商　务　印　书　馆　发　行
山 东 临 沂 新 华 印 刷 物 流
集 团 有 限 责 任 公 司 印 刷
ISBN 978 - 7 - 100 - 24857 - 0

2025年3月第1版　　开本 670×970　1/16
2025年3月第1次印刷　印张 16¾
定价：78.00元

　　刘少雪，女，博士，上海交通大学教育学院教授，长期从事高等教育理论，研究生教育、工程教育、大学教育教学研究，先后出版《中国大学教育史》《面向创新型国家建设的科技领军人才成长研究》等 6 部学术专著，在中外期刊发表学术文章 100 多篇。

目录

引　言 … 1

第一章　教育与职业　… 7
——学历是职场的外衣还是硬核？

第一节　学历与职业的外显性关联　… 8
第二节　对教育与职业关系的争论　… 18
第三节　新中国教育与职业的关系分析　… 33

第二章　教育与生活　… 59
——教育是生活的调味品还是必需品？

第一节　教育对社会地位的影响　… 59
第二节　教育对生活方式的影响　… 75
第三节　教育对婚姻与社会关系的影响　… 89

第三章　教育与能力　… 107
——孰因孰果？

第一节　教育与智力的关系　… 107

第二节　教育与非智力能力的关系　　134

第四章　教育与成长　　159
　　　　　——教育作用是如何实现的？
　　第一节　教育对个体成长的影响　　159
　　第二节　教育过程中的个体成长　　180

第五章　教育改变了什么？　　203
　　第一节　什么样的教育能够改变人？　　204
　　第二节　教育如何改变人？　　216

结　语　　235

参考文献　　241

后　记　　251

案例目录

案例 1-1	资深 HR 透露：为什么我们要看重学历	13
案例 1-2	学历变了，儿子的工作岗位和工作心态都变了	16
案例 1-3	表弟的求助思路	22
案例 2-1	哥哥不问，弟弟只能憋住不说	72
案例 2-2	小学同学群谣言横飞	73
案例 2-3	看看蓝天白云多好（节选）	76
案例 2-4	慢性病，没事儿！	81
案例 2-5	考不上就复读！	84
案例 2-6	"读书的料"与"不是那块料"	85
案例 2-7	同样的课外班，不一样的意图	86
案例 2-8	李鸿章家族的姻亲关系	90
案例 2-9	婚姻，不只是感情	92
案例 2-10	大龄剩女为什么越来越多？一个35岁的单身女子说出了实情	96
案例 2-11	求学和工作经历构筑了姐妹俩不同的社会关系网络	98
案例 2-12	城市中的家乡人	100
案例 2-13	寒门贵子的家庭负担	102
案例 2-14	"你给我介绍个活轻钱多的工作吧！"	104
案例 3-1	是否升学影响个体的分类水平	111
案例 3-2	"我不谈没有见过的事情！"	113
案例 3-3	培养学生的思维能力是义务教育阶段语文教育的目标之一	116
案例 3-4	"专家"与"新手"：区别在哪？	120
案例 3-5	知道重要，但不会学	122
案例 3-6	"最近发展区"	125

案例 3-7	跌落的包工头	127
案例 3-8	高中毕业的游戏主播	131
案例 3-9	做什么"实际事情"都没有"想事情"那么辛苦!	133
案例 3-10	体罚教育的后遗症	136
案例 3-11	从"有毒"班级到"优秀班集体"	138
案例 3-12	兄弟俩截然不同的处事态度	141
案例 3-13	做诺贝尔式的发明家	143
案例 3-14	逆袭的女孩	145
案例 3-15	换了跑道的人生赢家	148
案例 3-16	放弃公务员身份回农村	151
案例 3-17	老嘎的影响	154
案例 3-18	人生的希望破灭	155
案例 4-1	中国近代第一个获得美国大学学位的留学生	163
案例 4-2	陈鹤琴对教育意义的回忆	165
案例 4-3	已知圈越大,不知道的就更多	169
案例 4-4	教育部对我国义务教育目标的相关规定	171
案例 4-5	堂兄小荣	176
案例 4-6	农民工与大专生职业发展轨迹对比	179
案例 4-7	儿童几岁能守恒?	182
案例 4-8	英国私立学校的"办学成绩"	185
案例 4-9	不同学生对同一所学校的不同感受	186
案例 4-10	两个学校的分数观	188
案例 4-11	老师提问的魅力	189
案例 4-12	外显与内隐的冲突	191
案例 4-13	我在对手面前打了一个败仗	193

案例4-14	"为中华之崛起而读书！"	196
案例4-15	杀害母亲的"学霸"	199
案例4-16	当代大学生理想信念调查	200
案例4-17	马克思的思想转变	201
案例5-1	复杂环境下的老鼠更聪明	206
案例5-2	了解是产生兴趣的基础	210
案例5-3	大学的收获	212
案例5-4	"既回不了乡村"又"进不了城市"的新一代农家子女	213
案例5-5	"我开始意识到我不仅仅是一个泰姆布或考撒人"	218
案例5-6	"我感觉他们可能是在嘲笑我"	219
案例5-7	"重生"	225
案例5-8	绩点的意义	227
案例5-9	新东方的由来	232
案例5-10	"两条摇摇欲坠的船，靠在一起，并不能互相取暖"	233

表格目录

表0-1	20世纪60年代出生的人口学历分布情况	5
表0-2	2015—2022年间我国部分年份不同学段入学率数据表	6
表1-1	2022年全国就业人员分年龄段的受教育情况表	10
表1-2	2022年全国不同学历劳动力的岗位类型情况表	13
表1-3	尼日利亚北方四种教育活动的现金收益情况表	19
表1-4	不同经济发展水平国家的教育收益率	21
表1-5	2022年高中及以上学历从业人员在不同行业的分布	42
表1-6	1994—2004年间部分大学生就业意愿及影响因素调查结果表	45
表1-7	2022年全国不同职业身份从业人员学历情况表	50

表 1-8	2015—2019 年间城镇从业人员的周劳动时间表	50
表 1-9	2022 年城镇失业人员结束上一份工作的原因表	52
表 1-10	2022 年城镇失业人员失业前的职业情况表	53
表 1-11	2020 年我国农村 15-64 岁人口的受教育情况	54
表 1-12	不同文化程度的农户家庭劳动生产率比较	56
表 2-1	美国伊利诺伊州、明尼苏达州和罗彻斯特男性薪资中位数	62
表 2-2	2010—2015 年我国流动人口月收入水平	63
表 2-3	2019 年我国非私营单位不同受教育程度从业人员在各职业的聚集水平及收入情况表	64
表 2-4	中国制造业领域农民工职业发展层次与职业生命收入经验值	66
表 2-5	北京居民两次职业声望调查中居于前后十位职业情况表	70
表 2-6	高声望职业与低声望职业的从业要求及表现方式的差别	71
表 2-7	两种不同特征的儿童教养方式	88
表 2-8	不同受教育程度城镇失业人员寻找工作的途径	101
表 3-1	国内三所大学机械工程学院学生的认知发展情况表	115
表 3-2	2012—2022 年间选择年份国家公务员考试报名与录取人数情况表	153
表 4-1	我国不同学段班级和学校规模表	190
表 5-1	上海市文来初中课程实验班同学的资赋分类及学习成绩情况表	208
表 5-2	2021 届陕西省高校应届毕业生就业区域情况表	215
表 5-3	2022 年我国不同受教育程度城镇劳动者结束上一份工作的原因	224
表 5-4	不同推理水平的行为表现及过程要求	229

图片目录

图 3-1　智力分布常态图　　108

图 3-2　遗传限内环境对智力发展的影响　　110

图 4-1　同龄农民工与大专生职业发展轨迹对比　　179

图 4-2　堪培拉儿童和土著儿童掌握守恒概念的比较　　182

图 5-1　河南农村居民不同受教育程度与工作地点分布情况　　215

引　言

故事可以从我的两位母亲（妈妈和婆婆）说起。

我妈妈出生在1935年，十几岁的时候读了几年书，官方登记为完小（即完全小学）文化程度，后来做过数年民办教师，子女出生后就是一名普通的农村家庭妇女。但不论是妈妈自己，还是当时村子里的其他人，都认为妈妈是个"文化人"。婆婆出生于1944年，据说只上了半天学，后来就再也没有系统学习的机会，20世纪80年代"农转非"进城，但没有固定工作。婆婆对没有机会上学这件事始终耿耿于怀，直到生命的最后，都认为这是她生命中的最大遗憾——不识字限制了她的发展，主要体现在就业问题上。据说，当时如果她稍微有点文化，就有可能被安排一个正式工作，最差也可以自己开个小买卖，而不至于一直打零工。

作为村里的文化人，妈妈对与文化沾边的事情一直有较高的兴致，最突出的表现是她几乎会认真翻开所有经过她手的有汉字的纸张，哪怕是产品说明书、广告等等。除了专业性较强的图书杂志外，报纸、各类说明书、休闲杂志、小说等，只要时间允许，她一般都会认真阅读；遇到生字或新概念、新词汇，会主动求教，儿女、孙辈都是她的老师；我们外出读书时，收到的家信都是妈妈的亲笔，但每一封信的内容都较短，一般不超过一页纸；进入老年后，看《新闻联播》是她了解国家大事的渠道，看国产生活类电视剧是她消磨时间和了解现代人生活方式的主要途径。电视上的信息对妈妈来说就是权威信息，而且大部分时候她相信政策就应该是现实，如果遇到现实与政策的不一致，她批评埋怨的一定是基层官员。另外，妈妈一直坚持想做一个"明白人"，特别在与儿女、孙辈的交流中，不愿意自己成为一个"落伍"的"局外人"；但对于现代科技她基本上是放弃了解，能用即可。

婆婆的生活态度非常真实，凡是超越她能够碰触到的现实与事物，基本都会被她本能地拒绝；但如果信息来自她认为最可靠、从来不会坑骗和嘲笑她的人，比如丈夫（20世纪50年代的大专生）和儿子（90年代的硕士），她一方面会将信将疑地接受，另一方面也会愿意与他人传播分享。婆婆的动手能力很强，但相对来说只愿意做她认为自己擅长或可以学会做的事情，比如农事和家务等；凡是需要通过某种学习才能掌握的新事情、新技巧，有时候虽然内心里很想学，但如果没有把握，她只会私下观摩、练习，一旦成功就呈现惊喜，比如她在晚年时跟别人学会了织毛衣、织棉鞋，之后便织了很多——除了颜色和大小有变化外，样式、花色几乎完全一致；但如果学不会或者效果不理想，那她不会再坚持。婆婆终其一生都不愿意有空闲时间，闲下来也不看电视——"看不下去，一看就要睡觉"，"听某人说"是她获得信息的基本渠道。婆婆自尊心很强，但她不避讳自己不识字这件事，即使后来她学会了一些与她的生活很相关的字，她也宁愿说自己"不识字"，推测原因可能是担心会读错、认错而招致嘲笑；婆婆会尽可能避免一个人出远门、乘一路新公交车、到一个新地方等，不过一旦这类事情进入重复阶段，她便可以接受独立完成，但通常只是坚持重复最初的路线。婆婆对自己在固定环境条件下的做事能力很有信心——只要学会了，一定不会比别人差；但对新事情、新技术，她通常都会自动后退。

我与我的两位母亲都有比较久的共同生活经历，她们的性格、处事方式有很多相似之处，同时她们之间的行事模式也有明显差别。

从相似之处来说，她们的生活圈子都很小，家人、亲戚和少数邻居是他们稳定的联络和关注对象，某种程度上她们还生活在彼得·布劳所认为的"小型口传文化"中——工业化之前的社会形态[1]，家人的温饱冷暖、亲戚间的亲疏远近是她们日常关注的重点，邻居或熟人中的家长里短是她们日常交流的主要内容。她们对超越自己生活范围的世界不关注或者关注有限，比如说妈妈虽然每天看《新闻联播》，但她通常只是看了、听了，具体内容很难引起她的关注，除非某些播报事件与她们的重要关系人发生了某种联系，比如说在她的重要关系人生活的地方出现了极端天气、重大事件等，本质上她们关心的仍然是自家人的安危而不是事件本身。信息来源渠道比较狭窄，对周围人特别是家人的依赖程度高，尽管妈妈可以通过看电视获得少量信息，但真正影响她们观念、态度、想法以及言行的信息，还是来源于现实的口口相传，从这个意义上说，她们的生活半径短、社会网络结构简单，信息传递有声，生活经验感性。

从相异点来说，首先是妈妈似乎比婆婆多了一个简单的精神世界——由看电视、看书等构筑起一个相对简单的精神世界，但这个精神世界与她的日常生活基本没有交叉；而婆婆的世界是真实的，不管过去、现在还是将来，都建立在她的真实体验或具体人物之上，"经验"和"真实"对她至关重要。

其次是她们两个人的自我形象期待有明显差异。妈妈在她的同龄熟人圈里是个"文化人"，而婆婆却是她熟人圈里为数不多的文盲，因此她们在各自生活圈里的形象期待恰好是对立的：尽管起始受教育程度并不

---

1 [英]安东尼·吉登斯著，李康、李猛译，《社会的构成——结构化理论纲要》[M]，北京：中国人民大学出版社，2016年，第196页。

高，从有限的教育中获得的知识、能力都很有限，但识字读书以及民办教师的形象，让妈妈更愿意以自助方式去感知和认识世界。对婆婆而言"不识字"这件事已经影响到了她的社会身份构塑（主要是进城之后），某种程度上不识字这件事情本身已经明显地将她与其他同类人群体拉开距离。面对这种几乎难以摆脱的困境，她选择了一种貌似最安全的自我保护方式，即承认自己"不识字"，然后退避与识字相关的所有事情，以规避被再次伤害的机会。妈妈与婆婆在自我形象期待与行为方式上的这种差别，某种程度上验证了杜威所说的"文字像是一堵墙"[1]——妈妈虽然从学校教育中获得的知识本质上非常有限，但这不多的文字依然为她打开了一个认识世界的小口子，让她能够通过这个口子看看自己经验以外的世界；而婆婆则无法逾过由文字铸就的围墙，她的能力、视野都被严严实实地局限在围墙之内。

另外，从纵向对比来看。待到子女全部成人后，妈妈成为家里学历最低的人，不论孙辈，就子女（均出生于20世纪60年代）来说，初中学历是我们中的最低学历。与妈妈相比，有初中学历的我的同辈人，虽然他们在学校里学到的文化知识更多、认识更多的字、活动半径更大、获取信息的渠道更多元，但他们对新知识的态度没有妈妈自信，生活态度也比妈妈更愿意接受所谓"潮流"的挟裹。如果将他们分别与各自的同辈人相比较，妈妈那一代人的整体学历水平很低（小学及以下受教育程度的人数占同龄人的近80%，女性中的这一比例接近90%），以至于有学者认为他们这一代人能够"小学毕业则已是了不起的成就，足以在各个工作领域中担当重要岗位"[2]。而在60年代出生的人群中，小学及以下的学

---

[1] ［美］约翰·杜威著，姜文闵译，《我们怎样思维·经验与社会》［M］，北京：人民教育出版社，2005年，第191页。
[2] 张欢华，《国家与地位获得：1949—1996年的中国社会》［D］，香港中文大学，2011年，第49页。

历人口只占同龄人的四分之一，初中学历只处于中间层次（详见表0-1），在同龄人中没有任何学历优势。

表0-1　20世纪60年代出生的人口学历分布情况

（单位：万人/%）

	人口总数	未上过学	小学	初中	高中	大专	本科	研究生
40—44岁	12476	242	2944	6727	1600	579	349	35
45—49岁	10559	260	2528	5188	1840	467	249	27
合　计	23035	502	5472	11915	3440	1046	598	62
合计占比	100.0	2.2	23.8	51.7	14.9	4.5	2.6	0.3

资料来源：国务院人口普查办公室、国家统计局人口和就业统计司编，《中国人口普查资料》（2010）[OL]，http://www.stats.gov.cn/sj/pcsj/rkpc/6rp/indexch.htm。

两位母亲对"上过学"这件事的认识，以及妈妈与其子辈人的比较，成为我力图讨论"教育到底改变了什么"的起因。在这里，教育是狭义的学校教育和学历教育，不包括各类教育培训；学历在本书中是学校教育的代名词。本书的意图是从个体的视角看教育到底从哪些方面改变了受教育者，如果可能的话，还希望能够探讨这种改变是如何实现的。从研究方法上说，本研究将通过整合来自不同学科（包括但不限于教育学、心理学、社会学、经济学等）的研究发现，结合个人观察、个别谈话以及来自各种相关文献中的案例事件等，以故事方式，从不同方面呈现教育对个体的改变及其意义。

本书对教育作用的讨论是以当前的中国社会为基本背景，即自2010年以来，全国范围内的九年制义务教育全面普及，高中阶段毛入学率达到80%以上；每10万人口中，接受过大学教育的人口数从1982年的615人增加到8882人，高中学历人口从6779人增加到14004人；未上过学的人口占6岁以上人口比例在5%左右。[1] 这些基本数据表明，在今天的中国，几乎所有适龄人口都完成了初中及以下教育，超过80%甚至接近90%的适龄人口能够接受高中阶段教育，超过一半人有机会接受高等教育。在此情况下，是否所有接受教育的人都从学校教育中收获到了他们想要的，或者应该有的，或者同样的收获？答案显然不是。那么，在各级教育如此普及的情况下，我们应该以怎样的心态来看待和发展教育、投资教育，就成为一个值得思考的问题。尝试解答这一问题，成为我写作本书的主要意图。

表0-2　2015—2022年间我国部分年份不同学段入学率数据表

（单位：%）

	2015年	2020年	2022年
九年制义务教育巩固率	93.0	95.2	95.5
高中阶段毛入学率	87.0	91.2	91.6
高等教育毛入学率	40.0	54.4	59.6

资料来源：中华人民共和国教育部，《全国教育事业发展统计公报》(2015、2019、2022)[OL]，http://www.moe.gov.cn/jyb_sjzl/sjzl_fztjgb/。

---

[1] 中华人民共和国教育部，《全国教育事业发展统计公报》(2010)[OL]，http://www.moe.gov.cn/srcsite/A03/s180/moe_633/201203/t20120321_132634.html；国务院人口普查办公室、国家统计局人口和就业统计司编，《中国人口普查资料》(2010)[OL]，http://www.stats.gov.cn/sj/pcsj/rkpc/6rp/indexch.htm；《中国教育年鉴》编辑部，《中国教育年鉴》(1991)[M]，北京：人民教育出版社，1992年，第70页。

第一章　教育与职业
——学历是职场的外衣还是硬核？

教育是人类社会诞生以来即有的一种社会现象，在国家和阶级、阶层出现以后，教育在某种程度上始终在充当国家政治机器、特权阶层的"护身符"和社会阶层流动的"筛选器"。国家权力机关通过学校教育，实施"有意识的、以影响人的身心发展为直接目标的社会活动"[1]，将受教育者培养成为符合一定规格要求的人；然后通过教育制度与职业、身份等社会其他制度的连接，使教育服务国家政治、经济和社会等各方面的目的，通过受教育的诸多个体变为现实。自人类进入现代社会以来，教育的普及化程度也在逐渐提高，教育原本具有的特权意识、精英主义越来越被普遍权利、绩效主义代替，个体越来越多地将教育作为个人获得职业、收入及其他社会身份地位的重要依据，"教育改变命运"便成为一种现实的合理。那么，教育与个体职业人生之间的强关联，是否合理，以及在多大程度上合理，是本章内容希图揭开的奥秘。

---

[1] 叶澜主编，《教育学原理》[M]，北京：人民教育出版社，2007年，第56页。

第一节　学历与职业的外显性关联

教育能够改变人的命运，这一观念在中国已经盛行了两千多年，尤其是自隋朝开始出现并经其后多个封建王朝逐渐完善的科举选拔制度，将教育与个体身份（从民到官）及家族命运的关系提高到妇孺皆知的程度。但这一时期的教育与近现代学校教育制度不同，个体的身份获得只与其所通过的不同等级的考试有关；在通过最后的考试之前，个体可以在多种不同形式的机构中接受教育，如家学、书院、官学等。另外，个体受学年限差别也很大，俗语说的"八十老童生，二十少状元"虽是极端，但其将于何时以何种身份结束其受教育生涯，取决于个体所通过的考试，如通过殿试之后的进士，便自动进入国家的官员序列，从而结束自主模式的受学生涯；而没有通过各级科举考试的读书人，则可以随时选择中断其受教育过程。至于这部分人是否能够进入国家各级官吏系统或者以读书人的身份获得一个职业岗位（如私塾教师），则具有较大的不确定性。将受教育等同于进学校，将受教育经历与文凭联结，再将文凭与职业、岗位挂钩，则肇始于近代资本主义学校教育制度的产生与完善。中国近代历史上第一位正式的驻外官员郭嵩焘就曾做了这样的对比，他认为西方学校所颁发的文凭与中国的科举入仕不同，只是"虚为之名而已，并不关白国家"，学生"所学与仕进判分为二。而仕进者各就其才质所长，入国家所立学馆，如兵法、律法之属，积资所能，终其身以所学自效"。[1] 郭嵩焘所察觉到的西方近代学校颁发文凭与中国科举授官制度的差别，首先在于近代资本主义学校教育制度与官员选拔制度互相分离，"判分为二"。其次是无论从国家角度还是受教育者个体角度，近代专门教育都比中国科举制度更有效，

---

[1] 郭嵩焘,《郭嵩焘日记（三）》[M], 长沙：湖南人民出版社, 1982年, 第352页。

即个体在"积资所能"的基础上,可以"终其身以所学自效"。最后,他认为中西方教育制度的根本差别在于,西方近代学校所颁发的就学文凭只是一种学业证明,而中国科举制度授予的则是仕途通行证。

近现代学校教育制度从根本上说是工业大生产的结果。一方面,工业化大生产普遍对工人素质有了要求,即工业化大生产需要教育为各行各业提供批量的不同规格的从业者、劳动力;另一方面,工业化大生产所积累的财富也为近现代学校教育提供了必要的物质基础,各级各类学校便成为国民接受教育的主要场所,学历文凭便是个体受教育情况和经历的主要标志物。随着各级学校教育的普及和近现代学校教育制度的逐步完善,根据个体持有的学历文凭,社会大众至少可以做出如下判断:(1)判断持有者的绝对受教育状况,即受教育层次;(2)判断其是否接受过某种类型的专/职业训练,即受教育的类型;(3)判断其在同龄人群体及整个劳动力市场中的相对位置。以上三点对用人单位选择雇员非常必要。比如,以2019年首次踏入职场的一名大学本科毕业生为例,根据他/她所持有的毕业文凭,我们可以判断:第一,他/她的年龄在22岁左右;第二,具有一定的与其本科专业相关的专业知识和能力素质基础,但因为没有正式工作经验,其专业技能水平还需要培养锻炼和观察;第三,其受教育程度在已就业的同龄人群体和整个劳动力市场中均处于上层位置(按受教育程度由低到高排列,本科毕业生处于90%左右的位次水平,详见表1-1),但如果将衡量范围放宽到30岁以下,即其求职过程中的主要竞争群体,那么其相对位置要下降7个百分点(82.3% VS 89.2%);第四,本科文凭中所显示的学校及受业年限信息,对其在职场中的竞争力和议价能力均有一定的附加作用(详见案例1-1)。因此可以说,由各级各类学校颁发的正式学历文凭上所记录的信息量虽然不多,但其所承载信息内涵则远超纸面上的直接含义,文凭由此成为持有者个体通向劳动力市场的不同职业、不同岗位的重要签注,甚至是通向某些特定类型职/

行业的"通行证"——它虽然不能保证持有者一定能够获得某个/类职业岗位，但持有者却可以因为不持有相关文凭而被直接排除竞争资格，即学历文凭成为某些岗位竞争中的必要但不充分条件。

表1-1　2022年全国就业人员分年龄段的受教育情况表

（单位：%）

年龄分段	占整体劳动人口	就业人员							
		未上过学	小学	初中	高中	大学专科	大学本科	研究生	合计
16—19岁	1.0	0.2	2.3	46.7	39.2	9.0	2.6	0.0	100.0
20—24岁	5.6	0.2	2.0	28.0	26.5	26.3	16.5	0.5	100.0
25—29岁	10.5	0.2	2.4	29.9	23.2	20.5	21.5	2.4	100.0
30—34岁	14.6	0.2	3.7	36.6	22.0	18.1	17.1	2.3	100.0
35—39岁	11.8	0.5	6.1	43.6	18.7	14.0	14.9	2.3	100.0
40—44岁	11.1	0.9	10.5	46.4	19.4	11.1	10.1	1.6	100.0
45—49岁	13.2	1.5	17.3	49.5	16.2	8.3	6.4	0.8	100.0
50—54岁	12.3	2.4	25.1	49.2	12.6	5.8	4.4	0.5	100.0
55—59岁	8.7	3.0	26.2	48.5	14.5	4.4	3.1	0.4	100.0
60—64岁	4.4	7.6	36.7	39.3	14.7	1.2	0.5	0.1	100.0
65岁及以上	6.9	15.1	54.8	24.4	5.0	0.5	0.2	0.1	100.0
总　计	100.0	2.3	15.8	41.0	17.8	11.5	10.3	1.3	100.0

资料来源：国家统计局人口和就业统计司、人力资源和社会保障部规划财务司编，《中国劳动统计年鉴》（2022）[M]，北京：中国统计出版社，2022年，第62—63页。

表1-1显示了当前我国16岁及以上经济活动人口的整体受教育情况，看得出我国现有劳动人口中，初高中受教育程度的比例最高；尽管近年来我国每年都有千万左右的高等教育毕业生进入劳动力市场，但由于之前接受高等教育的劳动人口基数过低，以至于当前劳动人口中接受过大专及以上教育劳动人口的比例仍然只有23%，还不到劳动人口的四分之

一。但以40岁为界,这个年龄段以上的劳动人口中,以初中毕业为界,初中及以下的人数比例几乎与高中及以上劳动人口各占一半,越是低于这个年龄的组别中,接受大学本科及以上的人口比例越高(19岁以下年龄组除外),甚至20—24岁、25—29岁两个低年龄组中,接受高等教育的劳动人口比例已经超过了40%;同时,40岁以下各年龄组中,以初高中学历进入劳动力市场的比例越来越低(16—19岁和20—24岁年龄组人口尚未完全进入劳动力市场,该年龄组劳动人口的受教育水平还处于变化之中)。与此相对应,年龄超过40岁以上各组,则是年龄越大,小学及以下受教育程度人口比例越高,接受高等教育的比例越低。基于表1-1的数据可以得出这样的判断,同样是一名大学本科毕业生,在当前、20年前或30年前进入劳动力就业市场时,其在同龄人群体和整个劳动力市场中的竞争力有非常大的不同:30年前时,其处于劳动人口中前5%的区间段,属于少数精英群体;20年前处于前12%水平,仍然具有较高的就业竞争力;但在当前,除了还有差不多一半的同龄人尚未进入劳动力市场——意味着这部分人还在就学过程中,因此未来会有更高的学历水平——在现有同龄就业群体中,居于前17%的水平。这种因时代变迁而导致的学历文凭稀有水平逐渐下降的现象,通常也被称为学历膨胀或文凭贬值。

学历膨胀,即文凭贬值发生后,对个体会产生正反两方面的影响:一方面,随着整个社会的各级特别是较高等级教育机会的扩大,原本只对少数人开放或者具有较高竞争程度的较高等级教育会变得相对普遍,个体因此有了更多接受更高等级教育的机会,从而使个体在延长绝对受教育年限方面有了更多的主动权,同时也为个体未来的职业选择提供了选择权;另一方面,较高等级教育机会扩大的权利对于所有同龄人群体是一样的,这也就意味着未来受惠于较高等级教育机会扩大的同龄人群体以及后来人群体会越来越多,而且由于个体活跃在劳动力市场的时间大约在30年以上,因此会在劳动力市场中产生累积效应,使得文凭贬值的现象快速由同龄人群体向整个劳动力市场蔓延，教育文凭的"含金量"某种程度上会以"断崖式"速度下降。比如，"在美国，高中文凭（即接受12年教育）在1940年之前还相对罕见；而现如今，高中学历已是家常便饭，在找工作时几乎一文不值。大学入学率在年轻人中超过了60%，大学学位也面临着如高中学历一样的命运"[1]。实际上这种文凭贬值现象不只出现在美国，世界各国在教育和经济社会快速发展过程中都会出现明显的文凭贬值现象。我国改革开放之后进入了经济社会发展快速期，新世纪之后高等教育更是进入快速发展期，大学生在总人口和劳动力市场中的积累效果很快显现。比如，在2000年时，我国当年的高等教育毕业生人数为95万人，每10万人口中接受过大专及以上高等教育的人数为3611人；经过20年的快速发展和积累，到2020年时，上述两个数字分别为870万人和15467人，即20年间我国人口中接受过高等教育的比例增加了3.28倍。不同于基础教育，高等教育不只是受教育年限延长，而且具有专业性，因此接受过高等教育通常意味着个体的就业类型会发生明显转变——从相对普通的无门槛岗位转向有专业技能要求的专业性岗位。表1-2显示了2022年全国按学历集聚的不同类型就业人员情况。

　　从表1-2可以看出，虽然目前表中所有类别岗位都没有排除任何学历情况，即所有岗位与学历文凭之间都没有建立绝对的对应关系。比如，既有"未上过学"的人可以在"专业技术人员"和"单位负责人"的岗位上，也有一定数量的具有"研究生"教育学历的从业人员出现在"未上过学"和"小学"就业群体最集中的"农林牧渔水利业人员"；但这两种情况的出现并不能掩盖不同类型岗位与学历文凭之间存在的明显对应关系。比如，接受过高等教育的就业人员，主要集中在"专业技术人员"

---

[1] ［美］兰德尔·柯林斯著，刘冉译，《文凭社会——教育与分层的历史社会学》[M]，北京：北京大学出版社，2018年，中文版序，第Ⅴ页。

表1-2　2022年全国不同学历劳动力的岗位类型情况表

（单位：%）

学历情况	占就业人员总数比例	单位负责人	专业技术人员	办事人员和有关人员	商业、服务业人员	农林牧渔水利业人员	生产运输设备操作人员及有关人员	其他	合计
未上过学	2.3	0.1	0.3	0.9	12.8	73.3	12.4	0.1	100.0
小　　学	15.8	0.3	0.7	2.0	18.9	55.1	22.9	0.1	100.0
初　　中	41.0	1.2	2.2	5.1	34.2	25.0	32.1	0.1	100.0
高　　中	17.8	2.7	8.1	14.0	44.4	8.4	22.3	0.1	100.0
大学专科	11.5	3.6	23.5	26.4	34.2	1.5	10.7	0.1	100.0
大学本科	10.3	3.7	39.7	30.2	21.8	0.5	4.1	0.0	100.0
研 究 生	1.3	3.8	55.0	24.8	14.4	0.3	1.7	0.0	100.0
总　　计	100.0	1.8	9.9	11.4	31.6	22.4	22.7	0.1	100.0

资料来源：国家统计局人口和就业统计司、人力资源和社会保障部规划财务司编，《中国劳动统计年鉴》（2022）[M]，北京：中国统计出版社，2022年，第67—68页。

"办事人员和有关人员"和"商业、服务业人员"三类岗位，其中半数以上的"研究生"和三分之一以上的"本科"层次的从业人员集中在"专业技术人员"岗位；而"农林牧渔水利业人员"岗位则集中了接近四分之三的"未上过学"从业人员和一半以上的"小学"从业人员；"商业、服务业人员"岗位则集中了最多的"初中""高中"和"大学专科"从业人员。这也可以说明，在当前我国的就业市场中，学历文凭与岗位类别之间虽然没有绝对的排斥性关系，但有明显的对应性关系。案例1-1则是从更现实的用人单位的角度阐释了学历与职业的对应关系。

※ **案例1-1　资深HR透露：为什么我们要看重学历**

前几天部门突然聊到了学历这个问题，浩哥讲有个朋友学历不高，但能力很强，在很有资历的企业也待过，去名企面试，通过了用人单位的选拔，却惨败在HR的学历门槛上。

有多少上班族或创业者或者老总能说你们公司招人不看学历？事实告诉我们，学历很重要，但我们为什么要看学历？

……

大多数人都不是智商200的天才，也不是随心所欲的天之骄子/女，我们都是需要好好工作的普通人。

就国内而言，一个清华、北大名校的学历是不能说明个人素质、能力、未来成就等，但得承认至少说明此人要么学习能力不错，要么天资聪颖，要么勤劳刻苦等，千万别说什么书呆子只会读书，都是酸腐味。对于毕业生来说，学历更是很好的求职敲门砖，可以比很多人有一个较高的起步。

……

中国高校每年毕业人数700多万，有能力、有学历的人一抓一大把，想要进入名企的有学历有能力的排着队等着被选，你以什么让HR承认你的能力和智慧适合？学历就是很好的筛选条件之一，错过一个优秀的又怎样，优秀的人一堆，卓越的人才错过才值得可惜。

再者物以类聚，人以群分，高智商的人都和差不多级别的玩，优质的社交关系也是不可或缺的原因。

我们常说读书不是一个人唯一的出路，但读书是最便捷的出路。"百无一用是书生"不过是清朝诗人的反讽，应试教育虽然限制了人的发展但也给了人成长的机会。

……

打个比方，一个普通一本毕业生毕业后想要进入腾讯、阿里之类的大企业，除非本身大学履历很牛，例如交换生、大企业实习、社团领导、XX比赛、XX证书，要么就有推荐人……

有人说当服务员、送快递要什么学历，小学毕业都可以做，是的，可以做，但做得多好是另一回事，有学历毕竟还是能得到一些高看的。

再以自身角度来看，学校相对来说还是比较纯粹的，这点相信很多人无法否认，一个（人）在相对单纯的环境里生活学习的时间越长，三观都会被塑造得比较结实，三观未定就进入社会大染缸，只能接受社会给予的选择，而不是去选择。说句实在的，去普通学校和名校多逛几圈就知道差别了。

教育使人学习，让人沉淀，学历不只是文凭，在这个过程还有社交圈、熏陶、素质、视野、思维、三观、知识储备量……

学历对于绝大多数人来讲是一个比较公平的筛选（当然，X二代等其他人除外），没有优越的背景，就只能靠更多的努力，学历只是一个标签、一个评分项、一块敲门砖……并不是唯一。

……好好学习，有个好点的学历，即使现在不清楚未来想要什么，至少在未来还有一点选择权，等清楚想要的生活时有底气去选择想要的生活，而不是被选择。

明辰自考菌，《资深HR透露：我们为什么要看学历？》[OL]，https://zhuanlan.zhihu.com/p/79508041。

案例1-1中的HR[1]也承认，学历与工作能力之间不是对应关系，"学历不高，但能力很强"在现实中也经常会听到；但应聘时因学历被淘汰也是司空见惯。大公司的HR比其他岗位的人见识过更多的求职人员（包括各类学校的毕业生），他们对学历、能力的看法有相当的普遍性。在这位HR看来，拥有优质学历的人，"至少说明此人要么学习能力不错，要么天资聪颖，要么勤劳刻苦等"，这些资质不仅是个体在知识储备、技

1　HR即Human Resources的简称，指代各企业单位中的人力资源部门或从业人员。

能养成及学业竞争时需要的，在职业发展与成长过程中同样需要；同时，"学历不只是文凭，在这个过程还有社交圈、熏陶、素质、视野、思维、三观、知识储备量"等，这些不只是决定了个体当下的能力水平和其对他人与自己、对现实与未来等的基本态度和基本策略，而且也会影响到其长远的职业发展方向和成长路径。因此，在这位资深HR看来，用学历作为筛选海量求职者的第一道"筛子"，做法虽然简单粗暴，甚至可能会错过一些学历欠佳但能力出众的少数求职者，但因其能够帮助雇用方更加便捷有效地识别潜在被雇用对象，因此更加适合工业化及后工业化时代"流水线"式的人才雇用方式，从而使以学历筛人的雇用策略大行其道。

案例1-1展示的是雇用者将学历用作雇员挑选筛选器，即在尚未见识到应聘者的真正能力之前就完成了筛选。但"筛选"本质上只是雇佣关系成立的开始，当真正的雇佣关系发生后，学历对雇用者和被雇用者是否真的有某种标志性作用，请看案例1-2。

※ 案例1-2 学历变了，儿子的工作岗位和工作心态都变了

你知道，飞（出生于1987年）高中毕业（2004年）后只考上了专科学校（学制三年），学的是金融专业。毕业后到了某商业银行的支行工作。刚开始时他只能在大堂做普通柜员，是银行中最底层员工，加班很多，工作要求也很严，那时他对工作真是不胜其烦。那个时候他特别盼望刮台风、下暴雨这样的恶劣天气，那样客人去银行的客人就会很少。他在（专科）毕业前就开始读专升本（自考方式），毕业后接着在职读。本科毕业后又考了某财政大学的在职研究生，去年毕业了。拿到硕士学位后，他的岗位马上被调到企业部，做贷款审核，也算支行的中层人员了。现在的工作责任大了，呵呵，但他现在的工作状态跟之前完全不一样了，似乎有很多时间可以来发挥特长了，单位里的唱歌、主持、演讲

比赛等等，什么乱七八糟的活动都参加，忙得不亦乐乎。还经常可以拿个什么奖，最近还拿了总行标兵。呵呵，现在活得有滋有味。

访谈时间：2017年8月

上面案例中的"飞"就业时的初始学历是大学专科，根据他的年龄推断，大学专科在其同龄人中处于64%—82%的百分位水平上，就业时进入了专业技术人员和服务业人员集中的商业银行，但只能从最初级的柜员做起。获得硕士学位（2016年）是其职业生涯发展过程中的一个转折点：在此之前他的工作自由度小、级别低，工作态度相对消极；在此之后实现了工作岗位从低层向中层的转变，工作责任和自由度都相应变大了，最重要的是他的工作心态也发生变化了，从最初的熬时间（盼下暴雨、刮台风）到享受单位中工作和身份的丰富多彩——与其特长匹配的多种非业务活动给他带来了与之前完全不一样的满足感和舒适感。引起"飞"的工作状态及工作心态变化的原因，不是因为他已经有的10年工作资历，而是名副其实的"学位福利"——在他的同辈人群体中，具有硕士及以上学历的就业人数只占2.1%，在整个就业人口中更只有1.1%的比例。很明显，硕士学位让"飞"成功实现了在就业市场中的层级上升，并因此给他带来较从前明显大很多的岗位性权利——较之前大的工作责任和日常工作安排上的某种自主性，虽然这种权利依然"是受到外来力量限制的"[1]。

通过上面的分析可以看出，学历与职业的关联似乎是显而易见的。很多学者以学术化方式，探讨了教育与职业之间的关系。比如，学者斯威尔等人发现"教育与职业地位之间的相关度是0.62"，另一项基于全美数据的调查也发现，"职业地位与受教育年限之间的相关度是0.60"，并

---

1 ［英］安东尼·吉登斯著，李康、李猛译，《社会的构成——结构化理论纲要》[M]，北京：中国人民大学出版社，2016年，第165页。

且教育能够解释职业成就中24%的差异。[1] 那么，学历与职业之间的这种关联，是由学历持有者的素质能力决定的，还是就业市场基于某种目的的特别选择呢？

第二节 对教育与职业关系的争论

前面说过，教育与职业的关系其实是个古老话题，只是随着近现代教育制度的建立和完善，以及现代社会科学研究方法的发展与进步，人们对教育与职业关系的研究走向更加精细化；同时由于不同研究者所采用的研究方法、研究对象、时空条件等方面的不同，不同学者所得出的观点和结论难免有所不同，甚至有的会完全相反。这里将对其中的部分典型观点和结论做一些介绍。

一、教育与职业的关系是由教育本身引起的

早在18世纪，英国著名经济学家亚当·斯密提出分工能够提高劳动生产率的理论，"任何一种行业，若能引进分工，都会因分工而使劳动生产力得到相当比例的提高"，因为分工后，一方面，"每个工人手脚灵巧的程度提高了"，即分工有助于培养熟练工人，而熟练工人自然可以有更高的生产率；另一方面，人们更可能会因为把"心思全部集中在某个目标"，从而"比较可能发现更简便的方法去达成目标"，从而促使了机器的发明。[2] 由此斯密认为，"人类天生的才能差异比我们注意到的小多了"，不同行业专业人员之间的差异，"与其说是分工的原因，倒不如说是分工

---

[1] ［美］兰德尔·柯林斯著，刘冉译，《文凭社会——教育与分层的历史社会学》[M]，北京：北京大学出版社，2018年，第4—5页。
[2] ［英］亚当·斯密著，谢宗林、李华夏译，《国富论（I—III卷）》[M]，北京：中央编译出版社，2010年，第5—8页。

的结果"。[1] 斯密的认识发现为现代人力资本投资理论埋下了种子。

以美国经济学家西奥多·W. 舒尔茨（Theodore W. Schultz）为代表的人力资本学派发展了斯密的认识。20世纪六七十年代，舒尔茨提出，人们通过教育、培训等"获得了有用的技能和知识"，这些知识技能不仅能够促进社会的经济增长，比如他引用丹尼森的研究发现，即"1929—1957年美国的经济增长似乎有1/5左右是由教育引起的"[2]；而且教育也会带来明确的个人收益，即教育通过"改善人的能力，从而提高他们的未来收入"[3]，他还引用了鲍尔斯用线性规划模式计算的尼日利亚北方的四种教育活动的现金收益（详见表1-3）。

表1-3 尼日利亚北方四种教育活动的现金收益情况表

（单位：英镑）

	按英镑计算的净收益现值
小　学	990
中　学	1210
技术培训学校	840
大　学	10080

资料来源：[美]西奥多·W. 舒尔茨著，蒋斌、张蘅译，《人力资本投资——教育和研究的作用》[M]，北京：商务印书馆，1990年，第111页。

由此，舒尔茨明确提出："教育是一种人力资本。它是人力，因为它是人的一部分，它又是资本，因为它是未来满足，或未来收入，或兼为二者

---

1 [英]亚当·斯密著，谢宗林、李华夏译，《国富论（I—III卷）》[M]，北京：中央编译出版社，2010年，第15页。
2 [美]西奥多·W. 舒尔茨著，蒋斌、张蘅译，《人力资本投资——教育和研究的作用》[M]，北京：商务印书馆，1990年，第108页。
3 [美]西奥多·W. 舒尔茨著，蒋斌、张蘅译，《人力资本投资——教育和研究的作用》[M]，北京：商务印书馆，1990年，第43页。

的一个源泉。"[1] 这种人力资本投资并不是自然形成的，"在很大程度上是慎重投资的结果"，投资内容包括"教育、卫生保健和旨在获得较好工作出路的国内迁移"等。[2] 教育能够被视为是一种投资，缘于现代经济体系对知识技能的依赖。"教育在传统农业上基本没用，这是因为耕作方式和知识很容易由父母传授给孩子。传统经济中的农民是劳动力中受教育最少的。相对而言，现代农民必须与杂交、育种方法、化肥、复杂装备以及复杂的大宗商品期货市场打交道。"[3] 实际上，舒尔茨的这种说法经不起推敲，在进入资本主义工业化之前，无论中外，都有将受教育程度与职业挂钩的先例：中国唐代设立了书学、算学、律学以及医学等专门教育机构，以培养专门职业人才；欧洲的中世纪大学也是以培养高等级的神、法、医专门人才为目标。因此可以说，教育与职业挂钩由来已久，只是进入近现代社会之后，经济学家们将教育与个体职业发展的关系推进一步，即使个体没有接受过高等级的专／职业教育，或者个体的受教育经历看上去并没有直接关联其未来职业，但这种受教育经历同样可以从其职业经历及收入等方面获得收益。

教育既被视为是一种投资，那么必定需要有一定的教育收益作为投资回报。因此人力资本理论提出后，学者们做了大量努力，测量不同情况下各级各类教育的收益水平。目前"估算教育收益率的主要方法有三种，即明瑟法（Mincer-type method）、便捷法（Short-cut method）和内部收益率法（Internal rates of return method）"[4]。不同研究者对教育收益的测算结果也有差异，表1-4是众多研究成果中的一个。

1　［美］西奥多・W. 舒尔茨著，蒋斌、张蘅译，《人力资本投资——教育和研究的作用》[M]，北京：商务印书馆，1990年，第126页。
2　［美］西奥多・W. 舒尔茨著，蒋斌、张蘅译，《人力资本投资——教育和研究的作用》[M]，北京：商务印书馆，1990年，第22页。
3　［美］加里・贝克尔著，陈耿宣等译，《人力资本》[M]，北京：机械工业出版社，2016年，第20页。
4　刘泽云、刘佳璇，《中国教育收益率的元分析》[J]，《北京师范大学（社会科学版）》，2020（5）：13—25。

表1-4 不同经济发展水平国家的教育收益率[1]

（单位：%/个）

	社会收益率			个人收益率		
	初等教育	中等教育	高等教育	初等教育	中等教育	高等教育
所有国家	27.0（28）	14.4（40）	12.1（43）	32.3（23）	17.3（39）	18.3（40）
低收入国家	28.3（10）	17.4（10）	12.6（9）	28.8（7）	14.3（7）	19.5（6）
中低收入国家	30.3（7）	11.3（9）	13.0（11）	42.2（4）	19.0（5）	24.4（7）
中高收入国家	25.3（10）	17.6（12）	13.4（12）	34.6（10）	22.8（14）	21.3（14）
高收入国家	9.6（1）	10.0（9）	9.2（11）	13.5（2）	11.7（12）	11.9（14）

备注：表中括号内数字为国家或地区数量。

资料来源：Balbir Jain, "Return to Education: Further Analysis of Cross Country Data"[J], *Economics of Education Review*, 1991, 10(3), Table 1。

自20世纪80年代以来，学者们对中国教育的收益情况也做了大量分析。有学者对相关文献进行元研究后发现，尽管不同文献之间有异质性，但就"平均而言，提高一年受教育年限导致的收入增加7.82%""高等教育学历者的收入比高中学历者的收入高46.86%"；另外，教育收益会随时间变化而变化。[2]

那么教育是如何实现了资本的转化呢？舒尔茨认为："作为教育者，我们的任务是向学生提供指导，以便他们以最佳方式调整自己的技能，从而适应他们生活其中的经济环境的迅速变化。"[3] 这里的"适应"，既包括个体通过调适自己的状态以保持与环境条件的和谐，也包括个体以自己为"工具"来提高劳动效率、改善环境条件等情况。随着研究的深入，

---

1 刘文，《高等教育投资与毕业生供求研究——基于人力资本的视角》[M]，北京：中国经济出版社，2006年，第43页。
2 刘泽云、刘佳璇，《中国教育收益率的元分析》[J]，《北京师范大学（社会科学版）》，2020（5）：13—25.
3 [美]西奥多·W.舒尔茨著，蒋斌、张蘅译，《人力资本投资——教育和研究的作用》[M]，北京：商务印书馆，1990年，第118页。

有学者认为教育的经济性作用主要来源于两种机制。一种机制是人们通过接受教育而增加了知识量，提高了工作能力，从而直接带来了劳动生产率的提高。比如，加里·贝克尔（Gary S. Becker）认为，"高中和大学教育在现代经济中广泛传播，因为在技术先进的经济体中，在学校获得的更多知识和信息十分重要"，而那些"没有接受过大学教育的年轻人对工作没有充分的准备"。[1] 另一种机制来自教育的溢出效应，就像舒尔茨所说的，"教育增加了劳动力的机动性"[2]，受教育程度高的劳动者可能会对转换工作/岗位类型、为更好的工作机会而选择居住地迁移，以及为了获得更好的工作机会而选择继续教育，等等。这种机动性一方面可能会给受教育者带来比较好的经济收益，另一方面也有利于经济社会发展，比如"和一个受过教育的人合作会获得额外的满足""一个受过教育的邻居会给有这样邻居的家庭以积极的满足"[3] 等。案例1-3则从现实的视角，阐释了当前形势下教育与职业的可见关系。

※ 案例1-3　表弟的求助思路

表弟跟我一样大，初中没毕业就上了技校。现在YT某公司从事控制台操作工作，下班后做兼职网约车驾驶员。

我觉着（我）跟他的差别还是挺明显的。从思考问题、解决问题的方式来看，他处理问题的方式还是比较简单，跟以前（小时候）变化不大。比如说最近他们公司新更换了控制台，产品公司业务员来做技术培训时他正好有事不在，公司里另外一位师傅参加了培训。但这位师傅不

---

[1] [美]加里·贝克尔著，陈耿宣等译，《人力资本》[M]，北京：机械工业出版社，2016年，第13、15页。
[2] [美]西奥多·W. 舒尔茨著，蒋斌、张蘅译，《人力资本投资——教育和研究的作用》[M]，北京：商务印书馆，1990年，第143页。
[3] [美]西奥多·W. 舒尔茨著，蒋斌、张蘅译，《人力资本投资——教育和研究的作用》[M]，北京：商务印书馆，1990年，第143页。

愿意教给他（表弟），他对新控制台的操作就遇到了问题。这个时候他先是给他父母（初中文化，个体小商贩）打电话，讨论这件事怎么处理。后来他妈妈找到我，希望我能帮他处理。我就让他把操作台的图片拍下来，我到网上查到了这台机器，找到了说明书，然后把每个按键的意思与功能告诉他。他看了后还希望能够增加一些比较复杂的操作方式，但已经超出了我的能力，我就找到一个认识的师兄（他是学电子工程的），并把说明书和我表弟的要求发给他，请他看看是否有什么建议。这个师兄看了以后给了些比较复杂的理论解释，我转给表弟后他表示理解不了，我只好再请师兄解释得通俗些。这样问题就解决了。其实这个事，他（表弟）找父母已经没有用了，他父母根本没有办法帮他。（一年多之后我再见到受访者的时候，她说她表弟已经从原单位离职了，跟着父母做起了小商贩。）

访谈时间：2018年2月

从"我"的讲述中可以看出，"表弟"在工作中遇到了麻烦：错过了应该接受的业务培训，后面也没有找到有效的补救办法（虽然他向同事求助了，但并没有得到满意的指导）。这个时候"表弟"的求助对象是在业务上帮不上任何忙的父母。从这一点上说，他的行为模式确实像孩童时期。其实"表弟"是一名技校毕业生，具备一定的职业技能；但在控制台更新后，原有的知识积累或学习惯性使他无法独立完成技术能力和知识体系的更新，最后只能放弃这份工作。这一工作经历表明，"表弟"已有的知识技能无法支持他不断适应新的岗位需求，恰如舒尔茨曾经说过的，"没有技能和知识，人就无依无靠"[1]。与"表弟"不同的是，拥

---

1 ［美］西奥多·W. 舒尔茨著，蒋斌、张蘅译，《人力资本投资——教育和研究的作用》［M］，北京：商务印书馆，1990年，第39页。

有大学本科学历的"我"在接到求助信息后，先是自己去查说明书，然后再去请教可能的专业人士。从"我"和"表弟"之间处理问题的不同方式中可以看出，相对于"表弟"来说，"我"解决问题的方式方法更可靠——首先靠自己，不行再去请教专业人士或准专业人士。这也从现实角度验证了贝克尔所说的，"能力更强的人比其他人拥有更多的教育和其他培训"[1]——因为能力更强的人免不了对自己有更高的期待，包括不仅要设法解决自己遇到的问题，还要帮助周围人解决他们遇到的问题，学习由此便成为他难以避免的生存方式，最终"能力较强的人会晋升，而能力较弱的人就会固守于一个职业等级"[2]。案例1-3中的"表弟"在职场中显然属于能力较弱者，他的知识、能力、心态及解决问题的方式等，都显示出他无法适应新岗位的需求，在技术更新如此快速的后工业化时代，因此只能被技术含量较高的工作淘汰。

二、教育与职业的关系源于教育的"标签"作用

但并不是所有的学者都同意人力资本理论对教育与职业关系的解释。在柯林斯（Randall Collins）、布迪厄（Pierre Bourdieu）等人看来，虽然教育是现代社会中"能够决定一个人走多远的最重要因素"[3]，但这并不是由于教育提高了受教育者的职业能力，而是因为教育具有区分个人禀赋和家庭社会背景的功能。持有这种观点的学者大体上可以分为两类：第一类是以布迪厄、柯林斯等人为代表的部分社会学家，他们从社会学的视角解释教育与家庭文化和社会资本的传递与继承；第二类是以斯宾塞

---

[1]［美］加里·贝克尔著，陈耿宣等译，《人力资本》[M]，北京：机械工业出版社，2016年，第24—25页。

[2]［美］加里·贝克尔著，陈耿宣等译，《人力资本》[M]，北京：机械工业出版社，2016年，第199页。

[3]［美］兰德尔·柯林斯著，刘冉译，《文凭社会——教育与分层的历史社会学》[M]，北京：北京大学出版社，2018年，第4页。

（Michael Spence）等人为代表的信号理论学派，他们的基本观点与人力资本理论相对立，认为表面上个体之间的职业差别是由教育结果引起的，实质上个体之间在职业乃至教育上的差别，都是个体之间的能力差异本身所导致的，教育只是起了一个能力过滤器的作用。下面对这两种观点分别简述之。

1. 部分社会学家的观点

以布迪厄、柯林斯等为代表的社会学家反对经济学家对教育投资的解释，因为"他们（经济学家）对于学业投资的估算仅仅考虑了货币方面的成本和利润"，既忽视了在不同市场状态下，由教育投资的总量和结构所影响的利润差别，也"没有将学业投资策略放在整个教育策略和整个再生产策略体系中来考虑，因而他们只能错误地忽略教育投资中最隐秘，同时也是社会关系上最重要的内容，即文化资本的家族传递"。[1] 经济学家对教育收益缺乏认识的本质，是因为他们没有认识到"学业行动所产生的学业收益取决于家庭前期投入的文化资本，而学业称号的经济收益和社会收益则取决于同样也是继承所得的社会资本"[2]，也就是说，教育和学历文凭并不是一种单独存在的个人受教育程度或者能力素质的凭证，其本质上是将个体及其背后的家庭文化资本、社会资本及家长投资策略等，通过长期、复杂和全社会层面的综合运作，最终以高度凝结的简单方式来体现。从这个意义上说，个体之能获得怎样的教育、学历，不只是个体自身的禀赋与努力的结果，而与其家庭所拥有的综合性资本及投资消费策略密切相关。

在布迪厄等人看来，教育是现代社会复杂系统中的一环，无论从运

---

[1] ［法］皮埃尔·布迪厄著，杨亚平译，《国家精英——名牌大学与群体精神》[M]，北京：商务印书馆，2018年，第476页。
[2] ［法］皮埃尔·布迪厄著，杨亚平译，《国家精英——名牌大学与群体精神》[M]，北京：商务印书馆，2018年，第477页。

行机制上还是功能发挥上，都与社会的组织体制和运行机制密切相关。相较于特权社会的世袭方式，现代社会中通过教育完成的对社会层级和家庭资本的隐蔽性继承具有更大的欺骗性。比如，布迪厄认为，教育只是"以一种变化了的形式再生产社会世界的等级……以表面上中立的形式，把社会分类转变为学校教育分类"[1]。这样说的依据在于，"无论从遗传学上来看，还是从结构上来看，心智结构都是与社会结构连接在一起的"，"一个行动者（或者一类行动者）对于'学习'的'兴趣'（与继承所得的文化资本一样，'兴趣'也是学业成功的最重要的因素之一，而且它在一定程度上取决于继承所得的文化资本），不仅与他现时的或预期的学业成功（即文化资本赋予他的成功机会）有关，而且还与他的社会成功对于学业成功的依赖程度有关"[2]。而教育机构表面上是在依据学生的不同学业表现为基础，实际上是把在社会关系上配置最优秀的人"当作具有学业天赋的人来认同"[3]，从而理所当然地将拥有不同家庭文化资本和社会资本的个人，置于由学校/专业的层级/类别等构成的复杂轨道；最后的结果好像是所有学生因持有不同的学历资本，便进入了以学历为遴选基础的各种职业，如医生、建筑师、大学教师、工程师等。"如此建构起来的群体限制越严，排他性越强，其象征资本的意义就越大"[4]，从而形成了看似牢固的教育与职业之间的因果关系。但在布迪厄看来，这种学业与职业之间的联系是虚假的，由教育引向不同职业轨道之路"不过是行动者所完成的成千上万次行动以及由此产生的成千上万个效应的

---

[1] ［法］皮埃尔·布迪厄著，刘晖译，《区分——判断力的社会批判（下）》[M]，北京：商务印书馆，2017年，第615—616页。
[2] ［法］皮埃尔·布迪厄著，杨亚平译，《国家精英——名牌大学与群体精神》[M]，北京：商务印书馆，2018年，第8—9、477—478页。
[3] ［法］皮埃尔·布迪厄著，杨亚平译，《国家精英——名牌大学与群体精神》[M]，北京：商务印书馆，2018年，第92页。
[4] ［法］皮埃尔·布迪厄著，杨亚平译，《国家精英——名牌大学与群体精神》[M]，北京：商务印书馆，2018年，第2、92、129页。

集合——他们行动着,就像无数台认知机器,彼此之间既相互独立,但在客观上又配合默契"[1],最后由"教育分类产生的公开差别,倾向于产生(或加强)真正的差别"[2],教育由此便成为传承和复制社会资本和家庭文化资本链条中的关键一环。

除此以外,布迪厄和柯林斯等人还否认了教育在培养和提升受教育者职业能力方面的作用。布迪厄认为,"对人们担任的职务有用处的大部分技能每每都只能在实际工作中获得","从学校里获得的技术性能力在职业实践活动中运用得越少,或者说运用的时间越短,确保这些能力的称号所产生的社会效益就越大"。[3] 现代社会中"随着教育系统越来越复杂,对任何特定种类和等级的教育而言,具体学习内容都越来越无所谓,而越来越重要的是获得特定等级的学位和正式文凭,好进入下一个学习阶段(或者最终达到要求,进入一个垄断性的行业)"[4]。但细究布迪厄和柯林斯等人的观点,可以看出他们否认的是教育对特定职业技能的培养,但肯定了教育或文凭具有标注持有者具备某种有普遍意义的能力或素质的作用。基于这一点,柯林斯认为,大学学位之所以被雇主看重,"并不是因为大学学位能够保障技术能力,而是因为它们显示了'工作能力'和'社会经验'"[5]。反映到学校教育中,这种"工作能力"和"社会经验"不是"存在于大纲、课程之类的表面材料之中,而是存在于教学行动本

---

[1] [法]皮埃尔·布迪厄著,杨亚平译,《国家精英——名牌大学与群体精神》[M],北京:商务印书馆,2018年,第2页。
[2] [法]皮埃尔·布迪厄著,刘晖译,《区分——判断力的社会批判(上)》[M],北京:商务印书馆,2017年,第36页。
[3] [法]皮埃尔·布迪厄著,杨亚平译,《国家精英——名牌大学与群体精神》[M],北京:商务印书馆,2018年,第114页。
[4] [美]兰德尔·柯林斯著,刘冉译,《文凭社会——教育与分层的历史社会学》[M],北京:北京大学出版社,2018年,第157页。
[5] [美]兰德尔·柯林斯著,刘冉译,《文凭社会——教育与分层的历史社会学》[M],北京:北京大学出版社,2018年,第57、60页。

身的结构之中"[1],这就将学校教育的类型结构与受教育者的素质能力联系在一起(当然,受教育者的能力素质与其家庭社会资本密切相关),家庭社会资本—学校层级类型—职业之间的联系由此确立。职业是现代社会中"最主要的社会地位",因为它"不仅仅反映了经济、财产、收入地位,而且反映了人们在权力结构和声望分层中的位置"[2],由此又开启了父母职业地位—子女受教育水平—子女职业地位的新一轮循环。正是基于这种复杂的循环关系,布迪厄认为,虽然"教育并不是技能的基础,但它的确是垄断某些工作机会的方式"[3],但对于不同的文凭持有者来说,"学校教育资本的收益随(文凭持有者的)经济和社会资本而变化,经济和社会资本可能被用来增强学校教育资本"[4]。

综合上面的分析,可以看出布迪厄、柯林斯等人对现代社会中教育作用的认识,较人力资本理论学派具有明显的批判性。他们将教育视作复杂社会结构中的一环,即教育在现代社会中虽然具有一定的相对独立性,但由于不同社会集团参与或影响学校的分层分类、学业标准以及学校选拔淘汰制度等方面的能力不同,使得教育在很大程度上不是以提高人们的能力为目标,"而是为了维护那些早已经居于社会结构顶端的人的优势位置";而且他们认为,"知识总是带有偏见、充满阶级意涵,因而工人阶级出身的学生必须克服一些不利条件,这些不利条件就嵌在他们错误的阶级文化和教育观念之中"。[5] 从而将教育与社会阶层及其权力配

---

1 [法]皮埃尔·布迪厄著,杨亚平译,《国家精英——名牌大学与群体精神》[M],北京:商务印书馆,2018年,第132页。
2 李强,《当代中国社会分层》[M],北京:生活·读书·新知三联书店,2019年,第62页。
3 [美]兰德尔·柯林斯著,刘冉译,《文凭社会——教育与分层的历史社会学》[M],北京:北京大学出版社,2018年,第14页。
4 [法]皮埃尔·布迪厄著,刘晖译,《区分——判断力的社会批判(上)》[M],北京:商务印书馆,2017年,第216—217页。
5 [英]保罗·威利斯著,秘舒、凌旻华译,《学做工——工人阶级子弟为何继承父业》[M],南京:译林出版社,2013年,第169页。

置等密切联系在一起。以最具竞争性的精英大学为例，布迪厄认为，精英大学选拔学生的标准与上层集团的用人标准一脉相承，"最具有上流社会特征"，不论被选拔进入的学生出身如何，经过精英大学的熏陶，学习者将会在"感知图式、评价图式、思维图式和行动图式"等方面取得某种一致，然后凭借精英大学颁授的文凭，学习者便以"更接近人们给予他的定义"的"国家精英"[1]的姿态进入社会，新一代国家精英的塑造和社会结构的复制基本完成。由此教育与社会结构、资本传承之间的连接得以稳固。正是由于这一点，现代社会中"人们不会直接购买职位，但却会投资教育文凭，而后者则被用来购买在劳动市场上相互竞争的各方势力保护下的工作"[2]，教育对职业的作用"主要是因为教育学位的文凭价值，而不是它们本身可能展示的技能（通常可以忽略不计）"[3]。根据上面的这一逻辑，布迪厄等人提出："学历与职业之间的关系，乃所谓独立变量之间的虚假无关性的典型。"[4]

2. 筛选假设理论的观点

20世纪60年代人力资本理论诞生后，刺激了很多国家的教育投资，不同层次的教育规模都有扩大。然而，"60年代教育的迅速扩张并未导致劳动生产率和经济更快的增长"；同时，教育规模的扩张虽然为更多人提供了受教育机会，但从受教育的个体来说，既没有带来"收入的均等化"，也没有降低失业率。[5] 于是一些反思或反对人力资本的新理论应运

---

1 ［法］皮埃尔·布迪厄著，杨亚平译，《国家精英——名牌大学与群体精神》[M]，北京：商务印书馆，2018年，第132、193页。
2 ［美］兰德尔·柯林斯著，刘冉译，《文凭社会——教育与分层的历史社会学》[M]，北京：北京大学出版社，2018年，第97页。
3 ［美］兰德尔·柯林斯著，刘冉译，《文凭社会——教育与分层的历史社会学》[M]，北京：北京大学出版社，2018年，第36页。
4 ［法］皮埃尔·布迪厄著，刘晖译，《区分——判断力的社会批判（上）》[M]，北京：商务印书馆，2017年，第173页。
5 曲恒昌、曾晓东，《西方教育经济学研究》[M]，北京：北京师范大学出版社，2000年，第239—241页。

而生，试图解释人力资本理论所无法解释的现象。其中，筛选假设理论（又称信号理论、文凭理论等）与人力资本理论的对抗最为激烈。

筛选假设理论的创始人斯宾塞认为，受教育程度或文凭在劳动力市场中主要是在发挥签注作用。在他看来，由于劳动力市场中的信息不对称，雇主在雇用求职者之前无法对其能力做出判断，而求职者的受教育水平/文凭可以为雇主提供某种能力辨识的信号——"根据成本补偿原则，能力较低的人倾向于接受更少的教育。因此，受教育水平高意味着求职者具有较高的能力"[1]。前述案例1-1中的资深HR的观点，某种程度上正是这种理论的现实反映。因此，斯宾塞认为："教育的主要经济价值不在于提高个人的认知技能，从而提高个人的劳动生产率，而是对求职者的能力进行鉴定进而做出筛选，以便让雇主适当地为具有不同能力的人安排不同的职业岗位。"[2]教育的信号性作用在现代社会中是如此明显，以至于连人力资本学派的重要代表之一贝克尔都无法忽视——"教育在很大程度上只是一个为招聘者筛选更有能力的人的信号器，因此在由教育所引起的收入差异中其实只有一小部分是由教育本身导致的"[3]。

筛选理论提出后，不断有学者从不同角度对这一理论进行验证、补充。数十年来，众多学者针对不同国家和地区的不同受教育程度、从事不同职业/岗位的对象，运用不同方法和模型所进行的浩瀚研究，并没有得到一致性结果：他们中有的支持了教育信号理论，拒绝了人力资本理论，如亨格福德（Hungerford）和萨隆（Solon）在1987年的研究中发现，大学第一年和最后一年的教育收益率明显高于大学中间年份，证实了上大学这一行为本身就能带来额外收益，支持了教育的信号效应；

---

1 高曼，《教育筛选理论研究的新进展》[J]，《教育经济评论》，2017（3）：112—128。
2 曲恒昌、曾晓东，《西方教育经济学研究》[M]，北京：北京师范大学出版社，2000年，第243—244页。
3 ［美］加里·贝克尔著，陈耿宣等译，《人力资本》[M]，北京：机械工业出版社，2016年，第5—6页。

有的支持了人力资本理论，拒绝了筛选理论，如格儒特（Groot）和奥斯特比克（Osterbeek）在1994年通过考察荷兰的复读生和跳级生的收入，发现"对于男性而言，跳级对于收入带来了负面影响，而且这种影响是显著的；而复读对收入的影响却很小而且不显著。对于女性而言，跳级和复读对收入的影响都不显著"[1]；还有的则在不同程度上既支持了人力资本理论，也支持了筛选理论，如瑞里（Riley）在考察了不同职业群体的受教育年限与收入的关系后，认为："较之传统的人力资本理论，筛选理论为教育提供了一种更为全面的解释，即教育既提高能力也提供信息。"[2] 也就是说，上述研究虽然"不能给人力资本理论和筛选理论之争以一个完美无误的、确定的答案"，但客观上却促使"人力资本理论与筛选理论都做了妥协而且都进一步地扩展了自己，也让人们更加认清了这样的一个事实——教育的生产功能和信息功能，会随着地域、时代的不同而发生变化"。[3] 我国学者管振和孙志军经过研究后也发现，"在中国劳动力市场上，教育既存在人力资本积累又存在信号效应。分别来说，9.5%的教育回报中，约4%来自于人力资本积累的贡献，约5.5%来自于信号效应的贡献"[4]。教育的这种信号或者标签作用，不只是对雇主发挥作用，对受教育者或者文凭持有者自身也具有"强者愈强"的"马太效应"，正如舒尔茨在20世纪60年代的美国所发现的——一方面，能力越强的人越容易得到教育投资，因此其受教育程度越高，也更容易得到收入更好

---

1 李锋亮，《教育的信息功能与生产功能：一个筛选理论实证检验方法的文献综述》[J]，《中国劳动经济学》，2006（2）：153—183。
2 李锋亮，《教育的信息功能与生产功能：一个筛选理论实证检验方法的文献综述》[J]，《中国劳动经济学》，2006（2）：153—183。
3 李锋亮，《教育的信息功能与生产功能：一个筛选理论实证检验方法的文献综述》[J]，《中国劳动经济学》，2006（2）：153—183。
4 管振、孙志军，《教育收益中的人力资本与信号效应估计》[J]，《劳动经济研究》，2020（4）：3—20。

的职业；另一方面，"越来越多的在职培训由受过高等教育的人获得"[1]，他们在通过教育受益方面较受教育程度较低的人走得越远。据此，在劳动力市场中，受雇者的受教育程度/文凭，不仅是雇主，同时也是求职者自身都不会忽视的能力素质，以及双方议价就职岗位、薪资待遇等的重要参考项。

经过人力资本理论和筛选理论半个多世纪的争论，可以说不论是人力资本学派还是筛选理论学派，基本上都证明了教育能够为个体和社会带来一定的正向收益（尽管他们对引起收益的原因分析差异明显）。但这种正向收益基本上是统计学意义上的；对于任何独立实施或接受教育的个体（包括单位个体、家庭个体和自然人个体）来说，教育是否能够带来正向收益，或者说收益有多大，还会受到若干因素的加持、干扰或冲抵。比如，布迪厄曾举例说，即便同是名牌大学的毕业生（如巴黎高师），也会因为后来的职业差异而影响到教育收益，而职业差异本质上"是与他们的社会出身的差异联系在一起的，尽管同样的神化、同样的教育，尤其是同样严格的超级选拔所产生的联合效应，使他们达到了形式上和实际上的'平等'"[2]。他虽是将教育的不同收益归结为家庭社会资本的差异，但实际上因为某种客观存在的差别而导致教育收益有别，在现实中比比皆是。由此可以说，教育与职业的关系是复杂的，现有的人力资本理论、筛选理论和布迪厄等人的社会学分析理论，都能部分而不是全部解释教育与职业的关系。正如马克思所说，人在本质上是一切社会关系的总和，受教育程度与从事的职业本身，都既是现代人所有社会关系的结果，也是其后续社会关系的塑造者。抛弃人的这一本质，单纯讨

---

[1] [美]西奥多·W. 舒尔茨著，蒋斌、张蘅译，《人力资本投资——教育和研究的作用》[M]，北京：商务印书馆，1990年，第118页。
[2] [法]皮埃尔·布迪厄著，杨亚平译，《国家精英——名牌大学与群体精神》[M]，北京：商务印书馆，2018年，第72页。

论教育与职业之间的关系是不科学、不理智的。从这个意义上说，教育与职业之间，就不是所谓的"硬核"或者"信号"能够概括得了的。

第三节 新中国教育与职业的关系分析

虽然中国自古具有重视教育的传统，特别是唐代以来的科举考试对绝大多数人是开放的，但有研究表明，"科举制在知识门槛和学习长度上预设的程度过高，早早地将小家小户乃至众多'无产者'拒之门外"[1]。明清时代近60%的进士来自获得过中等以上功名（生员以上，不包括生员）或官员身份的家庭，近12%来自前三代中只获得过生员但没有更高功名和官员身份的家庭，来自前三代均未曾获得任何功名或官职家庭的进士在30%左右。[2] 这第三种不同家庭背景的进士群体的共同存在，确实证明了在中国古代，个体[3]可以依靠教育改变命运、实现阶层跨越。新中国成立后，为了改变从前教育主要被官僚、买办、商人、地主等有产阶级垄断的状况，中央人民政府有意识将扩大工农群众接受普通教育和专门教育的机会，其中最重要的是推进普及国民基础教育、制定有利于提高工农及其子弟接受高等教育和专门教育机会的相关政策。在我国专业技术人员非常稀缺的状态下（1998年我国从业人员中，具有大专及以上文化程度的比例仅占3.5%，高中学历的比例为11.8%）[4]，接受过大中专教育的各类专业技术人员通过毕业分配的方式，保证了其所受教育与从

---

1 梁晨、李中清，《贫寒之家大学之路的变迁》[J]，《读书》，2013（9）：141—148。
2 Ping-Ti Ho, *The Ladder of Success in Imperial China: Aspects of Social Mobility 1368—1911* [M], New York: Basic Books, 1962, pp. 112-113.
3 不同朝代对科举报考者都会有一定的身份限制，比如唐代限制工商业者、州县衙役，宋代限制不孝不悌者，明清时期则限制倡优隶皂及其子弟报考。参见李兵，《千年科举》[M]，长沙：岳麓书社，2010年，第39—40页。
4 国家统计局人口和就业统计司、人力资源和社会保障部规划财务司编，《中国劳动统计年鉴》（1999）[M]，北京：中国统计出版社，1999年，第53页。

事职业之间的密切关系。到20世纪末,随着大学毕业生就业制度的改革,教育与职业之间的这种密切关系由于取消高校毕业生分配制而失却了政策上的合法性。另外,即使是在计划经济时期,教育与职业之间的对应性联系也仅存在于大中专及其以上教育,普通中小学教育与职业之间是否有联系也是本文关心的问题。

一、全日制大中专教育与职业关系的建立

新中国成立初期,国家的整个社会经济基础非常薄弱,从人口构成来说,1952年全国人口57482万人(其中城镇人口占12.46%,乡村人口占87.54%),只有大约200万知识分子,占总人口的0.37%。[1] 国内百业待兴,外部国际环境压力极大,国家急需不同类型的专业技术人员,以保障社会经济各方面的发展。但旧中国留下的教育基础同样非常薄弱,1949年时全国高等院校在校生人数只有11.65万人[2],中等专业学校22.9万人。[3] 在第一个五年计划期间,"仅工业、运输业和地质勘探等方面就约需技术人员30万人,而已有见习技术员以上技术人员只有14.8万人……工科院校和工程技术科系容量小,每年仅能招收新生1.6万人"[4],专业技术人员的极度匮乏,与国民经济恢复发展的要求之间的矛盾非常突出。为了使所有的专业技术人才都能充分发挥作用,不仅需要对已有人才进行调查统计,"虽然不能人人马上都有适合自己能力和志愿的岗位,但至少可以向这个

---

1 郝维谦、龙正中主编,《中华人民共和国教育专题史丛书·高等教育史》[M],海口:海南出版社,2000年,第48页。
2 郝维谦、龙正中主编,《中华人民共和国教育专题史丛书·高等教育史》[M],海口:海南出版社,2000年,第613页。
3 王善迈,《我国教育投资比例的历史分析》[J],《北京师范大学学报》,1987(5):66—75。
4 郝维谦、龙正中主编,《中华人民共和国教育专题史丛书·高等教育史》[M],海口:海南出版社,2000年,第84页。

方向努力。今天安排的岗位不适当,明天就可以安排得适当些"[1],更需要使新培养出来的知识分子一开始就进入"计划安排"的轨道之内,这既是"共产党员过的是集体生活"[2]做法的延伸,也是应对专业技术人员稀缺时代的有效手段。为此,新中国将发展教育与发展社会经济密切联系在一起,并在教育与职业,甚至教育与岗位之间建立起了密切关联。

1. 根据国家建设需要培养人才

在国家各方面条件薄弱的情况下,国家对各类专门人才的需求相当迫切。因此,通过改造原有教育体系、建设新的教育体系,以培养国家建设的急需人才成为新中国成立后教育发展的首要任务。1950年8月政务院颁布了《高等学校暂行规程》和《专科学校暂行规程》,其中明确提出:高等学校要"以理论与实际一致的教育方法,培养具有高级文化水平,掌握现代科学和技术成就,全心全意为人民服务的高级建设人才",高级建设人才的类别包括工程师、教师、医师、农业技师、财政经济干部、语文和艺术工作者等;专科学校则是"以理论与实际一致的教育方法,培养能掌握现代科学和技术成就,全心全意为新民主主义建设服务的专门技术人才",专门技术人才能够"通晓基本理论并能实际运用",类别包括工业技师、农业技师、教师、医师、药剂师、财政经济干部、文艺工作人员等。[3]这一时期的人才培养工作应关注国家建设的当前与长期需要,"在系统的理论知识的基础上,实行适当的专门化","力求与国家建设的实际相结合",既要克服"为学术而学术"的空洞教条主义倾

---

[1] 周恩来,《建设与团结》(1950年8月24日在中华全国自然科学工作者代表会议上的讲话)[A],见《周恩来选集(下)》[M],北京:人民出版社,1984年,第21—30页。
[2] 周恩来,《建设与团结》(1950年8月24日在中华全国自然科学工作者代表会议上的讲话)[A],见《周恩来选集(下)》[M],北京:人民出版社,1984年,第21—30页。
[3] 郝维谦、龙正中主编,《中华人民共和国教育专题史丛书·高等教育史》[M],海口:海南出版社,2000年,第70—71页。

向,也要防止"忽视理论学习的狭隘实用主义或经验主义的倾向"。[1] 这种人才培养的目标定位,为快速培养和积累国家建设需要的各类专门人才、促进国民经济的有序恢复和快速发展奠定了坚实基础。在1951年政务院颁布的《关于改革学制的决定》中,对中等专业技术学校(简称"中专")的定位做出了具体说明,即"按照国家建设需要,实施各类的中等专业教育",技术学校的毕业生"应在生产部门服务",师范学校毕业生"应在小学或幼儿园服务";中专学生毕业后,需满足规定的服务年限后,才能经过考试升入高一级别的学校。正是对"中专"在培养目标定位和毕业后安排的规定,将其与普通中学教育区分开来。[2]

2. 计划培养与统一分配相结合,明确教育与职业之间的关系

在国家各方面条件有限的情况下,中央政府高度重视提高教育和各类专门人才使用效率,并通过多种措施加以保障。如自1950年开始,中央政府教育部首次要求各大行政区教育部"分别在适当地点定期实行全部或局部高等学校联合或统一招生"[3],经过两年的过渡后,1952年明确规定:"凡以高中毕业生或相当于以上程度的青年作为招生对象的大学、独立学院、专科学校、专修班、训练班,其招生名额均包括于全国高等学校招生计划之中;无论任何学校,凡招收以上程度的学生和青年,其招生名额必报请大行政区教育(文教)部,根据全国招生计划审核批准";除特别批准外,各学校"一律参加各区统一招生","招生日期、考试科目由全国招生委员会统一规定"。[4] 至此,全国统一的招生制度基本形成。

---

[1] 郝维谦、龙正中主编,《中华人民共和国教育专题史丛书·高等教育史》[M],海口:海南出版社,2000年,第72页。
[2] 《政务院关于改革学制的决定》[N],《人民日报》,1951年10月3日。
[3] 中央人民政府教育部,《高等学校1950年暑期招考新生的规定》[N],《福建政报》,1950(5):56—57。
[4] 《中央教育部关于全国高等学校1952年暑期招收考生的规定》[N],《人民日报》,1952年6月13日。

与统一招生计划相匹配的是统一分配制度。早在1950年6月，政务院就成立了"暑期高等学校毕业生工作分配委员会"，负责高校毕业生的分配，当年全国有三分之一的毕业生被分配到国家重点建设的东北地区；次年，政务院在《关于1951年暑期全国高校毕业生统筹分配工作的指示》中提出，要加强地区间的统筹调剂，"以适应国家重点建设的需要，并照顾毕业生过少的地区"[1]；在当年10月，政务院发布了《关于改革学制的决定》，明确提出"高等学校毕业生之工作由政府分配"[2]，以保证数量有限的高校毕业生能够"集中使用，重点配备"，尽量满足国家重点建设的需要。统一招生、分配的政策，以及培养过程中对教学计划和教学大纲等方面的统一要求，将新中国成立初期的学校教育与国家建设需要密切结合起来，以确保"高等教育密切联系实际，有计划地培养各类高级建设人才，以适应国家大规模经济建设的需要"[3]。甚至由于国家重点建设工程的需要，1952年初教育部要求全国各大学理学院中的地质、数学、物理、化学、气象五个系，工学院中的水利、采矿、冶金三个系的三年级学生提前一年毕业；这八个系当年的二年级学生也将于次年提前毕业，参加分配，提前投身国民经济建设。

3. 大中专教育是国家教育体系中关注的重点

新中国建立之初，由于国民经济基础极其薄弱，国家可以用于教育方面的资源相当有限，比如1952年的国内生产总值仅有679亿元，人均国内生产总值只有区区的119元[4]，而城镇职工的年平均工资为445元[5]；但当年

---

1 郝维谦、龙正中主编，《中华人民共和国教育专题史丛书·高等教育史》[M]，海口：海南出版社，2000年，第78页。
2 《政务院关于改革学制的决定》[N]，《人民日报》，1951年10月3日。
3 中央人民政府政务院，《关于修订高等学校领导关系的决定》（1953年5月29日政务院第180次政务会议通过）[J]，《人民教育》，1953（11）：66。
4 国家统计局编，《新中国50年》[M]，北京：中国统计出版社，1999年，第535页。
5 国家统计局人口和就业统计司、人力资源和社会保障部规划财务司编，《中国劳动统计年鉴》（2001）[M]，北京：中国统计出版社，2002年，第35页。

在校大学生的人均事业费为830元，中学生110元（小学生只有7.4元）[1]，可见当时大学生的培养成本之高。另外，这一时期我国尚未实施免费义务教育，即使是小学教育，也需要家庭承担一定的学杂费用，因此当时大多数的多子女家庭较难承受更高阶段的教育负担。在多种因素影响下，这一时期我国初中以上教育几乎都属于宝贵稀缺资源。比如，1952年全国本专科院校在校生人数有19.1万人、中等专业学校63.6万人，普通高中生也仅有26万人，而初中生和小学生则分别有223万人和5110万人。[2] 对于更高阶段的大中专教育，虽然其培养成本更高，但为了鼓励学生升入高等学校深造，对所有高等学校及中等学校学生实行助学金制度，"首先同等地和普遍地发给每个学生以伙食费（以不影响学生健康为最低标准）外，其余部分，应按需要者的具体情况分为若干等发给，以解决其学习用品、日常零用或补充被服之用"，以"保证其完成学习任务，毕业后统一由国家分配，参加各项建设工作"。[3] 国家几乎承担了全部的专门人才培养成本。

除此以外，国家还重点加强对高等学校特别是重点大学的人员配备，显示出对高级专门人才培养的重视。在新中国知识分子特别是高级知识分子总量有限、各方面建设急需的情况下，一大批有名望的学者被先后任命为各大学校长，如蒋南翔为清华大学、马寅初先为浙江大学后为北京大学、茅以升为北方交通大学、陈望道为复旦大学、彭康为交通大学、王亚南为厦门大学、陈垣为北京师范大学、孟宪承为华东师范大学、张国藩为天津大学的校长。另外，新中国成立初期，党和政府争取到2000多名1949前出国的留学生回国，他们中的不少人后来也被分配到各大学从事教

---

[1] 国家教育委员会计划建设司编，《中国教育统计年鉴》(1988)[M]，北京：北京工业大学出版社，1989年，第115页。
[2] 国家统计局编，《中国统计年鉴》(1999)[OL]，http://www.stats.gov.cn/yearbook/表4-1、5-4、20-5。
[3] 《中央人民政府政务院关于调整全国高等学校及中等学校学生人民助学金的通知》[N]，《人民日报》，1952年7月11日。

育教学工作，如华罗庚、侯祥麟到清华大学，黄昆、吴文俊、唐敖庆到北京大学等。这些名望卓著的师长对新中国的高等教育意义非凡，最重要的是高起点搭建新中国高等教育框架。与此同时，国家对高等院校和师生都提出了明确的管理要求，比如要求高等学校必须按照国家下达的计划任务办学，"凡中央高等教育部所颁布的有关全国高等教育的建设计划（包括高等学校的设立或停办、院系及专业设置、招生任务、基本建设任务）、财务计划、财务制度（包括预决算制度、经费开支标准、教师学生待遇等）、人事制度（包括人员任免、师资调配等）、教学计划、教学大纲、生产实习规程，以及其他重要法规、指示或命令，全国高等学校均应执行"[1]；对于学生则要求毕业时接受统一工作分配，从1950年首次实行毕业分配时的"说服争取他们服从政府的分配"[2]，到1951年起的明确要求——"高等学校毕业生之工作由政府分配"——分配的原则是服从国家重点建设的需要，大中专毕业生全部被分配到全民所有制单位，属于干部编制；分配计划由政务院（后为国务院）批准下达到大中专院校，毕业生逐一对号入座。当年从华北、华东、中南地区的高校中，抽调6000余名毕业生，分配到东北、西北地区及中央各业务部门。

总的来说，由于新中国成立初期教育基础薄，专业技术人员少，以及大中专学生的培养成本高、培养周期长等特点，为了满足国民经济建设和发展的迫切需要，国家在各方面条件非常有限的情况下，对全日制大中专教育给予了非常高的重视和支持，并通过严格明确的计划管理模式，促使高等教育及其培养的大中专毕业生能够尽快服务于国民经济建设发展的需要。正是在这种计划招生、统一培养和统一分配的模式下，大中专教育与

---

1 中央人民政府政务院，《关于修订高等学校领导关系的决定》（1953年5月29日政务院第180次政务会议通过）[J]，《人民教育》，1953（11）：66。
2 郝维谦、龙正中主编，《中华人民共和国教育专题史丛书·高等教育史》[M]，海口：海南出版社，2000年，第78页。

职业、岗位之间建立起有效衔接。也正是由于这种衔接，使全日制大中专教育成为户籍制度实施后个人身份和职业地位转换的关键点。

二、自主择业时代的大中专教育与职业之间的关系

自20世纪80年代中后期开始，由于改革开放的深入，大中专教育中开始出现国家统一招生计划之外的"用人单位委托招生"和少数国家"计划外自费生"两个群体，他们不占用国家统一招生计划指标，也不享受计划内大中专学生的免学费、助学金待遇，需要由委托单位或个人缴纳一定的培养费用，毕业后委托生由委托单位负责安排工作，自费生则可由学校向用人单位推荐，亦可由毕业生自主择业。这一时期的自费生成为改革开放后第一批自主择业的大中专毕业生。随着改革开放的深入，1993年中共中央国务院发布的《中国教育改革和发展纲要》中提出，"除对师范学科和某些艰苦行业、边远地区的毕业生，实行在一定范围内定向就业外，大部分毕业生实行在国家方针、政策指导下，通过人才劳务市场，采取'自主择业'的就业办法"[1]。经过一段时间的逐步过渡，到2000年教育部将自1949后分配制时确定下来的大中专学生"毕业就业派遣证"改为"就业报到证"，"从性质上表明了毕业生的就业自主地位得到了确立"。[2] 2003年9月，国务院办公厅下发了《关于做好年普通高等学校毕业生就业工作通知》，明确高等学校毕业生就业制度改革的目标是"市场导向、政府调控、学校推荐、双向选择"。实施了半个世纪的大中专毕业生分配制度逐渐废除，所有毕业生均进入"双向选择、自主择业"阶段。没有了政策性的教育与职业、岗位的对应性保护，大中专教育与

---

[1] 中共中央、国务院印发，《中国教育改革和发展纲要》（1993年2月13日）[OL]，http://www.moe.gov.cn/jyb_sjzl/moe_177/tnull_2484.html。

[2] 于春娥，《建国以来大学生就业制度的沿革与职业价值观的演变》[D]，山东大学，2008年，第23页。

职业、岗位间的关系，是否发生了变化呢？请看下面的分析。

1. 专门技术类行业依然是大中专毕业生集聚之地

进入20世纪80年代中期以后，新中国成立初确立的过于精细的专门教育体系开始发生改变，但相对来说，大中专教育的专业性特征依然非常明显。同时，很多用人单位和大中专毕业生群体自身都对专业知识技能比较在意，比如针对全国部分500强企业和有中国大陆工程师岗位的世界500强跨国企业的调研发现，从用人单位的视角，对工科毕业生的"专业知识"和"基本技能"进行重要性评价，二者的重要性水平分别为82%和70%。[1] 由此看来，专业知识和专业技能依然是大中专毕业生就业过程中的重要"人力资本"，"专业对口"也在很大程度上成为衡量毕业生就业质量的重要指标。比如，麦可思大学生就业调查发现，"2018届大学毕业生的工作与专业相关度为66%，近五年维持稳定"，其中，本科毕业生的工作与专业相关度为71%，高职高专毕业生的这一数据为62%；本科毕业生中从事工作与专业相关度最高的是医学（93%）和教育学（84%），最低的是农学（57%）；高职高专毕业生中专业相关度最高的是医药卫生大类（90%）和土建大类（71%），最低的是旅游大类和轻纺食品大类（均为51%）。[2] 大部分高等教育毕业生选择与专业相关的工作，说明了我国大中专毕业生的专业知识基础和专业能力还是比较值得信任的。

除了从毕业生的角度考察大中专毕业生的就业趋势外，劳动力市场中的从业人员聚集水平也能反映出我国大中专毕业生的就业分布情况。表1-5以我国19个行业全体从业人员为基数，通过考察各行业所聚集的不同教育程度从业人员的水平，看我国大中专毕业生的就业方向。

---

[1] 刘少雪、杨林，《我国工程师职业发展的现状与未来》[J]，《高等工程教育研究》，2008（5）：35—38。
[2] 麦可思研究院编著，《中国大学生就业报告》（2019）[OL]，http://www.199it.com/archives/930684.html。

表1-5 2022年高中及以上学历从业人员在不同行业的分布

(单位:%)

	高中	大专	本科	研究生	合计	本科+研究生	大专+本科	高中+大专
占总从业人员比例	17.8	11.5	10.3	1.3	40.9	11.6	21.8	29.3
农林牧渔业	6.8	0.9	0.3	0.0	8.0	0.3	1.2	7.7
采矿业	24.9	16.5	11.2	1.0	53.6	12.2	27.7	41.4
制造业	21.2	10.5	6.1	0.7	38.5	6.8	16.6	31.7
电力、热力、燃气及水生产和供应	23.9	22.9	21.5	2.3	70.6	23.8	44.4	46.8
建筑业	14.5	6.9	4.7	0.2	26.3	4.9	11.6	21.4
批发和零售业	27.6	14.4	6.7	0.4	49.1	7.1	21.1	42.0
交通运输仓储和运输业	24.8	12.8	6.6	0.4	44.6	7.0	19.4	37.6
住宿和餐饮业	23.7	7.9	2.8	0.1	34.5	2.9	10.7	31.6
信息传输、软件和信息技术服务业	15.8	28.3	38.9	6.1	89.1	45.0	67.2	44.1
金融业	14.8	25.2	43.0	6.9	89.9	49.9	68.2	40.0
房地产业	27.1	22.1	14.8	1.0	65.0	15.8	36.9	49.2
租赁和商务服务业	21.9	24.0	22.5	2.9	71.3	25.4	46.5	45.9
科学和技术服务业	13.6	25.9	38.3	11.1	88.9	49.4	64.2	39.5
水利、环境和公共设施管理业	15.9	13.1	11.4	1.4	41.8	12.8	24.5	29.0
居民服务、修理和其他服务业	24.9	9.2	3.4	0.2	37.7	3.6	12.6	34.1
教育	12.5	23.4	44.7	7.4	88.0	52.1	68.1	35.9
卫生和社会工作	17.9	30.6	34.4	5.0	87.9	39.4	65.0	48.5
文化、体育和娱乐业	22.8	21.4	23.3	2.7	70.2	26.0	44.7	44.2
公共管理、社会组织和社会保障业	17.6	26.7	34.8	3.5	82.6	38.3	61.5	44.3

资料来源:国家统计局人口和就业统计司、人力资源和社会保障部规划财务司编,《中国劳动统计年鉴》(2022)[M],北京:中国统计出版社,2022年,第64—66页。

从表1-5中可以看出，对专业知识技能要求高的"信息传输、软件和信息技术服务业""金融业""科学和技术服务业""教育""卫生和社会工作"以及"公共管理、社会组织和社会保障业"等行业的从业人员大多具有高中及以上受教育程度；如果再对各行业的从业人员进行细分，可以发现："教育""金融""科学和技术服务业"和"信息传输、软件和信息技术服务业"聚集了最多的研究生和本科生群体（50%左右），"金融业""教育"和"信息传输、软件和信息技术服务业""科学和技术服务业""卫生和社会工作"是大专和本科生群体聚集最多的行业（占了从业人员的三分之二左右），高中和大专毕业生的聚集行业相对分散，除"农林牧渔业"外，其他19个行业领域中都聚集了较大的高中和大专受教育程度群体。这也就是说，受教育程度越高的群体，越是聚集于少数专业性更明显的行业，即受教育程度与个体的专业化程度密切相关，而专业化程度又会通过用人单位和毕业生的双向互选中表现出来。

2. 薪水待遇和发挥专长才能对大中专毕业生择业倾向有重要影响

计划分配时期，大中专院校的毕业生主要面向国有企事业单位分配，比如武汉大学中文系1977级有46名同学，毕业分配时"23人进了北京，单位名称90%以上带着'国'字"，1981级的64个毕业生，也有一半的分配计划是在北京。[1] 而且由于当时国家实行统一的工资福利制度，分配至不同地区、不同单位就业的大中专毕业生的工资福利待遇差别不大，"不论是在党政机关还是事业单位或者国企，大学本科毕业生第一年试用期工资一律47.5元，工资收入与工作岗位没有任何关系"[2]。随着改革开放的深入，国有企业、国有控股企业和原有的集体企业之外的其他经济体

---

[1] 黄勇、从玉华，《大学生就业：从计划分配到市场"双选"》[J]，《国际人才交流》，2004（3）：9—11。
[2] 黄勇、从玉华，《大学生就业：从计划分配到市场"双选"》[J]，《国际人才交流》，2004（3）：9—11。

（包括个体企业、股份企业、外资企业等）发展很快，比如在1998年的工业总产值中，国有企业、国有控股企业和集体企业的贡献已经从1994年的75.1%下降到66.7%[1]，各类新兴经济体表现活跃，它们对大中专毕业生及其他各类专业技术人员的需求也很旺盛，由于缺乏历史的惯性保护，这些新兴经济体通常以较高的薪酬福利待遇吸引人才。比如1999年国有、集体和其他单位从业人员的平均收入分别为8443、5758、10142元[2]，而新兴经济体从业人员的平均收入分别比国有和集体企业单位高出20%和166%，特别是部分三资企业开始以明显高于国有单位的工资福利待遇吸引大中专毕业生。薪酬水平由此成为影响大中专毕业生的重要因素，当时曾有人感慨"今天（2002年）的毕业生已经很大方地把工资收入作为择业的最高标准之一"，武汉大学法学院2001届的一名毕业生应聘某跨国公司的大区营销主管成功，月薪8000元，创下了该校应届本科毕业生月薪的最高纪录[3]，当时在校内外都引起轰动效应。

从表1-6中可以看出，"经济收入"和"发挥专长"是影响大学生择业的重要因素，并且这种影响从20世纪90年代以来便有相对稳定的一致性；从就业的单位类型来看，国有企事业单位、三资企业、党政机关和金融外贸机构具有相当的吸引力。党政机关和国有企事业单位是接受大中专毕业生的传统单位；金融外贸机构中的部分是传统的国有单位，部分是新兴机构，如证券机构、外资或合资银行等，这些新兴机构与三资企业一样，通常以高薪、就业方式灵活、现代化的企业管理方式和相对较为简单的人际关系等优势，对大中专毕业生产生了强大的吸引力。如丁大建、高庆波在

---

1 国家统计局编，《中国统计年鉴》（1999）[M]，北京：中国统计出版社，1999年，表13-1计算得出。
2 国家统计局人口和就业统计司、人力资源和社会保障部规划财务司编，《中国劳动统计年鉴》（2000）[M]，北京：中国统计出版社，2000年，第3页。
3 黄勇、从玉华，《大学生就业：从计划分配到市场"双选"》[J]，《国际人才交流》，2004（3）：9—11。

表1-6 1994—2004年间部分大学生就业意愿及影响因素调查结果表

发表年份	调查范围	择业要素			工作单位		
		第一位	第二位	第三位	第一位	第二位	第三位
1994	广东	经济收入	工作环境	专业对口	金融与外贸部门	自办公司	三资企业
1996	大连	经济收入与福利	发挥专长	社会地位	制造型企业部门	党政机关	商业或经济工作
1997	佛山	发挥才能	经济收入	事业发展	三资企业	国有企事业单位	党政机关
1998	上海西安	经济收入	工作价值	个人兴趣	商业与经济工作	政府部门	党政机关
1999	浙大	发挥才能	经济收入与福利	个人兴趣	党政机关	金融外贸机构	三资企业
1999	西北大学	发挥才能	经济收入与福利	专业对口	金融外贸部门	党政机关、三资企业	自办公司
2001	全国	个人兴趣	发挥专长	经济收入	国有企业	外资企业	中小学校
2002	北京	发挥专长	经济收入	工作环境	三资企业	国家机关	科研单位
2003	北京	发挥专长	经济收入	工作环境	国家机关	高新企业	科研单位
2004	福州	满足物质需求	实现自身价值	追求个人目标	三资企业	国家机关	国有企业

资料来源：周文霞，《当代大学生择业新趋势解读》[N]，《光明日报》，2007年1月4日。

"2003年北京地区高校本科毕业生就业单位类型首选"调查中发现，33.1%的人选择外企或合资企业，27.4%的人选择大型国企，19.7%选择科研、学校、医院、新闻等事业单位，13.5%选择政府机关，2.5%选择私营企业，1.8%选择自己创业，0.6%尚未考虑好，0.4%为其他。[1] 当然

---

[1] 丁大建、高庆波，《毕业了你将去哪里——2003年北京地区高校本科毕业生就业意愿调查分析》[J]，《中国人力资源开发》，2004（4）：4—10。

更夸张的是2003年武汉大学举行110周年校庆时,"破天荒地从深圳开出了校友专列,全是1989年以后'孔雀东南飞'的学生。其中光是在金融机构、软件开发公司等新兴部门就职的,就有5000多人"[1]。新兴经济体的增加,使得大中专毕业生的就业渠道更加丰富多元。薪酬待遇、工作环境成为自主择业时代影响大学生择业的重要因素。

3. 大中专毕业生的职业流动频率提高

分配制时期,大中专毕业生一旦接受毕业分配,之后除了组织调配外,个体主动的职业流动通常较少,"大多数人一直安心地在首次分配的单位安稳地做着'单位人',做着'职员'",武汉大学罗教讲教授曾经领衔对全国2000个单位、数千名武汉大学校友做的调查中发现,"服从(分配就)意味着放弃",放弃的内容包括:正常调动升迁(36.01%)、更能发挥个人兴趣特长的机会(21.93%)、对家庭的照顾(13.42%)、专业不对口(7.86%)、获得更高待遇的机会(7.53%)、深造机会(5.24%)、忍耐复杂人际关系(4.26%)和出国机会(3.76%)。[2]

进入自主择业时代,特别是随着改革开放政策的深入,一次分配定终身的观念发生了很大变化,就业者和单位在符合法律规定的前提下,都有重新选择的权利和机会。因此,相比分配制时代,自主择业时代大中专毕业生的职业流动频率明显提高。从表1-6影响大学生的择业因素中可以看出,"个人兴趣""发挥才能/专长"以及"实现自身价值"等出现的频率甚至高于"经济收入"和"经济收入与福利"的选项。而且相对经济收入来说,职业兴趣和才能发挥都更具主观性和即时性,一旦就业者对所从事的职业或者岗位产生消极情绪后,很容易产生职业/岗位流动

---

1 黄勇、从玉华,《大学生就业:从计划分配到市场"双选"》[J],《国际人才交流》,2004(3):9—11。
2 黄勇、从玉华,《大学生就业:从计划分配到市场"双选"》[J],《国际人才交流》,2004(3):9—11。

倾向。根据麦可思大学生就业报告，"2018届大学毕业生半年内的离职率为33%，近五年毕业生离职率稳定"，其中，本科毕业生的离职率为23%、高职高专毕业生的离职率为42%；另外，在被调查的2015届毕业生中，三年内平均为2.2个雇主工作过，与2014届三年内（2.2个）数据持平；其中39%的本科毕业生和24%的高职高专毕业生在毕业后的三年内没有换过雇主，三分之一的毕业生换过一次雇主，还有7%的本科生和16%的高职高专生均有四个及以上的雇主。[1]可以看出，这些新一代大中专毕业生踏入职场后还需要一个职业探索和适应期。

当然，职场的探索适应是雇主和被雇用者双方的事情，因此，这部分毕业生的职业流动中有很多属于主动流动，如麦可思的《2019年中国大学生就业报告》中说，2018届大学毕业生中，98%的本科生和99%的高职高专生发生过主动离职，主要原因是"个人发展空间不够"（本科生的这一比例为46%，高职高专为44%）、"薪资福利偏低"（本科生的比例为43%，高职高专生的比例为48%）。[2]有研究发现，大学毕业生工作后的第二至三年是"跳槽"高发期，原因在于，在经历了就业第一年的由陌生到熟悉后，大学生员工容易因为各种因素的影响而对单位产生不满情绪，加之较初入职时已经积累了一定的工作经验，所以更容易选择自愿离职；而且在后续的职业生涯中，有过离职经历的人更容易发生离职行为。[3]毕业后五年内的大学生职业流动中，53.5%属于水平职业流动、40.7%属于向上职业流动，还有5.8%是向下职业流动。[4]说明与分配制时期的大中专毕

---

[1] 麦可思研究院编著，《中国大学生就业报告》（2019）[OL]，http://www.199it.com/archives/930684.html。
[2] 麦可思研究院编著，《中国大学生就业报告》（2019）[OL]，http://www.199it.com/archives/930684.html。
[3] 肖干，《职业适应期大学生员工频繁"跳槽"现象的调查分析与教育启示》[J]，《中国青年研究》，2014（3）：84—88+83。
[4] 钟云华，《大学毕业生职业流动的影响因素分析》[J]，《高等教育研究》，2015（6）：33—41。

业生相比，自主择业的毕业生在就业观念上更加灵活、主动，终生服务于一个雇主或从事一种职业的职业发展观在当代大中专毕业生中较为罕见。

三、普通基础教育与职业的关系

新中国成立后颁布的首个学制规定提出，小学是"给儿童以全面的基础教育"、中学是"给学生以全面的普通的文化知识教育"，它们从制度规定上不具有培养专门人才的功能。因此，即使是当时国内普通中等教育规模很小（如1952年中等专业学校有在校生63.6万人，普通高中只有26万人）[1]的情况下，对不能升学的毕业生，只能"在政府指导之下就业"[2]，与对大中专毕业生需要接受毕业分配的就业要求明显不同。20世纪80年代兴起的职业教育，在培养目标上与普通高中教育有明显区别。虽然中专（新中国成立后建立的"中专"教育体系中，存在分别以高中毕业生和初中毕业生为招生对象的两种不同办学层次，到20世纪90年代后，则以招收初中毕业生为主）、职业高中等与普通高中属于高中阶段的教育程度，但由于教育目标不同，个人由此而得到的收益水平亦有差别。比如有研究认为"中专/技校/职高教育的收益率比普高教育高41%"[3]；还有研究得出基础教育的收益率为1.8%，专业教育的收益率为3.0%，二者的收益差别在1%置信水平上显著；落实到实际收入上，则前者比后者高出8.8%。[4] 这种差别是由教育的性质引起的，不属于我们这里讨论的范围。我们想要了解的是，接受不同程度的普通教育对个体的职业/岗位是否有影响。

由于我国在劳动就业及人口普查等统计中，大多将不同类型的高中

---

1 国家统计局编，《中国统计年鉴》（1999）[OL]，http://www.stats.gov.cn/yearbook/表20-5。
2 《政务院关于改革学制的决定》[N]，《人民日报》，1951年10月3日。
3 罗忠勇，《农民工教育投资的个人收益率研究——基于珠三角农民工的实证调查》[J]，《教育与经济》，2010（1）：27—33。
4 诸建芳、王伯庆、恩斯特·使君多福，《中国人力资本投资的个人收益率研究》[J]，《经济研究》，1995（12）：55—63。

阶段教育均纳入"高中"范畴内统计，故很难在从业人员群体中将接受普通高中教育与中专或职业技术教育区分开来。因此，除有特殊说明外，本部分的"高中"教育属于宽口径概念。

1. 不同受教育程度对个体就业的职业和岗位的影响

在计划经济阶段，不论城市还是农村，一旦个体结束学业阶段，就需服从某一机构的分配管理，个体很少具有对自己的职业/岗位进行选择的主动权，通常城市户籍的个体等待各种类型的招工机会，农村户籍的个体则回乡务农或接受生产（大）队的安排。改革开放之后，一方面农村劳动力可以较为便捷地进入城市，另一方面城市人口也需要自谋职业，个体的兴趣、志向、能力、素质对其职业/岗位的选择和获得便有了相对明显的影响，教育程度对个体的影响由此也有了更多的观察点。

表1-7显示了当前"雇员"和"自营劳动者"两种职业身份囊括了我国96%的从业人员。在这两大职业身份中，从业者的受教育水平有明显差别：在"雇员"群体中，从"未上过学"到"研究生"学历群体的从业人员比例依次提高；而在"自营劳动者"群体中，则依受教育程度的提高而渐次下降，从受教育程度的维度说二者呈完全相反的趋势。也就是说，越是受教育程度高的从业人员，越有可能是雇员身份；而受教育程度越低，则做"自营劳动者"的可能性越大。这一点，可以说是从现实的角度部分印证了教育筛选信号理论——雇主更倾向于通过受教育程度雇用雇员。受教育程度低的劳动者，在接受雇主筛选时处于先天弱势，选择自营劳动者则能够帮助他们尽量避免这种先天劣势。

当然，表1-7也表明，接受不同程度普通教育的群体中，都有相当比例的从业人员以雇员身份从事劳动，其中小学教育程度中的三分之一、初中程度超过一半，以及高中程度的近四分之三从业人员，接受了雇用。但由于他们一般不具备专门职业技能，通常只能进入筛选度低、工作环境差、福利保障不稳定、工资收入低、以消耗时间和体力为主的职业岗位。

表1-7　2022年全国不同职业身份从业人员学历情况表

（单位：%）

学历情况	占就业人员总数比例	雇员	雇主	自营劳动者	家庭帮工	合计
未上过学	2.3	22.8	1.4	71.9	3.8	100.0
小　　学	15.8	36.0	2.2	59.2	2.5	100.0
初　　中	41.0	57.0	4.4	36.9	1.6	100.0
高　　中	17.8	72.2	6.3	20.4	1.1	100.0
大学专科	11.5	86.9	5.2	7.4	0.5	100.0
大学本科	10.3	93.4	3.3	3.0	0.3	100.0
研　究　生	1.3	96.6	2.2	1.1	0.1	100.0
总　　计	100.0	62.3	4.3	31.0	1.4	100.0

资料来源：国家统计局人口和就业统计司、人力资源和社会保障部规划财务司编，《中国劳动统计年鉴》（2022）[M]，北京：中国统计出版社，2022年，第71—72页。

表1-8　2015—2019年间城镇从业人员的周劳动时间表

（单位：小时）

学历情况	2015年	2016年	2017年	2018年	2019年
全国平均	45.5	46.1	46.2	46.5	46.8
未上过学	42.1	41.9	41.8	42.0	41.5
小　　学	45.3	46.1	46.2	46.5	46.4
初　　中	48.1	48.6	48.9	49.2	49.5
高　　中	46.0	46.7	46.9	47.3	47.9
大学专科	43.4	44.0	44.0	44.3	44.7
大学本科	41.7	42.3	42.1	42.3	42.7
研　究　生	41.0	41.7	41.5	41.5	42.0

资料来源：国家统计局人口和就业统计司、人力资源和社会保障部规划财务司编，《中国劳动统计年鉴》（2020）[M]，北京：中国统计出版社，2020年，第91页。

从表1-8中可以看出，初中受教育程度的城镇从业人员劳动时间最长，高中次之，小学第三，说明相比于大学毕业生，只有普通教育程度的劳动者付出了更多的劳动时间。

由于从事职业岗位的筛选度低，受教育程度较低雇员抵御职业岗位变化的能力相对较弱。比如表1-9显示，"照顾家庭"和"上一份工作结束"是初中及以下学历从业人员结束上一份工作的主要原因，这两个因素基本上占到"未上过学""小学""初中"三个学历群体结束上一份工作原因中的四成以上；对于高中学历群体而言，除"照顾家庭"这个在普通教育学历层次的从业人员群体中共同的重要因素外，"对上一份工作不满意"成为代替"上一份工作结束"的次要原因；"对上一份工作不满意"实际上在初中学历从业人员群体中已经有所表现（居于结束上一份工作的第三影响因素）。而通过查看表1-9中的数据可以看出，"对上一份工作不满意"是大专及以上学历从业人员群体结束上一份工作的主要原因（除"从没工作过"之外）。值得注意的是，具有本科和研究生学历的群体中有很高的比例是因为"参加学习培训"而结束上一份工作，再一次印证了贝克尔所说的"能力更强的人比其他人拥有更多的教育和其他培训"。

导致相当比例的高中及以下学历从业人员群体因"上一份工作结束"而暂时失业的原因，主要是因为这一部分从业人员所从事的主要是一些抗风险能力较弱的季节性、临时性职业或岗位。在长期的计划经济时期，我国劳动就业体系中的"编制"很重要，各级各类的政府机关、国营/有企事业单位等，按编制——意味着与工资、福利、晋升、合同等直接挂钩的权利保障——聘用职工。改革开放以后，新兴经济体没有编制概念，完全根据需要自主决定人员聘用的类型、期限及薪酬福利待遇；国营/企事业单位则在继续执行编制管理体系之外，也可以根据需要聘用临时性的编制外人员。由于有编制的各类岗位在招聘时大多有明确的学历要求，如公务员招考的基本条件就是大学本科及以上学历，新进入劳动力

表1-9　2022年城镇失业人员结束上一份工作的原因表

(单位：%)

学历情况	从没工作过	退休	健康或身体原因	照顾家庭	参加学习培训	对上一份工作不满意	上一份工作结束	被解聘	季节性歇业	单位/个体经营户倒闭停产	承包土地被征用或流转	其他	合计
未上过学	11.0	2.6	21.1	21.3	0.1	4.1	21.7	3.2	7.7	4.3	1.2	1.5	100.0
小学	6.3	3.3	13.8	24.9	0.3	10.0	23.7	2.9	6.6	5.4	1.0	1.8	100.0
初中	6.8	3.8	8.9	27.5	1.0	16.4	16.8	3.0	4.9	8.0	0.5	2.4	100.0
高中	10.8	5.8	6.7	23.8	2.4	20.5	11.2	3.5	2.8	9.8	0.4	2.3	100.0
大学专科	24.9	2.6	4.2	18.4	7.5	22.7	6.6	2.4	1.6	7.2	0.1	1.8	100.0
大学本科	45.7	0.8	2.1	9.7	13.8	15.5	4.7	1.7	0.5	4.0	—	1.3	100.0
研究生	69.7	0.5	0.7	5.0	11.1	6.6	3.7	0.5	0.2	1.8	—	0.3	100.0
总计	18.2	3.4	7.0	21.5	4.6	17.3	12.4	2.7	3.3	7.2	0.4	2.0	100.0

资料来源：国家统计局人口和就业统计司、人力资源和社会保障部规划财务司编，《中国劳动统计年鉴》(2022) [M]，北京：中国统计出版社，2022年，第106—107页。

市场的高中及以下学历人员大多进入无编制的临时性岗位。比如，在全国总体失业人员中，来自"生产运输设备操作人员及有关人员"的人员比例占到四分之一，但在只具有小学及以下受教育程度的从业人员中，来自这个行业的失业人员占到三分之一以上，表明受教育最少的劳动人员群体在这一行业中守住岗位非常不易。

2. 普通教育对农村户籍人员的从业影响

新中国成立后很长一段时间内，由于农村基础教育普及的程度滞后于城镇，且有农村大中专升学户籍转移制度，使得农村户籍人口、劳动

表1-10 2022年城镇失业人员失业前的职业情况表

(单位：%)

学历情况	单位负责人	专业技术人员	办事人员和有关人员	商业、服务业人员	农林牧渔水利业人员	生产运输设备操作人员及有关人员	其他	合计
未上过学	0.1	0.7	2.9	38.2	24.6	33.3	0.3	100.0
小学	0.5	1.3	4.6	41.0	12.8	39.4	0.4	100.0
初中	0.8	2.5	7.0	50.1	5.2	34.0	0.4	100.0
高中	1.2	6.6	13.7	54.9	2.0	21.4	0.2	100.0
大学专科	1.5	18.0	21.3	48.6	0.6	9.7	0.3	100.0
大学本科	1.8	32.6	23.7	35.6	0.4	5.8	0.2	100.0
研究生	2.4	46.2	19.3	27.6	—	4.0	0.5	100.0
总计	1.1	9.2	12.3	48.1	4.2	24.7	0.3	100.0

数据来源：国家统计局人口和就业统计司、人力资源和社会保障部规划财务司编，《中国劳动统计年鉴》(2022)[M]，北京：中国统计出版社，2022年，第122页。

力从业人员的受教育程度普遍偏低。表1-11反映的是2020年第七次人口普查的数据，可以看出农村劳动力的受教育程度有明显的年龄差异：在45岁及以上年龄组，小学及以下受教育程度者占到三分之一或以上；而在29岁以下年龄组，高中及以上受教育程度者则从28%跃升到40%以上，显示近年来的各级教育普及效果已经延伸到农村户籍人口。但同样清晰可见的是，目前农村户籍的从业人口中，初中及以下文化程度依然是我国大多数农村户籍劳动人口的最常见学历。

表1-11　2020年我国农村15—64岁人口的受教育情况

（单位：%）

	未上过学	小学	初中	高中	大专及以上	合计
15—19岁	0.8	4.4	42.4	39.0	13.4	100.0
20—24岁	0.7	5.0	41.3	22.6	30.5	100.0
25—29岁	0.7	6.5	51.9	20.2	20.6	100.0
30—34岁	1.0	9.6	61.0	17.0	11.4	100.0
35—39岁	1.6	14.3	65.4	12.6	6.1	100.0
40—44岁	2.2	22.4	62.8	9.4	3.2	100.0
45—49岁	2.7	30.1	58.8	6.7	1.7	100.0
50—54岁	3.5	37.9	52.4	5.2	1.0	100.0
55—59岁	4.5	40.3	46.7	7.7	0.9	100.0
60—64岁	8.2	50.2	33.6	7.5	0.6	100.0
合计	2.8	25.0	52.2	12.7	7.2	100.0

数据来源：国务院第七次全国人口普查领导小组办公室编，《中国人口普查年鉴》（2020）[M]，北京：中国统计出版社，2020年，https://www.stats.gov.cn/sj/pcsj/rkpc/7rp/zk/indexch.htm。

改革开放之后，农村户籍从业人员的从业方式较为灵活，比如进城务工就是当前农村户籍青壮年从业人员较为普遍的从业方式。目前已有不少相关研究发现，进城务工人员具有以下突出特点：（1）文化程度低，20世纪80年代之前出生的第一代农民工平均受教育年限为7.63年，第二代农民工（20世纪80年代后出生）的受教育年限有所提升，为8.92年；（2）从事的工作主要是低技术低门槛行业，制造业（46.6%）、服务业（35.0%）和建筑业（14.5%）是吸纳农民工的主体行业领域[1]；（3）16—30岁青年人占农民工群体的八成左右（76.6%）；（4）农民工的职业成长空

---

[1] 周化明，《中国农民工职业发展问题研究》[D]，湖南农业大学，2012年，第24—25页。

间有限,近70%的人成为初级工后就止步不前,少部分人通过技能培训能够成为农民工中的"白领阶层""知识分子";(5)总有些浮躁心理和迷惘惶恐,害怕被问到"将来在哪里""未来怎么办"等关系未来的问题;(6)不全相信政府,也不大相信社会、同事、上司、老板,大多数人只相信亲戚、老乡、同学,75%的人进城后的第一份工作是通过老乡或亲戚获得的;(7)绝大多数人的工作要加班加点。[1]农民工群体的上述特点,表明了对于大多数农民工来说,虽然他们的工作场所实现了从农村向城市的转移,但由于他们自身的受教育程度有限,几乎不掌握有技术含量的职业技能,相对来说他们只是靠体力和劳动时间获得报酬。而且随着城市中越来越多的工作岗位逐渐提高了对进城务工者的受教育程度的要求,如武汉市90%以上的岗位要求务工人员具有初中以上文化程度,其中20%以上的岗位需要高中及以上文化程度[2],受教育程度不高的农民进城务工的机会也会逐渐受到限制。

不管农村户籍从业人员是进城务工还是从事农业活动,受教育程度的高低对他们的职业灵活性、收入结构及收入水平等都有一定影响。学者刘燕梅等人于2011年通过对甘肃省13个县市293户694人的调查发现,农户家庭总收入随着主要劳动力受教育程度的提高逐步上升(当受教育程度达到初中时家庭总收入会显著提高)。具体来说,工资性收入和财产性收入与受教育程度呈正相关;经营性收入随着受教育程度的提高出现波动,在达到初中程度以后变动不大;转移性收入与受教育程度呈负向相关关系。[3]农户家庭总收入与家庭主要成员受教育程度的关系,实际上与家庭主要成员从事职业的灵活性密切相关。学者秦岭的相关研究也证

---

1 周化明,《中国农民工职业发展问题研究》[D],湖南农业大学,2012年,第21—24页。
2 秦岭,《从农村劳动力受教育程度分析农民增收问题》[J],《南京人口管理干部学院学报》,2004(1):14—18。
3 刘燕梅、段小红,《农民受教育程度对其家庭收入的影响分析——基于甘肃省13个市县的实地调研》[J],《浙江农业学报》,2013(2):404—409。

明了受教育程度越高的农户家庭,从事非农职业的可能性越高,由此获得的收入也越高(详见表1-12)。

表1-12 不同文化程度的农户家庭劳动生产率比较[1]

类别	初级教育家庭	中级教育家庭	高级教育家庭
户均人口(人)	3.64	3.68	3.75
户均劳动力(人)	2.47	2.40	2.20
人均耕地(亩)	2.50	1.68	1.20
平均每个劳动力负担的耕地(万亩)	3.68	2.58	2.05
平均每个劳动力从事的劳动时间(月)	10.41	8.98	7.31
粮食种植面积(%)	69.03	61.59	75.29
经济作物种植面积(%)	30.97	38.41	24.71
每亩平均收入(元)	237.97	300.03	260.66
以务农为主(%)	67.93	55.37	39.50
以务工为主(%)	22.01	33.05	50.62
以经商为主(%)	5.66	7.06	4.94
以其他职业为主(%)	4.40	4.52	4.94
兼业劳动力占总劳动力的比重(%)	5.30	6.25	5.56

备注:小学及小学以下称为初级文化家庭,初中称为中级文化家庭,高中及高中以上称为高级文化家庭。

资料来源:全国农业普查办公室,《中国第一次农业普查资料综合提要》[M],北京:中国统计出版社,1998年。

由表1-12可以看出,在不同受教育程度的农户家庭里,投入农业劳动的时间有明显差别,家庭主要成员的受教育程度在小学及以下的家

---

[1] 秦岭,《从农村劳动力受教育程度分析农民增收问题》[J],《南京人口管理干部学院学报》,2004(1):14-18。

庭投入农业劳动的时间最多,受教育程度达到高中程度的家庭投入最少(平均劳动力投入只占小学及以下受教育程度家庭的70%);但从农田的亩产收入来说,高中程度家庭的收入又比小学及以下家庭高出接近10%的水平。另外,从务工比例来看,三个不同层次的家庭中,高中程度家庭的比例最高(超过50%),小学及以下家庭的比例最低(22%)。初中受教育程度的家庭投入农业劳动的时间处于中间状态,但农业亩产收入属于三个层次家庭中的最高水平(比小学及以下家庭高出26%);从就业的灵活性上看,初中受教育程度家庭的经商比例最高。这一点与表1-7所反映的全国从业人员的职业分布状况一致,即相比小学和高中受教育程度的从业人员,初中受教育程度人员的从业领域相对分散,既有可能靠向小学及以下受教育程度者,也有可能靠向高中及以上受教育程度者。由此,即使就普通教育体系中的不同阶段来说,受教育程度的高低也能够较为明显地影响到个体从业选择的灵活性、收入结构及收入水平。

根据前面的分析可以看出,教育对个体的职业选择和发展有较为明显的影响,主要表现在:一是在普通教育与专/职业教育之间,后者比前者更有利于职业选择,而且由于专/职业教育通常都是在普通教育基础之上,如此便意味着要依据教育获得较好的专/职业技能,需要接受较高层次的教育;二是即使同在普通或者基础教育阶段,受教育时间的长短也会明显影响个体职业选择的灵活性,其中初中教育对个体职业发展是个重要节点;三是教育对个体职业的影响不是线性必然的对应关系,即使有些时候部分行业、职业或岗位会以某种学历或受教育程度作为"入场券",个体能否获得进入机会还取决于很多其他因素,即受教育程度不是个体获得某个职业或岗位的"硬核";四是不论对雇主还是被雇用者来说,教育的标签性作用都不容忽视,特别是当被雇用者的教育资质具有明显标识性的时候。总结起来说,教育与个体职业之间的关系,就如布迪厄所说的,虽然"学业称号越来越成为社会地位再生产必不可少的条件,甚至在那些表面上仅仅与经济资本最紧密地联系在一起的社会领域中也是如此",但"学业称号实际上从来就不足以独自在经济场域中为人们确保一条抵达霸权位置的通道"[1],教育帮助个体所获得的只是一种可能性,而不是必然。

---

[1] [法]皮埃尔·布迪厄著,杨亚平译,《国家精英——名牌大学与群体精神》[M],北京:商务印书馆,2018年,第375、502页。

第二章 教育与生活
——教育是生活的调味品还是必需品?

处于现代社会中,教育已经成为个体进入社会生活的重要标签,成为影响个人及他人判断其社会地位、生活水平与生存方式的重要依据。正是从这个意义上,美国学者迈克尔·阿普尔认为:"教育绝不只是关乎就业的问题;它更关乎人们的生活方式。"[1] 那么,教育是否能担起这个责任——是真正影响个体生活的因素,还是只是个体生活的点缀——这是本章讨论的主要内容。

第一节 教育对社会地位的影响

社会中的每位个体都同时承担着多种不同的角色,每一种角色都涉及权力、资源、责任等,个体及他人对其角色的认识、感知和实际行动表现,成为最直观的个体社会地位。根据社会学理论,所谓社会地位,是指个体在各类复杂社会结构中的坐标位置,通常有广义和狭义之分,

---

[1] [美] 迈克尔·W. 阿普尔著,王占魁译,《教育能够改变社会吗?》[M],上海:华东师范大学出版社,2014年,第16页。

"狭义指社会等级制度或分层制度中的排列位置、权力、声望、职业、财富的象征；广义指个体在一定社会关系体系中所处的位置。后者被认为具有严格的社会学意义，反映了个体与社会整体的关系及在与社会整体互动关系中的社会身份"[1]。每个社会成员拥有多种异质性身份，如职业身份、政治身份、受教育程度、财富/收入水平、户籍与居民身份、家庭和社会关系身份、民（种）族、性别、年龄等，根据这些错综复杂的社会关系，个体的身份地位就被多角度呈现出来。在构成和影响个体社会身份的诸多因素中，既有与生俱来的先赋性因素，如家庭背景及辈分、位序、性别、年龄、民（种）族等；也有后天获得的，如受教育程度、职业身份、政治身份、社会关系等；另外还有部分既可以来自先天，也可能被后天改变的因素，如户籍与居民身份、财富及部分社会关系等。在不同制度背景下，不同要素对个体获取社会地位的影响力有差别。比如在阶级社会中，家庭背景和政治身份是构成个体社会地位的核心要素；在市场经济背景下，财富/收入水平是塑造个体社会地位的重要因素；在现代社会中，教育和职业是塑造个体社会地位的核心要素，如马克斯·韦伯（Max Weber）认为，社会地位（身份）是"建立在如下一种或数种因素基础之上：a. 生活方式；b. 正式的教育过程，包括实际经验的训练或理性的训练，及与此相对应的生活方式；c. 因出身或因职业而获得的声望"[2]。李强通过对我国社会分层情况的考察，提出："在人们的多种社会地位中，有三种地位属于社会地位的基础要素，即经济地位、职业地位和教育地位。"[3] 教育和职业对塑造现代社会中个体社会地位的影响，

---

1 顾明远主编，《教育大辞典（增订合编本）》[M]，上海：上海教育出版社，1998年，第1351页。
2 Max Weber, "Status Group and Classes" [A], David B. Grusky edited, *Social Stratification: Class, Race, and Gender in Sociological Perspective* [M], San Francisco: Westview Press, 1994, p. 125.
3 李强，《当代中国社会分层》[M]，北京：生活·读书·新知三联书店，2019年，第271页。

也正符合现代人力资本理论——个体通过教育获取和积累人力资本，职业则不仅是将个体已积累的人力资本变现，还可能会在此基础上继续促进个体的人力资本积累，并最终通过获取某种社会地位的方式予以巩固。这也就意味着，教育—职业—社会地位之间可以形成有效的连接和反馈机制。上一章中已经讨论了教育与职业之间的关系，这里主要从与社会地位关系密切的收入、权力和社会声望等角度，讨论教育对个体社会地位的影响。

一、教育对收入的影响

根据已有的研究成果，在现代社会中，教育与职业之间关系密切，甚至已经成为现代职业筛选用人的主要标准之一。而职业是现代社会中个体获取经济收入的主要方式，正是从这个逻辑上说，通过"职业"这个中介，可以在"受教育程度"与"收入"之间建立逻辑关系。自20世纪中后期以来，大量有关教育收益率的实证研究证实了教育与收入之间存在明显的相关关系。如诺贝尔奖获得者贝克尔发现，直到20世纪60年代初期，美国大学毕业生和高中毕业生的平均收入差距一直稳定在40%—50%之间，原因是"在技术先进的经济体中，在学校获得的更多知识和信息十分重要"，因此不是文凭而是大学教育本身"是导致大学毕业生和高中毕业生收入差异的一个重要因素"。[1] 表2-1反映了20世纪50年代美国部分州区不同受教育程度男性就业者的薪资中位数，从中可以看出，相比班级排名、智力测试和智商测试，受教育水平对个体收入的影响更明显；相比"接受过一些大学教育"与"高中毕业生"之间的收入差距，"获得一个或多个学位"与"接受过一些大学教育"的收入差距更明显；而且，即使

---

[1] ［美］加里·贝克尔著，陈耿宣等译，《人力资本》[M]，北京：机械工业出版社，2016年，第15、154—155页。

在高中班级中的班级排名或者智力测试分数高但没有读大学的人,其收入水平也明显低于班级排名或智力测试分数低但读了大学或获得学位的人。从这一点来说,表2-1确实证实了大学教育本身对个体收入的影响。

表2-1 美国伊利诺伊州、明尼苏达州和罗彻斯特男性薪资中位数

(单位:美元)

能力衡量标准	教育水平		
	中学毕业生	一些大学教育	获得一个或多个学位
高中班级的百分等级排名①			
91—100	4880	5600	7100
81—90	4780	5400	6300
71—80	4720	5300	6500
61—70	4810	5700	5700
1—60	4655	5300	5700
智力测试的样本百分数②			
最高的20%	4000	5300	6300
中间的35%	4500	5200	6100
最低的45%	4300	4100	5200
智商IQ③			
120以上	5500	6100	7600
120以下	5000	5700	7400

备注:①伊利诺伊州、明尼苏达州和罗彻斯特的男性;②明尼苏达州的男性;③罗彻斯特的男性。

资料来源:[美]加里·贝克尔著,陈耿宣等译,《人力资本》[M],北京:机械工业出版社,2016年,第152—153页。

在我国,同样有不少学者对教育与收入的关系进行了研究。比如刘文和张璇的研究发现,"1999年以前,低学历的收益率高于高学历,尤其

是1999年，初中学历的教育收益率远高于高中和大学的教育收益率。随着高校扩招政策的实施，1999年后初中学历教育收益率大幅下降，2002年后大学及以上学历的收入优势突显，'高学历高收入'的格局逐渐形成"[1]。张刚和杨胜慧则通过对2010—2015年间覆盖全国31个省市自治区、约80万流动人口的相关调查数据的研究发现，受教育程度对流动人口的收入水平影响显著（详见表2-2）；而且随着时间的推移，不同受教育程度的流动人口在收入方面的差距还在进一步拉大，受教育程度越高，收入增长的幅度越大。

表2-2 2010—2015年我国流动人口月收入水平

受教育程度	月收入水平（元）						收入增幅（%）
	2010年	2011年	2012年	2013年	2014年	2015年	2010—2015年
未上过学	1870	1974	2440	2581	2747	2895	54.8
小学	2017	2145	2672	2915	3254	3602	78.6
初中	2205	2314	3018	3204	3772	4177	89.4
高中/中专	2374	2594	3375	3515	4218	4834	103.6
大学专科	2708	3422	4050	4253	4950	5936	119.2
大学本科及以上	3208	4852	5265	5560	6439	7838	144.3

资料来源：张刚、杨胜慧，《受教育程度对流动人口收入水平影响的趋势分析》[J]，《西北人口》，2019（4）：12—22。

教育对个体收入的影响，一方面与现代社会中职业分化过程中的教育壁垒和市场化程度有关，即外在的环境因素，促进了将教育与职业间的关联并进而将这种关联演化为教育与收入之间的关系。表2-3显示了

---

[1] 刘文、张璇，《国际视角的人力资本收益率研究》[J]，《人口与社会》，2019（6）：24—37。

表2-3 2019年我国非私营单位不同受教育程度从业人员在各职业的聚集水平及收入情况表

(单位：%/元)

	未上过学	小学	初中	高中	大专	本科	研究生	合计	平均工资
总计	2.2	15.7	40.6	18.7	12.0	9.7	1.1	100.0	90501
农林牧渔业	7.4	38.8	45.9	6.8	0.8	0.2	0.0	100.0	39340
采矿业	0.4	7.4	40.4	25.1	15.7	10.0	0.9	100.0	91068
制造业	0.8	11.0	48.8	22.1	10.7	6.0	0.6	100.0	78147
电力、热力、燃气及水生产和供应	0.2	4.0	26.3	24.7	24.1	19.2	1.5	100.0	107733
建筑业	1.0	17.9	55.2	14.9	6.6	4.2	0.2	100.0	65580
批发和零售业	0.6	7.7	42.1	28.9	14.1	6.3	0.3	100.0	89047
交通运输仓储和运输业	0.2	7.4	47.4	26.1	12.1	6.5	0.2	100.0	97050
住宿和餐饮业	0.8	11.2	53.5	24.3	7.7	2.4	0.0	100.0	50346
信息传输、软件和信息技术服务业	0.0	0.7	10.5	18.2	31.2	34.9	4.4	100.0	161352
金融业	0.0	0.8	9.7	19.2	28.6	36.5	5.2	100.0	131405
房地产业	0.4	5.5	26.6	28.6	23.7	14.1	1.1	100.0	80157
租赁和商务服务业	0.2	3.9	24.4	23.8	25.0	20.4	2.2	100.0	88190
科学和技术服务业	0.1	1.1	9.9	15.7	25.8	36.7	10.7	100.0	133459
水利、环境和公共设施管理业	2.8	18.2	35.7	18.7	13.0	10.4	1.2	100.0	61158
居民服务、修理和其他服务业	1.3	12.1	49.0	24.8	9.2	3.4	0.1	100.0	60232
教育	0.1	1.7	9.8	14.0	26.3	40.8	7.4	100.0	97681
卫生和社会工作	0.3	2.2	9.2	19.7	33.4	30.8	4.3	100.0	108903
文化、体育和娱乐业	0.3	4.5	23.1	24.9	21.6	22.3	2.3	100.0	107708
公共管理、社会组织和社会保障业	0.2	2.3	12.0	19.5	28.9	33.9	3.1	100.0	94369

数据来源：国家统计局人口和就业统计司、人力资源和社会保障部规划财务司编，《中国劳动统计年鉴》(2020)[M]，北京：中国统计出版社，2020年，第38—40、62—64页。

2019年我国不同受教育程度的从业人员在不同职业领域中的分布及平均工资水平，可以看出，初中及以下受教育程度的从业人员最集中（92%）的"农林牧渔业"在所有职业领域中的平均工资水平最低，只有全国平均水平的43%；聚集了最多研究生学历（10.7%）的"科学与技术服务业"，其平均工资虽然不是所有职业中的最高，但是第二高的水平，是全国平均水平的1.47倍。应该说，表2-3直观反映了教育—职业—收入之间的联系是真实存在的。

另一方面，个体通过教育获得的知识技能和素质品质等，提高了个体的职业能力，从而为其带来更高的经济收益。这种影响主要是与个体对教育内容和教育要求的内化程度有关。正如杜威所提出的，"任何一个人，只有当他具备了和意义有实际联系的某些情境的经验，他才能掌握这些符号的意义"[1]。教育所给予个体的知识技能，不只是影响个体当下对相关知识技能的理解和把握，更重要的是为其在后续的各类学习和实践中是否具备接受新知识、新技术的意愿和能力有重要影响，即"人们事前的判断会强烈影响他们知觉和解释信息的方式"[2]。同时，学校教育中着力关注和培养的努力、勤奋、纪律、权威、竞争、合作等个人特质及自主学习能力等，同样是影响个体职业发展的重要因素。有研究发现，以是否接受了高等教育为分水岭，人力资本对高学历群体和低学历群体的职业发展会呈现出两种截然相反的效应，即高学历群体中的人力资本"马太效应"和低学历群体中的"人力资本失灵"效应同时存在：越是高学历群体，其职业地位起点相对较高，越是倾向于继续进行职业后教育，如贝克尔发现，"大学毕业生

---

[1] ［美］约翰·杜威著，姜文闵译，《我们怎样思维·经验与社会》[M]，北京：人民教育出版社，2005年，第194页。

[2] ［美］戴维·迈尔斯著，侯玉波等译，《社会心理学（第11版）》[M]，北京：人民邮电出版社，2016年，第86页。

的在职培训和对健康、成年教育、移民的支出比高中毕业生更多"[1]；舒尔茨则说："进入劳动力市场的大学毕业生每年以在职培训形式向自身投资的数额比研究生向自身投资的数额要少。"[2] 被持续投资的高学历群体，即使不能继续提高职业竞争力，但其落后于时代发展进步的幅度也相对较小、速度相对较慢，其经济收入及其增长幅度也就相对能够得到保证，这是存在于高学历群体中的人力资本"马太效应"。同时，由于知识、思维等方面的局限性，低学历群体可能"更难以超越自身活动的情境性特征"[3]，以及对职后教育投资和新事物等持相对消极的态度等，导致低学历群体劳动者的工资、职位长期滞留在低水平层次上。表2-4反映了不同层次的农民工职业生命周期及收入估计差异，在

表2-4 中国制造业领域农民工职业发展层次与职业生命收入经验值

农民工职业发展层次	职业生命高峰年龄（岁）	找工作困难起点（岁）	职业生命年限（年）	职业生命收入估计（万）	核心能力
初级农民工	30	40	28	59.4	时间和体力
技术或管理基层农民工	35	45	38	129.6	时间、体力和部分工艺经验技术
高技术或管理中层农民工	40	50	43	178.2	工艺经验为主，沟通协调为辅
管理高层或创业农民工	45	55	48	261.0	工艺经验、管理沟通及人际关系资源能力

资料来源：周化明，《中国农民工职业发展问题研究》[D]，湖南农业大学，2012年，第117页。

---

1 [美]加里·贝克尔著，陈耿宣等译，《人力资本》[M]，北京：机械工业出版社，2016年，第157页。
2 [美]西奥多·W. 舒尔茨著，蒋斌、张蘅译，《人力资本投资——教育和研究的作用》[M]，北京：商务印书馆，1990年，第91页。
3 [英]安东尼·吉登斯著，李康、李猛译，《社会的构成——结构化理论纲要》[M]，北京：中国人民大学出版社，2016年，第322页。

一定程度上验证了舒尔茨所认为的——"教育比大多数再生产性非人力资本形态更为耐用。中学教育可以使人受益大半辈子，在此期间，受益者可能有40年或更长时间从事生产劳动"[1]。

虽然没有直接证据可以将表2-4中的农民工职业发展层次与受教育程度进行对应，但根据周化明的研究，包括制造业在内的农民工中，近70%的人成为初级农民工后就止步不前，约20%的人能逐渐成为技术熟练工，只有不到10%的农民工能不断突破局限，"逐步得到较好的职业发展"。造成这种状况的原因，除了国家的制度性因素如长期的城乡户籍制度政策外，个体性的因素主要可以归结为"学历文化程度低、自身学习力弱和小农意识浓厚"[2]。实际上，"学历文化程度低"是这三个因素中的主要因素，后面两个因素与其直接相关。因此，可以说不论是从理论上还是从现实中，都验证了自人力资本理论诞生以来，一个几乎成为毋庸置疑的结论性话题——根据众多的研究结果，"个人教育收益率的国际平均值长期稳定在10%左右；整个社会的教育收益率会随着国家经济发展程度的提高而下降，发展中国家的教育收益率高于发达国家；女性的教育收益率高于男性；高收入群体的教育收益率低于低收入群体"；并且随着各国受教育年限延长，虽然"教育供给增加，但教育收益率并没有随之下降"[3]。从这个意义上说，受教育程度是保障个体收入的重要基础。

二、教育与权力、权威的关系

现代社会中的每个个体都处于纵横交错的多种复杂社会关系中，并同时承担着各种不同的社会角色，因此，每个人的社会性活动都是处在

---

[1] ［美］西奥多·W. 舒尔茨著，蒋斌、张蘅译，《人力资本投资——教育和研究的作用》[M]，商务印书馆，1990年，第92页。

[2] 周化明，《中国农民工职业发展问题研究》[D]，湖南农业大学，2012年，第151页。

[3] 刘文、张璇，《国际视角的人力资本收益率研究》[J]，《人口与社会》，2019（6）：24—37。

以不同身份感受与他人关系的状态——既包括感受到他人对自己的影响力或控制力，也包括感受到自己对他人的影响力或控制力。这种被感受到的影响力或控制力就是权力。根据"权力最直接的来源是力量"的观点，"越是有真实而强大的力量者，越拥有实质的权力"。[1] 个体能力上的差异，造成了个体间权力配置上的不平等，有人在各种社会关系网络中更多地居于支配、控制和影响他人的位置，有人则更多地接受他人的支配、控制和影响。现实社会中的权力，主要有两种来源，一是来源于"既定权威的权力，这种权力分配发号施令的权利和服从的义务"，即组织性权力或者身份性权力，二是"源于利益组合的权力，这种利益组合是在正式的自由市场上发展起来的"，但不管是哪种来源，都需要"凭借知识、道德、财富、暴力等力量，才能达到目的"。[2] 斯蒂芬·罗宾斯曾认为："也许关于权力最重要的一点在于它是依赖的函数……如果你掌握的资源是重要的、稀缺的和不可替代的，那么人们对你的依赖将会增加。"[3] 这便意味着越是被别人依赖的个体，其所拥有的权力越大。

与权力相伴而生的是权威。"所谓权威，指的是一种以道德主张形式呈现出来的'统治的权利'。这意味着'权威应该被遵从'，要比'权威被遵从了'更重要。"[4] 马克斯·韦伯将权威划分为三种类型：第一种是传统型权威，它来自于"人们对古老传统的神圣性以及实施权威者的合法地位的牢固信念"，主要存在于以"血缘、宗法以及个人忠诚"为基础的传统社会中；第二种是魅力型权威，它以领袖人物的非凡才能为基础；

---

1 梁中和，《哲学何以安顿权力——柏拉图论权力的来源、根据与运用》[J]，《社会科学文摘》，2020（1）：88—90。
2 姜朝晖，《权力论：合法性合理性研究》[D]，苏州大学，2005年，第2页。
3 [美] 斯蒂芬·P. 罗宾斯著，孙建敏、李原等译，《组织行为学》[M]，北京：中国人民大学出版社，1997年，第355—359页。
4 [英] 安德鲁·海伍德著，吴勇译，《政治学核心概念》[M]，天津：天津人民出版社，2005年，第17—18页。

第三种则是法理型权威，它建立在遵守正式制定的法规基础之上。[1] 相比于权力所具有的官方性和强制性，"权威是基于被认可的服从义务，而不是任何形式的强迫或操纵"[2]。随着人类迈入现代社会，现代科学技术和职业对现代人的生活越来越重要，它们逐渐成为区分各种社会组织结构的重要间隔，与知识占有量、知识和信息获得渠道以及职业相关的受教育程度、社会/职业身份等逐渐成为人们获得权力和权威的重要来源。特别是随着现代社会专业化和职业化程度的不断提高，专业和职业日渐成为人们获得权力/权威的重要基础，"拥有卓越技能的人以及为群体做出较大贡献的人会获得较高的社会地位，而且更受群体欢迎"[3]。而不掌握专业知识的人们，由于无法完全理解"专业人员喜欢用的术语"，"大多会遵从或至少是默默接受"来自专业人士的判断[4]，某种程度上就是"主动"地服从权威。而对专业和职业群体来说，也存在着"高专业地位者比低专业地位者拥有更多机会向别人展示自己的专业知识和权威并提供建议，更容易获得他人的积极评价"[5]的差别。

学者李强分别在1997—1998年和2009年做过两次北京市居民职业声望调查（分别对当时城镇中存在的100种和99种职业进行声望排序），相距十年的两次调查结果有相似之处，比如两次均居于最前和最后十位的职业各有七种（详见表2-5），反映出在我国当前社会背景下不同职业的社会声望基本稳定。

---

1 姜朝晖，《权力论：合法性合理性研究》[D]，苏州大学，2005年，第5页。
2 任剑涛，《政治权力的权威性：来源、生成与限制》[J]，《天府新论》，2016（3）：1—9。
3 S. Boukarrass, V. Era, S. M. Aglioti, and M. Candidi., "Modulation of Preference for Abstract Stimuli Following Competence-based Social Status Primes"[J], *Experimental Brain Research*, 2020, 238 (1): 193-204.
4 ［美］安妮特·拉鲁著，张旭译，《不平等的童年》[M]，北京：北京大学出版社，2010年，第215页。
5 J. Berger, R. M. Zelditch, "Status Organizing Processes"[J], *Annual Review of Sociology*, 1980 (6): 479-508.

表2-5 北京居民两次职业声望调查中居于前后十位职业情况表

序号	职业	1997—1998年位次	2009年位次
1	科学家	1	1
2	大学教授	2	4
3	物理学家	4	2
4	医生	5	10
5	经济学家	6	8
6	社会学家	7	7
7	飞行员	9	3
1	单位保安人员	93	97
2	进城做工的农民	94	90
3	搬运工	95	95
4	保姆	96	94
5	废品收购人员	98	99
6	人力车夫	99	98
7	传达室人员	100	96

数据来源：李强，《当代中国社会分层》[M]，北京：生活·读书·新知三联书店，2019年，第177—179页表9-8、第182—183页表9-9。

对比声望最高和最低的两组职业，可以发现它们之间有明显差别。首先，声望最高的七种职业以高度的知识或专/职业技能凝结为特征——前者以具有丰富专门知识和研究能力的学者为代表，后者以受过相当水准的专业训练的医生和飞行员为代表，高密度的知识或职业技能要求决定了这些职业具有明显的排斥性入职门槛；而声望最低的七种职业则没有任何专业化知识技能要求，"只要有工人的肉体存在就行"[1]，身

---

[1] 马克思，《雇佣劳动与资本》[A]，见中共中央马克思、恩格斯、列宁、斯大林著作编译局编，《马克思恩格斯选集》第一卷[M]，北京：人民出版社，1972年，第361页。

体（体力）和时间是从业的最主要条件，人员的可替代性强。其次，声望最高的七种职业对工作环境条件有较高要求，需要包括物理空间、辅助人员、专门设施设备等方面的支持，即如果没有充分的资源条件支持，个体难以充分地实施自己的职业技能；而后七种职业，则几乎没有设备设施条件要求，或者其条件需求相对简陋、易实现，个体可以依据自己的体力、时间和意愿决定其从业与否。再次，声望最高的七种职业中，除飞行员和医生的劳动成果较为现实可见外，其他五种职业的劳动成果通常不现实可见的物化性产品为特征，但相对来说这类非物化性成果的影响力较大，影响范围有超越时间、空间、地域、种群等限制的可能；而最低声望的七种职业的劳动成果，往往与其劳动付出直接相关（详见表2-6）。

表2-6 高声望职业与低声望职业的从业要求及表现方式的差别

	高声望组职业	低声望组职业
对从业者的受教育水平要求	高	低或者无
从业的设施设备条件	高	低或者无
从业辅助人员	有	无
劳动方式	专业知识技能	身体
劳动成果表现方式	思想性、技术性或文字性成果	直接劳动成果
公众对其成果理解的难度	高	低

由此可以看出，职业声望的高低与其对从业者的知识、技能及从业条件等各方面的要求密切相关，这也就间接导致了职业声望与其对从业者的受教育程度之间建立了联系。现代社会中职业在塑造个体社会身份方面具有核心作用：因此，个体所处职业的声望及个体在职业内部的角色，同样会延伸扩散至其家庭、社交网络及其他非职业性活动场合中。以职业身份对家庭生活的影响为例，个体的"日常行为与其社会地位紧

密结合在一起","社会地位影响了家庭生活的几个关键方面:时间安排、语言的使用和亲族纽带"。[1] 即便如家庭内部的谈话次序而言,"很少是以参与者把语句说完的方式进行的,而是存在各种各样的停顿、犹豫,说话的人插入另一个人的话"[2]。谈话中话头的引起,谈话过程中的停顿、犹豫或者总结等等,很大程度上可以反映插话者和被插话者在谈话群体中的权力和权威。

※ 案例2-1 哥哥不问,弟弟只能憋住不说

由于曾国藩的身份和地位,使得他在诸弟中有崇高的威望。对大哥,弟弟们敬若神明。尽管信使说信中讲的是张大人请国藩晋省办团练事,荷叶塘都团总曾国潢急于知道内中的详细,却没敢私拆哥哥的信。

……

一听哥哥召唤,曾国潢便进来了。在曾氏五兄弟中,国潢天分最低,但偏生又最爱出风头。罗泽南要他当个都团总,他便如同做了一品大员,得意扬扬,在乡民面前拿大做腔,趾高气扬的。曾国藩有点看不惯,回来这么久了,有意不问他办团练的事。国潢想在哥哥面前卖弄,见哥哥对此毫不感兴趣,几次话到嘴边又咽下去了。现在哥主动来问他湘乡办团练的事,这下正搔到他的痒处。他兴致勃勃地告诉哥……

唐浩明,《曾国藩·下》[M],武汉:长江文艺出版社,2004年,第80页。

从案例2-1中可以看出,由科举入仕的曾国藩,因其卓越的学缘和官声已在朝廷中有着显赫的身份地位(丁忧前居礼部右侍郎,兼署吏部

---

[1] [美]安妮特·拉鲁著,张旭译,《不平等的童年》[M],北京:北京大学出版社,2010年,第235页。
[2] [英]安东尼·吉登斯著,李康、李猛译,《社会的构成——结构化理论纲要》[M],北京:中国人民大学出版社,2016年,第21—22、76页。

左侍郎），并因此在整个家族中获得了很高权威。丁忧中的曾国藩对家族的影响力和权威性是实实在在的，即便弟弟平日里在乡民面前"得意扬扬""拿大做腔"的，但如果哥哥不给机会，做弟弟的只能数次"话到嘴边又咽下"；但逢哥哥发问，做弟弟的便马上"兴致勃勃地"回答、告知。曾国藩在家族中的影响力，一是其在朝廷中官位身份的自然延伸，二是其学生地位的加持，三是家庭中的"大哥"位序。所有这些权威影响，都既需要权威携带者的着意培植——与"自信心常伴左右的是一种自以为是的心理，这种心理在处于最高等级的人群中最为强烈"[1]，也需要服从者的内心认同。经过这种这种影响者与被影响者的共同作用，权威便形成了。

※ 案例2-2　小学同学群谣言横飞

最近小学同学建了一个微信群，群里很热闹。这个群与其他的群相比，有两个特点，一个是原创的内容多用语音（表达），因为很多人写不出一个完整的句子；第二是转发各种谣言，可谓谣言横飞。这些同学中不少人小学都没毕业，他们对书面的东西没有什么判断力，看到什么养生的、保健的等等，都当作宝贝转发一下。俗话说"谣言止于智者"，因为智者不会轻易相信别人的判断，而一定有自己的判断。

访谈时间：2017年8月

个体通过教育和学习，不断地积累信息，并通过与自己已经拥有的其他信息建立联系来扩展知识。通过这种方式所不断推进的信息积累、建立联系以及增加理解能力和判断能力的过程，学习者拥有了概括、分

---

[1] ［英］劳伦斯·詹姆斯著，李春玲等译，《中产阶级史》[M]，北京：中国社会科学出版社，2015年，第358页。

类和解决问题的能力。对于案例2-2中的小学同学来说,他们的受教育程度较低,所掌握的知识和文字有限,这一方面限制了他们的书面语言能力(以发语音信息为主),另一方面也限制了他们对所接触到的各类书面信息的分析判断能力(转发各类"谣言"信息),文字崇拜和虚假普遍性促成了他们转发各类"谣言"的行为。就像"是贵族就要行为高尚"一样,"学历越有权威性,修养就越深、越高"[1],对于没有足够教育文化资本的群体,他们对文字类材料和拥有较高学历群体会给予较高程度的崇拜、信任和宽容。根据心理学家的解释,"行动者的日常活动总是以较大的社会系统的结构性特征为依据","以默契的方式来把握社会实践的生产与再生产中包含的绝大多数规则",从而使那些看似"全然微不足道、纯属'自发'的行为特征,恰恰是受到了规范的严格安排"。[2] "小学同学群"中"谣言横飞"的现实也证明了缺少判断力的低学历群体在日常生活中,会以有意和无意的方式,"遵从"权威者的发言。

无论是案例2-1的曾国潢,还是2-2中转发各类"谣言"的小学同学,他们都不是因为受到现实权力的约束,而只是基于个人的经验感受下意识地完成各类行动;曾国藩在弟弟面前的权威性以及"谣言"对于"小学同学"的权威性,表明了"昔日的'出身'、'财富'和'才能',如今的经济资本和学校教育资本",对确定个体在权力关系场中的位置具有决定性影响。[3]

---

[1] [法]皮埃尔·布迪厄著,刘晖译,《区分——判断力的社会批判(上)》[M],北京:商务印书馆,2017年,第35—36页。
[2] [英]安东尼·吉登斯著,李康、李猛译,《社会的构成——结构化理论纲要》[M],北京:中国人民大学出版社,2016年,第72页。
[3] [法]皮埃尔·布迪厄著,刘晖译,《区分——判断力的社会批判(上)》[M],北京:商务印书馆,2017年,第498页。

第二节　教育对生活方式的影响

生活方式是一个内容很宽泛的概念，个体的衣、食、住、行、休闲娱乐、社会交往等都是生活方式的内容，既受到个体的职业、经济状况、成长经历、生活习惯等因素的影响，同时也是个体人生观、价值观、道德观、审美观的体现，并且与其社会交往密切相关。大量研究证实，现代社会中，教育能够影响个体的职业和经济收入；日常观察等也同时提醒人们，教育对个体的生活方式也会产生直接和间接的影响。直接影响表现在教育可以改变个体的生活习惯和兴趣爱好，进而影响个体的世界观、人生观和价值观等；间接影响则可以通过个体的职业和收入等产生影响。

一、教育对个体生活方式的影响

心理学家认为："人类是天性与教养共同作用的产物……生物基础和生活经验共同造就了我们。"[1] 更进一步的研究表明，"基因的影响大约只能解释个体人格特质差异的50%。共同的环境影响（包括家庭）只能解释0%—10%的人格差异。那么剩下的40%—50%由什么来解释呢？哈里斯认为，答案主要是同伴的影响"[2]。这也就是说，与生俱来的先天禀赋和后天的生活经验对个体的影响大体相当。但无论是先天禀赋还是后天生活经验，都有是否得到开发以及开发程度如何的问题。任何个体都不是先天禀赋与后天生活经验简单相加的结果，其中的原因在于先天禀赋是否得到了充分开发，后天生活经验是否得到有意识干预等问题。不论是从

---

[1] ［美］戴维·迈尔斯著，侯玉波等译，《社会心理学（第11版）》[M]，北京：人民邮电出版社，2016年，第8—9页。
[2] ［美］戴维·迈尔斯著，侯玉波等译，《社会心理学（第11版）》[M]，北京：人民邮电出版社，2016年，第177—178页。

先天禀赋的开发还是对后天生活经验的干预，都为人类有意识的教育活动提供了生存发展的空间。

教育的本质是通过有目的、有计划、有组织的活动，"对受教育者的心智发展进行教化培育，以现有的经验、学识授人，为其解释各种现象、问题或行为，以提高实践能力，其根本是以人的一种相对成熟或理性的思维来认知对待事物。人在其中，慢慢对一种事物由感官触摸到认知理解的状态，并形成一种相对完善或理性的自我意识思维"[1]。这也就是说，教育对于个体的直接意义是学习了知识、丰富了经验、提高了能力、完善了思维，所有这些既是提高个体职业能力的基础，同时也会对个体生活方式产生明显影响。

※ 案例2-3　看看蓝天白云多好（节选）

暑假回乡。相距没有多远的大弟，那天总算来了。睡眼惺忪，无精打采。一看就知他打麻将打过头了。"有那工夫看看蓝天白云、看看牵牛花多好！一分钱都不用花。何苦打哪家子麻将，花钱买罪受！你傻不傻啊？"他果真往天上看了一眼，往篱笆上的牵牛花投去一瞥，始而一脸茫然，继而一脸不屑，仿佛说那玩意儿有什么好看的！

……打麻将，用大弟们的说法，没有白戳手指头的，两毛钱一把是最低价码。即使最低，从早到晚打下来，输赢也在百元上下。而这只是一方面，更糟糕的是有损健康。甭说别的，麻友大多吸烟，加之房间不大，抽得乌烟瘴气，连一口好空气都呼吸不成。所以我问他傻不傻。

可后来细想，大弟果真傻吗？或者说欣赏蓝天白云牵牛花果真不需要成本吗？欣赏本身固然一分钱不花，但通往欣赏的过程是要花钱的。这是因为，要从蓝天白云从牵牛花中看出名堂，一般需要相应的文学修

---

[1] 教育，百度百科［OL］，https://baike.baidu.com/item/%E6%95%99%E8%82%B2/143397?fr=aladdin。

养和审美能力，这就需要接受教育。而接受教育不可能一分钱不花。比之两毛钱一把的麻将，肯定教育投资大。弟弟小学没毕业就去生产队干农活了。后来当过几年兵，退伍后在种畜场当过几年所谓工人，再后来下岗"自谋"……他几乎从不看书，不知道文学是怎么回事。这样的大弟和大弟这样的人，即使看天看云，那也大多为了判断明天有没有雨缓解旱情或适不适合晾晒蘑菇。而绝无可能从中领略"漫随天边云卷云舒"的豁达和悟出"行到水穷处坐看云起时"的禅意。

……

林少华，《看看蓝天白云多好》[N]，《新民晚报》，2016年11月10日，http://newsxmwb.xinmin.cn/2016/11/10/30589598.html。

小学没毕业的"大弟"之所以对看蓝天白云没有兴趣，归根到底是他看不到"我"所能看到的豁达和禅意。"相信表象——文学、戏剧、绘画——胜过被表现的事物"是知识分子的专利，没有达到足够受教育程度的普通民众，则只能"允许他们'天真地'相信被表现的事物"。[1] 因此对于"大弟和大弟样的人"来说，打麻将是实实在在的休闲娱乐活动，即使在休闲娱乐的同时"连一口好空气都呼吸不成"，即使他们知道这种"花钱买罪受"的娱乐方式不健康，但因受到"无法看到除了眼下或特定时期的生理之外的需求"[2] 的思维局限，或者不愿意为了无法预见的未来压抑当前需求的生活方式，使得"大弟"选择了和"我"迥然不同的休闲娱乐方式。像案例2-3所显示的不同类型群体习惯于不同休闲活动的现象，并不是个例，有研究者以2015年度中国综合社会调查的数据，根据

---

[1] [法]皮埃尔·布迪厄著，刘晖译，《区分——判断力的社会批判（上）》[M]，北京：商务印书馆，2017年，第8页。
[2] [英]劳伦斯·詹姆斯著，李春玲等译，《中产阶级史》[M]，北京：中国社会科学出版社，2015年，第117页。

居民参与休养、娱乐、学习、文化、社交、体育等六类活动的频次，区分了我国居民的四种休闲方式，即无保障型（休闲参与频次和内容多样性均得不到保障）、休养型（休闲活动十分单一，主要为休养）、发展型（参与各类休闲活动的频次高，其中在体育方面的参与频次最高）和均衡型（参与各类休闲活动的频次高，活动内容多样），发现随着受教育程度、个人年收入和家庭年收入的提升，个体参与休闲的频次和多样性提高，以进入无保障型休闲群体为基数，受教育程度每增加一年，进入均衡型的概率增加13.0%，进入发展型的概率增加13.2%。这表明受教育程度越高，个体参与休闲的频次和多样性越高，"原因在于，高学历者会广泛参与多种休闲活动，其雄心壮志也会令其倾向于参与发展性休闲而非被动地休养"；同样，个人年收入对进入均衡型、发展型休闲方式也有显著的正向影响，表明更高收入赋予了人们更充分地参与各种休闲活动的自由。[1]

影响个体生活方式的因素很多，其中社会地位、收入状况及生存环境条件等与个体生活方式的选择与形成密切相关。比如有研究曾经将工人阶层和中产阶层对比后发现，受教育程度较低的工人阶层通常更喜欢与他人保持一致，而受教育程度较高的中产阶级则偏爱将自己视为独特的个体。[2] 但中产阶级的这种独特性只存在于与他们身份相符的区间内：一方面，他们"在生活习性上努力做到自我约束，特别是在公共场合以及面对地位较低、向来都不计后果而过分放纵自己的人时"；另一方面，他们又特别愿意"自己所购买的物品都是地位高于他们的人常用的"，将包括消费行为在内的生活行为方式与自己的身份地位牢牢地拴在一起，

---

[1] 孔泽宇、刘丹鹭，《社会阶层、家庭结构和休闲方式》[J]，《河南工业大学学报（社会科学版）》，2020（5）：30—38。
[2] [美]戴维·迈尔斯著，侯玉波等译，《社会心理学（第11版）》[M]，北京：人民邮电出版社，2016年，第215页。

为此他们"在赚钱和花钱上支出了同样的时间、精力和聪明才智",为的就是标示其生活方式与下层人民的不同,"就如海军部的办事员所说,他的衣柜和谈吐将他和工匠(他们的薪水可能跟他一样多)区别开来"。[1] 当然,现实中也存在不同阶级/阶层的人产生了同样的消费行为,但对于消费本身及其背后的意义,还可能存在不同理解。比如布迪厄曾从经济、文化和体力等角度,讨论不同阶级对体育运动相关花费及其带来利益的认识:通过体育运动所能获得的利益,既包括即时的或延迟的"身体"利益,如健康、美丽、力量、保健等,也包括经济的和社会的利益,如晋升、寿命延长等;更重要的是通过运动,还可以宣示个体与其相关联的阶级/阶层位置信息,比如"拳击、足球、橄榄球或健美让人想到民众阶级,网球和滑雪让人想到资产阶级,高尔夫让人想到大资产阶级",当然通过某些运动如高尔夫球、马球等等,从而获得进入有"高度选择性的群体"则具有更大和更隐秘的诱惑力。[2]

对健康和疾病的观念与态度是展现个体生活方式的另一个角度。有研究发现,受教育程度与个体的健康及寿命之间存在着一定的关联,"受教育程度越低,感染传染病、受伤或患慢性病(如心脏病)并因此死亡的风险也越高;同时,受教育程度较低的人也更可能成为凶杀或自杀的受害者……受教育程度高的富人饮食更健康,同时也享有更好的预防和保健和医疗条件。他们更注重体育锻炼(因此超重的可能较小),也更少吸烟或使用非法毒品。尽管这些人饮酒的概率更大,但他们会适可而止。此外,这些人的视力和牙齿往往更健康"[3]。由这两组群体所反映的受

---

1 [英]劳伦斯·詹姆斯著,李春玲等译,《中产阶级史》[M],北京:中国社会科学出版社,2015年,第137—147页。
2 [法]皮埃尔·布迪厄著,刘晖译,《区分——判断力的社会批判(上)》[M],北京:商务印书馆,2017年,第28页。
3 [美]黛安娜·帕帕拉、萨莉·奥尔茨、露丝·费尔德曼著,李西营等译,《发展心理学(下)》[M],北京:人民邮电出版社,2013年,第16—17页。

教育程度与寿命长短、生命质量状态之间的关系，本质上很难建立直接的逻辑对应关系，但却体现了教育对个体健康寿命的两种不同性质的影响：一是通过受教育程度的提高，个体能够获得更好的职业、收入和生活环境，从而使受教育程度较高者可以有更好的营养及其他生活性条件，且拥有更多信息、知识和资源用于健康投资，个体因而更有可能获得有利于健康的生活方式和健康水平；二是通过受教育本身，个体获得了更好的生命教育和健康知识，并直接运用于提高个体的生命质量。有研究发现，在经济发达程度不高的农村地区，既存在讳疾忌医——"小病扛、大病拖"，直到重病无法救治，并有可能导致"人财两空"；也存在日常生活中不注意、不在乎，从而呈现"制造疾病"的现象。前者如"农村有这个习惯，一般小毛病不去看的。像小毛病就刮刮痧，刮刮痧就好了……感冒了就吃几颗感冒通，刮刮痧就好了"[1]；后者如案例2-3所描述的"大弟"和他的同伴们，抽烟、熬夜、打麻将，这种休闲娱乐带给"大弟"的只是当下的现时快乐，由此不可避免地会同时带来因生理透支所带来的当下不适（如"睡眼惺忪，无精打采"）以及对健康的长期影响（如抽烟、长期的生活不规律等）。因此，对于前面两组不同受教育程度群体健康和寿命情况的描述，一方面与两组群体的客观生活条件相关，另一方面也反映了两种不同的生命健康观念："在上层和中产阶层中，健康被认为是增强活力、享受生命的物质，是有教养的体现；而较低社会阶层则认为健康是继续工作的能力。"[2] 也就是说，对受教育程度高的人来说，健康本身既是他们享受生活的基础，同时也是他们享受生活的一部分，因此他们会积极地利用预防保健服务，来保障自己的生命健康；而对于受教育程度较低

1　姚泽麟，《"工具性"色彩的淡化：一种新健康观的生成与实践——以绍兴醴村为例》［J］，《社会》，2010（1）：178—204。
2　A. D'Houtaud, Mark G. Field, "The Image of Health: Variations in Perception by Social Class in a French Population"［J］, *Sociology of Health and Illness*, 1984, 6 (1): 30-60.

者群体而言，健康更大程度上被视为保障生活的工具，"不影响使用"是他们判断是否健康、是否需要治疗以及如何治疗的标准。

※ 案例2-4 慢性病，没事儿！

　　JYG是乡镇普通干部，家在NH村。他患有血脂高的疾病，但并不按时吃药，只是"隔三岔五地吃点吧"。他吃东西没有忌口。据JYG的描述，Y县官场酒风盛行："一天四顿（喝酒）都有的，中午两顿，晚上两顿，一顿一斤多都有。"当职业的需要与健康需要相违背的时候，他们选择遵从职业的需要，因为保住饭碗、在职场争取"进步"才是他们的第一选择，而健康则是可以被牺牲的……无论从是病人本身的叙述中还是从家庭成员的叙述中，我们很少听到他们对病痛本身的关注，多数农民都将关注点放在疾病给整个家庭带来的灾难上。

　　梁晨，《贫病循环：乡土社会伦理语境中的贫困再生产》[J]，《人文杂志》，2012（6）：155—162。

二、教育对家庭生活方式的影响

　　从出生开始浸润感受的家庭内部全方位的、不知不觉的环境和教育，对个体的终生发展和成长都具有重要影响。神经生理学的研究发现，"儿童期的学习与发展受每个儿童早期能力与环境支持间的交互作用、儿童的经历以及照看人的影响"，其中"社会化实践——监护人与儿童交流的方式——决定了儿童如何学习、他们学习什么、他们学得有多快，甚至是学习（包括从走路到如何与人进行社会性互动的所有一切）的发展终点在哪里"。[1] 随着个体生活、教育和社会经验的增加，家

---

[1] ［美］科拉·巴格利·马雷特等编著，裴新宁等译，《人是如何学习的——学习者、境脉与文化》[M]，上海：华东师范大学出版社，2021年，第15、24页。

庭对个体的影响会逐渐减弱,并在与个体的相互影响和冲突中形成新的相互影响模式和家庭环境再塑造。家庭生活方式及儿童的教养方式,既与家庭的职业经济收入有关,也与家庭构筑者的受教育程度直接相关,同时也会受到家庭所在地的历史文化传统等方面的影响。比如有针对美国不同社会阶层家庭教养子女的研究发现,"家长和孩子之间讨论问题是中产阶级抚养孩子的一个重要特征",他们更愿意以"协作的方式"培养孩子的才干;而低收入的家长则倾向于给孩子下达指令,"他们告诉自己的孩子应该做什么,而不是给出理由来说服他们去做事情"。[1] 受教育程度无疑是分辨中产阶级与低收入家庭的重要区别标准。在上述两种不同教养方式下成长起来的孩子,在其成长过程中会有明显痕迹:前一种家庭的孩子会有"一种强烈的优越感",即使在学校,他们也更倾向于"对成年人提出质疑并以平等的身份和成年人讲话";而后一种孩子则更具"自然成长"的特性,他们"对自己业余活动的特性有更多的控制权",但在学校可能就会体验到"疏远感、不信任感和局促感",他们很少会通过改变与他人的互动方式从而更好地服务自己,更多的是"被动地去接受权威人士的举措(虽然他们有时也会在暗地里进行反抗)"。[2]

对孩子的不同教养方式,所反映的不只是家长对自身社会地位和孩子未来的判断和期待,更重要的是优势地位家庭借以实现代际传承的渠道和手段。有学者发现,在我国当前存在着明显的"代际间社会地位的继承或再生产",其中"特别是权力优势阶层和专业技术人员阶层,其再生产的能力不仅远超出了自身流动的能力,而且与其他阶层相比较也远

---

[1] [美]安妮特·拉鲁著,张旭译,《不平等的童年》[M],北京:北京大学出版社,2010年,第2—3页。
[2] [美]安妮特·拉鲁著,张旭译,《不平等的童年》[M],北京:北京大学出版社,2010年,第1—6页。

超出了其他阶层"。[1] 李中清和康文林的研究成果也表明,一个拥有官职的父亲可以使子代获得官职的机会增加八倍。[2] 虽然附着于个体生物性存在的受教育程度、学历、职位等文化资本不能通过馈赠、买卖和交换等方式进行代际传递,但由于拥有上述文化资本的家长,可以通过构筑更有利的家庭生活方式,包括营造家庭氛围、投资子女的教育和教养方式、家庭迁移、延伸社会关系网络等,实现某种程度的家庭文化资本和社会资本的代际积累与传递。有研究发现,被视为起点公平的中国科举制度,明清以来真正的获益者可能不过300个左右的大家族,而且还高度集中在江南、直隶等少数地区;以进士为例,在1371—1904年的500多年时间里,近60%的进士来自获得过中等以上功名(生员以上,不包括生员)或官员身份的家庭,近12%来自前三代中只获得过生员但没有更高功名和官员身份的家庭,原因在于"科举制在知识门槛和学习长度上预设的程度过高,早早地将小家小户乃至众多'无产者'拒之门外"[3];与此相反的是,那些已经从科举考试中获益的家庭会继续不断地通过创造更好的读书和考试条件,甚至于因为更熟悉与科举考试相关的条件(比如教师选择)、规则等,因而更有利于后世子弟继续成为科举制度的受益者。因此,即使中国自古有重视子女教育的传统,但一个家庭能够对子女投入多少、怎么投入,既要看家长自身的教育观念和教育能力,也要看家庭的经济负担情况,以及子女的学习能力及其周围同伴的影响等等。

---

1 李路路,《制度转型与分层结构的变迁——阶层相对关系模式的"双重再生产"》[J],《中国社会科学》,2002(6):105—118+206—207。
2 李中清、康文林,《中国农村传统社会的延续——辽宁(1749—2005)的阶层化对革命的挑战》[J],《清华大学学报(哲社版)》,2008(4):26—34+159。
3 梁晨、李中清,《贫寒之家大学之路的变迁》[J],《读书》,2013(9):141—148;梁晨等,《江山代有才人出——中国教育精英的来源与转变:1865—2014》[J],《社会学研究》,2017(3):48—70+243。

> **※ 案例2-5　考不上就复读！**
>
> 农户几乎家家户户都憧憬着外面的世界，通过好好读书，升学就业是默认的康庄大道……我的大伯没上过一天的学，但是非常认这个理，于是，他家的三个小孩子，从小不需要干农活，就是读书学习……大伯让最有希望、只差3分的二儿子金龙哥复读再考，又落空了……连续反复考了七八次，一次不如一次，最后终于认了，"命该如此"，金龙哥也熬成了近三十岁的人……于是，（大伯）搭上所有的积蓄、途径和手段，金龙哥回到了之前的初中，成为一名数学老师……后来学校看他人品和资质都可靠，同时赶上培养年轻人的风潮，一时间还成了数学科副科组长。大伯高兴得要宴请乡村邻里，庆贺一番，金龙哥吓他说奢靡浪费会被革职的，大伯才不作声了，悄悄宰了家里成群的走地鸡，给亲戚都送了个遍。
>
> 杨晓霞，《我们》[A]，见黄灯等主编，《应知故乡事——返乡者眼中的中国乡村图景》[C]，上海：上海大学出版社，2020年，第187—200页。

尽管教育投资的正面效应很早就被感受到，但具体到每个家庭是否会做出教育投资的决定，并不完全取决于家长的意愿，"家庭在对子女教育做出投资前，会对投入产出做出权衡。如果一段教育经历不能为子女和家庭带来显著收益，那么即使国家提供了机会，家庭未必会加以利用"[1]。与此形成对比的是，如果某种类型的教育肯定能为家庭或子女带来显著效益，但一旦教育投资的水平触及家庭的生存线——"越是接近生存边缘线——只要处于生存线之上——的家庭，对风险的耐受性越小，'安全第一'准则的合理性和约束力就越大"[2]，那么家庭教育投资的积极性就会被抑制。

---

[1] 张欢华，《国家与地位获得：1949—1996年的中国社会》[D]，香港中文大学，2011年，第138页。

[2] [美]詹姆斯·斯科特著，程立显等译，《农民的道义经济学：东南亚的反叛与生存》[M]，南京：译林出版社，2001年，第27页。

※ 案例2-6 "读书的料"与"不是那块料"

对于普通的农家子弟来说，家庭对教育的投入能力相当有限，容他犯错、慌张、犹豫踯躅的时光也总是短促的，很难拥有学业上浪子回头所需要的时间和经济成本。如果一个孩子没有在学业早期被鉴别为"读书的料"，那么很可能父母就不太会对他/她抱有太高期望，支持这个孩子沿着教育阶梯不断向上攀爬的意志也就日益稀薄。那些没有适时崭露头角，得不到家庭足够支持和等待的孩子就很可能被埋没，既不被他人认可为"读书的料"，也逐渐认为自己的确不是"那块料"。

程猛，《"读书的料"及其文化生产》[M]，北京：中国社会科学出版社，2021年，第25页。

拥有较高受教育程度和社会身份地位的家长，他们是学校教育的受益者，熟悉"社会上将什么列为'合法知识'，以及将什么仅仅看作是'大众性的'内容"[1]；更了解作为一种社会文化机构的学校，如何对通过者以褒奖、对未通过者以排斥的规则，从而能够以他们认为最有利的方式，"有的放矢又坚持不懈地努力去激发孩子的发展，去培养他们的认知能力和社交能力"，帮助他们的孩子更容易获得学校教育体系的承认或者竞争的受益者。因此这些家长"最优先考虑的就是，有准备有意识地做出努力，用他们相信能最大限度发展儿子人生潜力的方法来养育他"[2]，包括选择合适的学校，通过正式和非正式的方式参与学校的教育活动，并且通过这样的过程，他们更有可能向学校提出有利于或避免不利于其子女的要求。比如有学者发现，"中产阶级父母所说的'好'学校，指的是这些

---

1 [美]迈克尔·W. 阿普尔著，王占魁译，《教育能够改变社会吗？》[M]，上海：华东师范大学出版社，2014年，第36页。
2 [美]安妮特·拉鲁著，张旭译，《不平等的童年》[M]，北京：北京大学出版社，2010年，第118、237页。

学校能让孩子在有秩序的环境里愉快地学习，这些学校有现代化的设备，有相互竞争的氛围，最聪明的孩子能冲在最前面"[1]，而那些受教育程度不高、生活在底层的家庭的父母，"对学校的工作人员通常都是恭顺的，而不是苛求的；他们会到教育工作者那里去寻求指导，而不是去提供建议；他们会尽力保持学校和家庭的分离状态，而不是培养一种家校之间的相互联系交融"[2]。受教育程度高的家庭和受教育程度低的家庭子女即使在接受同样的教育，但教育给他们带来的回报也可能会存在明显的意义差别。

※ 案例2-7　同样的课外班，不一样的意图

A."兴趣班不是有兴趣才去学的吗？我没有兴趣为什么要去学？""兴趣班就是为了培养你的兴趣才要学的，不是你有兴趣才去学的。"这是初上兴趣班时，发生在（家住乌鲁木齐的）梓菡和妈妈之间的一场争论。彼时的梓菡刚上小学三年级，妈妈给她报了奥数、英语、绘画、舞蹈四个课外班，上课都在双休日，随着课业压力的加重，梓菡自己最喜爱的绘画班被砍了，今年，她又将面临"小升初"的考验，所以舞蹈班也被妈妈叫停了，而对课业有帮助的英语和奥数则被保留了下来。"今年的'六一'对我不是很重要，因为我想用来复习，把升学考试考得好一点，这样或许有条件和妈妈谈判，自己选择兴趣班。"梓菡憧憬着。

人民网，"网连中国：孩子，你报了几个课外班？"（2015-06-01）[OL]，http://www.fjrd.gov.cn/ct/48-94779。

B. 小学同学，初中毕业后因为家庭、经济等各种原因没能继续学习，

---

[1] [英]劳伦斯·詹姆斯著，李春玲等译，《中产阶级史》[M]，北京：中国社会科学出版社，2015年，第137—445页。
[2] [美]安妮特·拉鲁著，张旭译，《不平等的童年》[M]，北京：北京大学出版社，2010年，第197页。

一直辗转在老家的服装厂工作。目前育有子女两个……因为（我）之前从事教育相关的工作，所以平时也会在微信上沟通一些子女的教育问题……（她）知道上学的重要性，但因为自身知识和经历受限，不知道怎么辅导孩子作业，不知道什么样的家庭教育是合理有效的，之前大概在2018年我还在新东方的时候来向我咨询给小孩报课外辅导班的问题，但在沟通的过程中我发现她并不知道给孩子报什么科目的培训班或者报什么程度的培训班，问她子女成绩如何、有无偏科或希望达到什么样的改进，基本得到的回答都是不知道、不清楚或者别人怎么怎么说的，别人说报辅导班能提升成绩就想着给孩子报一下。

访谈时间：2021年11月

对比2-5和2-7两个案例，可以看出两个被提及的家庭都很重视子女的教育和发展；但不同之处在于案例2-5的家庭所希望的是通过读书改变孩子的身份，即使孩子高考终究无望，还是想尽办法做了老师，而案例2-7中的A家庭致力于为孩子的将来提供更好的教育和发展机会，绘画、舞蹈是作为特长兴趣来培养的，英语和奥数则意在提高子女的学业竞争力。在时间和孩子精力允许的情况下，希望特长兴趣与学业竞争力兼顾；在特长兴趣与学业竞争力不能兼得的情况下，则舍弃特长兴趣追求学业竞争力。可以看出，A家长对子女教育投资的路线是清晰的；B家庭则是随大流，通常是因为"别人说的"而做出的被动跟从，即使在报班的过程中，家长试图通过咨询专业人士（"我"）而使自己的决策有所依据，但因为其对子女学业上的完全无知，所有的咨询都难以发挥作用。因此，B家庭虽然也被潮流裹挟而对子女进行了一定程度的教育投资，但因投资方向不清，会显著影响其投资收益。另外，从上述案例中还可以看出，案例2-5的家长对子女成长发展的支持是质朴的、笨拙的，家长与孩子之间没有用讲道理的方式说服对方；而2-7案例中的A家长，则从一开始就与孩子讨论选择上什么样的课外班，子女也习惯了与家长"讲条件"，这显示出两类家庭父母与子女不同的相处方式。对照表2-7中所区分的两种不同的父母对子女的教养方式，那么，前一个家庭可以归类于"成就自然成长模式"，虽然家长在子女的成长过程中给予了一定程度的干预（包括复读七八次、想方设法做教师等），但这种干预只停留在外部支持方面；而后一个家庭则属于"协作培养模式"，家长希冀通过与子女不断的协作商讨，深层次介入子女的成长过程以及兴趣爱好的激发养成。

表2-7 两种不同特征的儿童教养方式

	协作培养	成就自然成长
关键元素	家长主动培养并评估孩子的天赋、主张和技能	家长照顾孩子并允许他们自己去成长
日常生活组织	成年人互相配合，为孩子精心安排了多种休闲活动	小朋友"约在一起打发时间"，尤其是和亲戚的孩子在一起
语言运用	讲道理/发指令	发指令
对公共教育机构的干预	代表孩子对教育机构提出批评并采取干预措施 训练孩子，也承担起批评和干预的角色	依赖于公共（教育）机构 无权力感和挫败感 家中和学校里的儿童教养惯行产生冲突
结果	孩子出现了逐渐生成中的优越感	孩子出现了逐渐生成中的局促感

资料来源：[美]安妮特·拉鲁著，张旭译，《不平等的童年》[M]，北京：北京大学出版社，2010年，第136页。

随着社会的现代化程度愈来愈高，由于受教育程度与个体职业和收入等之间的相关性，除了教养子女以外，受教育程度对家庭生活方式的其他方面也会产生影响，包括家庭日常生活习惯和生活态度、家庭关系的表现方式、对健康风险和疾病的认识和态度，以及消费和投资策略等，正如布迪厄所认为的，食品、服装和文化投资消费等，"针对每个阶级和阶层，也就是每种资本配置，建立习性的发生公式，这个发生公式通过一种特定的生活风格传达了这个生活条件（相对）一致的阶级特有的必然和便利，并因此决定了习性的配置在每个重大的实践领域如何特定化，并实现每个场提供的这种或那种风格的可能性"[1]。从这个意义上说，家庭生活方式与个体的教育—职业—收入—阶层等形成了连锁关系，并共同促成了社会阶层的形成与巩固。

第三节　教育对婚姻与社会关系的影响

任何时候个体的生活都离不开他人和群体，婚姻和社交是个体与他人发生交往的重要内容。教育作为附着于个体生物性存在的后天资本，其获得过程及最后结果，都会对其社会交往及婚姻选择产生影响。

一、教育对个体婚姻选择的影响

自人类进入文明社会以来，婚姻就不仅仅是个体选择的结果，也同时具有比较浓厚的时代性、社会地域及民族文化等方面的特征。作为一种重要的人类社会传承机制，人类学、社会学、经济学、政治学等以人及人类社会为研究对象的学科，从不同角度对婚姻进行研究，并积累了丰富成果。综合各学科的研究来看，匹配是走向婚姻的基本前提。在不同时代、不同社会制度及文化背景下，人们对"匹配"的理解和判断会有明显差异。中国传统社会中盛行的是以家庭社会背景为核心的"门当户对"，父辈及家族的经济及社会地位是衡量婚姻是否匹配的重要因素；阶级社会则以"政治身份"为主，家庭和个人的政治身份是衡量的主要因素；进入现代社会后，婚姻匹配的衡量标准更多地落实到个体自身所

---

[1] ［法］皮埃尔·布迪厄著，刘晖译，《区分——判断力的社会批判（上）》[M]，北京：商务印书馆，2017年，第323页。

携带的家庭、教育、职业、相貌、性格等多方面因素。而哪些因素会对个体的婚姻选择产生影响，有的是刻意追求的，有的则是在不自觉状态下主动实现的。相关研究表明，个体婚姻选择的结果大致可以归为三类：一是同质性婚姻，即婚姻对象与个体自身的位置身份相似；二是向上性婚姻，即婚姻对象的位置身份高于自己；三是向下性婚姻，即婚姻对象的位置身份低于自己。古今中外，同质性婚姻都是三类婚姻中的主要类型。但在不同时期、不同经济社会背景以及不同决策者身份等条件下，影响个体或家族婚姻决策的因素，也会有明显差别。比如传统男权社会中，由于女性没有独立的社会经济地位，婚姻的选择权和决策权由父母和家族掌管，家庭乃至家族的社会地位和经济背景是主要判断标准。案例2-8给出了晚清重臣李鸿章家族的姻亲关系，从中可以看出，李氏家族的姻亲关系大多在其同僚（朝廷重臣、师生）、同党（淮军）、同乡等范围内，属于典型的家族经济和社会地位维度的同质性婚姻（当然，具体到不同的婚姻对象中，可能会存在某种程度的向上性或向下性婚姻）。这种家庭/家族社会地位的同质性联姻，具有进一步扩大家庭/家族社会关系网络、保护家庭/家族利益、强化家庭/家族社会阶层地位等方面的价值意义。

※ 案例2-8　李鸿章家族的姻亲关系

自其父亲李文安由科举入仕起，经李鸿章及其兄弟子辈的科场、平乱的双重加持，合肥李家成为晚清第一家，李鸿章弟兄要么做大官，要么富甲一方，这个家族的庞大显赫还不仅仅是弟兄的发达。婚姻关系，又让他们与当时的其他家族连成豪门关系网络。

第一家联姻大户是官至四川总督的刘秉璋（师从李文安和李鸿章），李鸿章的大儿子李经方先后娶了刘秉璋的大女儿和二女儿。这两个家族嫁来嫁去，共通了七门婚事。

第二家联姻大户是太湖赵家。李鸿章的继配夫人赵小莲,自其祖父起四代进士,其父与李鸿章是在京城当翰林时的同事。李鹤章(李鸿章的弟弟)的儿子,后来做云贵总督的李经羲娶了赵氏的侄女。这两个家族共通了六门婚事。

第三家联姻大户是合肥张家。张家的上两代人就与李家是姻亲,后来李张两家又通了四门婚姻。

第四家是寿州孙家,即咸丰状元、光绪帝师孙家鼐家族。李瀚章(李鸿章的大哥)二女儿嫁给孙家鼐侄子孙传樾(太学生)。两大家族共通了七门姻亲。

第五家是泾县朱家。朱鸿度也是李鸿章的哥儿们,官至户部郎中,后来经营现代棉纱厂和面粉厂。朱家孙女成了李鸿章曾孙媳妇。两个家族共通了四门婚姻。朱家与刘秉璋家也是亲家。

第六家是望江何家。扬州何园即是当初何家私家园林,李瀚章与何家是儿女亲家,两家与寿州孙家又都是儿女亲家。

其他亲家还有淮军将领刘铭传家、周盛波家、吴毓兰家、潘鼎新家、吴长庆家等等。你中有我,我中有你,浑然一体。

《李鸿章家族的儿女亲家》[N],《安徽市场报》,2019年3月18日,http://www.lihongzhang.org.cn/a/yjyhd/xszz/285.html;宋露霞,《李鸿章家族》[M],重庆出版社,2005年,第122—133页。

进入现代社会之后,随着教育的普及化程度的提高和女性就业机会的增加,婚姻决策中的个体自主成分越来越高,以情感为基础的个人自宜在婚姻决策中开始占据显著位置。值得注意的是,以情感为基础的婚姻并不绝对排斥家庭/家族的经济社会地位,其中的原因在于,在个体成长的过程中,家庭/家族早已经通过接受不同的"被纳入物(尤其文化

作品)、制度(比如学校教育制度)或单单是语言中的所有等级和所有分类,最终通过所有判断、意见、分类、警告(它们是专门为了这个目的而设置的制度如家庭或学校教育系统所强加的,或持续地出自日常生活的相遇和互动)",将家庭/家族所习惯的各种或隐或显的社会秩序,通过日常行为习惯、入读学校等不同方式,进入个体潜意识中,从而使个体逐渐将家庭/家族对其言语行动的"客观限制变成了对限制的意识",并最终通过"个人的位置意识","主动退出他被排除的东西(财产、人物、地点等)"[1],即家庭/家族意识和价值观念等逐渐被个体所接受和内化,这其中也包括对婚姻的态度和选择。

※ 案例2-9 婚姻,不只是感情

　　我一个关系特别好的男性朋友,某体育大学本科毕业,乒乓球二级运动员,妻子是同校硕士,艺术体操一级运动员。两人是大学同学,本科毕业后结婚,男生回到我们地方某小学当体育老师并兼职开了一家乒乓球俱乐部,生源大多来自于任职的小学;妻子结婚后继续读硕士,目前已经毕业,也在我们当地当代课老师。男生在我们当地有车有房,所以对于工作没有特别大的追求,能维持平日里的开销即可,男生比较希望他的妻子能够进到我们当地某二本院校当个体育老师,安稳又体面,但是目前还没有这样的机会。

　　想补充一点关于双方的家庭条件,我觉得这也是影响他们两个未来选择的重要因素。男方属于中等家庭条件,女生来自北方某省的小乡村,家里还有个弟弟。男生说当时提亲的时候去她家,发现她们家用的还是旱厕,也没有空调等设备。女方父母当时跟男生说,他们那边一般聘礼8万(我记不清了),但是他们想要10万,男方的家里人说我可以给更多,

---

[1] [法]皮埃尔·布迪厄著,刘晖译,《区分——判断力的社会批判(下)》[M],北京:商务印书馆,2017年,第744—745页。

但是之后不会再给了（只是不再给大笔的钱，日常小的开销还是会给的），然后双方谈妥之后就结婚了。

在一些不了解双方经济状况的朋友的眼中，大家会觉得女生学历又高、运动成绩又高，应该是处于双方婚姻中的强势地位。但实际上，由于原生家庭经济的差异，女生处于双方婚姻中的弱势，并且女生的工作也相对依赖于男生及男生的家庭。

访谈时间：2021年11月

现代社会中，接触、交往是走向亲密关系和婚姻的基础。现代学校教育以年龄、地域和教育基础等为标准，对学生实施集中化的班级管理，因此同学间不仅意味着教育的同质化，也代表了年龄及社会环境条件的同质化；随着学校教育段的提高，同学群的范围也在扩大，受教育者具有了接触更多不同类型文化的机会和经验，超过了布劳所认为的小型口传文化圈；同时其社会交往半径也突破了亲属、亲戚及乡邻范围。受教育程度越高，同学间在具有更高程度的知识、认知、能力，以及人生观、世界观和价值观等方面同质性的同时，地域、家庭背景、社会资本等方面的异质现象也会越丰富。案例2-8中的夫妻是大学同学，但他们之间虽然有明显的教育和运动员身份的同质性，来自成长背景的地域（跨省）和家庭经济背景（农村和城市）的异质性也很明显；而他们婚姻决策过程中及被观察到的婚后各自婚姻地位，反映了情感是走向现代婚姻的基础，但婚姻的经济属性同样不可忽视。有研究发现，在影响个体婚姻决策的过程中，在教育、职业、收入和家庭背景等四个地位特征指标之间，任意两个均可在婚姻决策中发生交换。[1]这意味着，第一，这四

---

[1] 许琪、潘修明，《美貌与地位：中国人婚姻中的匹配与交换》[J]，《社会》，2021（6）：203—235。

个地位指标在婚姻选择过程中虽然可以交换,但实际上它们在同时发挥作用。第二,对于在职业、收入或家庭背景等方面的弱势群体,教育能够一定程度上改善但难以完全改变其婚姻选择不利地位。比如,虽然受过大专及以上高等教育的男女双方婚姻中的教育匹配比达84.6%[1],但同为接受过高等教育的群体,出身中上阶层的女性与接受过高等教育的男性结婚的可能性比出身中下阶层的女性高出8.5个百分点,出身中上阶层的男性与接受过高等教育的女性结婚的可能性比出身中下阶层的男性高出16.9个百分点。第三,对那些没有受过高等教育的男性和女性来说,家庭出身越好,越有可能与受过高等教育的异性结婚,这对男女都成立。[2] 另外,研究还发现,教育改善个体在婚姻市场中的地位具有临界性条件,以对当代我国现实状况的研究为例,"是否受过高等教育把婚姻市场分成两半:受过高等教育的市场和没有受过高等教育的市场。在两个市场内部的男女双方更容易相互结合,教育年限的差距主要表现在两个市场内部"[3]。由此可以说,教育已经成为影响现代婚姻选择和决策的重要因素之一,但在某些情况下这一因素可以被替换。

教育除了在婚姻选择和决策时有助于提高个体的竞争力外,对个体婚姻观念的影响同样不可忽视。教育从本质上说是"一个对各种知识和价值的选择过程"[4],塑造受教育者的人生观、世界观和价值观是教育的核心任务之一。受教育程度越高的群体,越容易形成"更合法"的婚姻

---

1 易翠枝,《婚姻市场的教育分层与女性人力资本投资》[J],《华东经济管理》,2007(2):127—130。
2 许琪,《"凤凰男"的婚姻市场地位研究——家庭背景、教育和性别对婚配分层的影响》[J],《华中科技大学学报(社会科学版)》,2022(1):23—33。
3 易翠枝,《婚姻市场的教育分层与女性人力资本投资》[J],《华东经济管理》,2007(2):127—130。
4 [美]迈克尔·W. 阿普尔著,王占魁译,《教育能够改变社会吗?》[M],上海:华东师范大学出版社,2014年,第76页。

观念,并将自己的理解和态度、行为,与所谓的"大众的"观念和行为区分开来。众所周知,在传统社会背景下,人们更多地通过接受周围大众的观点,一方面通过将自己置于"大众"中间,使自己和众人都相信"自己是正确的";另一方面由于"偏爱和那些同我们态度和行为相近的人交往,并通过这些熟悉的眼光来评判世界"[1],又进一步强化了个体融入周围大众的水平。而个体接受教育的程度越高,脱离周围大众观点的可能性也越大,比如有学者认为,"大学教育非常重要的功能之一就是,使人们接受社会主导规范或中间阶层的规范"[2]。受教育者因之而对生命、生活及婚姻等形成和拥有了不同于传统的观念行为。理论上的推演在现实中得到验证。受现代经济社会和教育日渐发达的影响,具有较高受教育程度和经济社会背景的个体,首先希望将婚姻选择和决策的权力从家庭转移到个人;其次,由于有良好的社会经济条件支撑,这部分个体即便单身也能维持较好的生活水准,因此,其对婚姻的态度和决策具有更大的主动权;再次,较高的受教育程度和较好的经济社会条件提高了他们的婚姻期待,因而他们更有可能不勉强自己进入或保持不理想的婚姻。以现代职业女性为例,随着20世纪80年代女性接受高等教育和就业比例的提高,西欧国家女性的平均初婚年龄由1976年的24.1岁提高到2002年的30.9岁,未婚比例由6.9%提高到11.4%[3];2018年日本女性的平均初婚年龄为29.4岁,50岁时未婚的比例在2015年达到4.0%。[4]

---

[1] [美]戴维·迈尔斯著,侯玉波等译,《社会心理学(第11版)》[M],北京:人民邮电出版社,2016年,第67页。

[2] 李强,《当代中国社会分层》[M],北京:生活·读书·新知三联书店,2019年,第70页。

[3] J. A. Ortega, "A Characterization of World Union Patterns at the National and Regional Level" [J], *Population Research and Policy Review*, 2014 (2): 161-188.

[4] 姜全保、淡静怡,《中国女性婚姻的推迟与补偿》[J],《中国人口科学》,2017(5):53—65+127。

※ 案例2-10 大龄剩女为什么越来越多？一个35岁的单身女子说出了实情

所谓"大龄剩女"现象，其实主要集中在某些特定地域，而非全国大同。此外，另一个领域也容易出现大龄剩女，这就是高学历女性群体，也就是我们平时听闻的"高知出剩女"。原因在于：

1. 在宽容、广博、平等的时代背景下，越来越多的优秀女性接受过高学历精英教育；无论是思想上，还是人格上，都比过去更为独立成熟。

2. 这些女性进入社会后，其高收入快速帮助她们实现了个人财务自由；而多维度工作经历以及开阔的眼界，又使得这些女性变得更为勇敢、豁达，更愿意对自己的人生质量负责。这种高质量的生命体悟与感触，也间接影响并延缓了她们进入婚姻的时间。

3. 新高知女性不拘泥于传统生活，一般女性那种大学毕业一两年后就成家生孩子养孩子的活法，早就淡出了职业女性生活场景中，她们奔波于职场升级打怪过程中，更多的时间与精力，都交付给了高强度快速运转的工作。

4. 高知女性的父母及家庭，更看重婚姻质量。因此尽管她们的父母也逼婚，却也关注并看重孩子的婚姻质量，不愿意轻易将就。

大龄剩女越来越多，一方面体现出女性自主决定权得到了提升，她们不再为了结婚而结婚；另一方面也不排除因为个人原因，比如左挑右选而被剩下。

……

现代女性越来越自主自觉了，她们希望由自己来决定什么时候开始深度体验人生、什么时候由一个人体验世界……这种发自生命的自觉自醒，正是高质量人生的良好开局，而不是什么社会问题，更不必牵扯物质、金钱、地位等外挂因素。

……

> 一名35岁的单身女性更是直言："所有东西我都能给自己了，那我为什么一定要男人不可？"
>
> 第一心理（2021-01-09）［OL］，https://baijiahao.baidu.com/s?id=1688372642048055651&wfr=spider&for=pc。

可以说，教育作为影响个体婚姻选择与决策的因素之一，不仅在现实内得到了验证，而且也获得了理论上的支持。但与对个体职业、生活等方面的影响一样，教育对婚姻的影响，既有来自于教育的标签性影响（文凭），也有与教育对个体身心影响所产生的（婚姻观、学识及能力等）。另外，与教育相关的职业、收入及社会经济背景等方面的因素，又进一步强化了教育对婚姻的影响。

二、教育对个体社会关系的影响

人是群居动物，任何时候，个体都难以脱离与他人之间的相互影响。这种相互影响，既塑造了个体，也塑造了他人。以个体为中心所结成的所有与他人之间的关系，构成了个体的社会关系。对于个体来说，先天赋予的社会关系塑造了其最初的社会生活方式和交际范围；后天自致的社会关系，则反映了其社会活动范围和生活方式。彼得·布劳认为，"在小型的口传文化中，亲属关系是分化与整合的主要结构性协调轴心"；而工业化社会所呈现的"多重异质性"的结构特点，由于"多个结构参数的复杂交织，产生了各式各样的团体联合与互动聚合"。[1] 身居现代社会中的所有个体，因参与各类不同的团体活动，结成不同类型的社会关系。学校教育是现代人接受、参与社会化进程和构筑自致性社会关系的第一个重要场

---

1 ［英］安东尼·吉登斯著，李康、李猛译，《社会的构成——结构化理论纲要》［M］，北京：中国人民大学出版社，2016年，第196页。

域。"作为社会性动物,我们调整自己的言语和行为以适应我们的观众。我们在不同程度上监控自己,我们对自己的表现加以注意,不断调整它以创造一个我们所希望的形象"[1],以得到重要关系人(老师、同学、家长等)的认可和奖励,即个体在实现社会化的过程中构塑社会关系。除亲属和地缘关系外,教育、职业是构塑个体社会关系的基础性场所。

信任和互惠是构筑亲属之外社会关系的基础,由此也就决定了通过教育、职业和地缘等获得的自致性社会关系通常只能在相同的社会阶层中建立。这一方面是因为人们更倾向于和与自己有相似经历、价值观、兴趣爱好、行为方式等的人交往并产生信任;另一方面高质量的社会关系具有互惠性特征,相互间具有支持性的联系、信息交流、信任与合作等。同学、同事、同乡以及工作中的上下级关系等,都是形成互惠性社会关系的基础。

※ 案例2-11　求学和工作经历构筑了姐妹俩不同的社会关系网络

我因为自本科起便离开山东故土前往河南,后至上海,再到美国西雅图,我在家乡的地缘关系变得很薄弱,尤其是邻里关系,尽管乡音难改又难忘,但是每年一到两次的回家经历总让我觉得儿时记忆中的邻居已经物是人非。而我妹妹则与老邻居的关系依旧稳固,她因为离家较近,可以在日常生活中和邻里们频繁地就婚丧嫁娶等各类人情世故进行交往互动……在同学关系上,我由于在每个教育阶段都会更换城市,致使每一阶段都会形成新的同学关系,目前我与小学和初中阶段的同学有联系者不过三五人,高中阶段的同学有实质性联系者在十五人左右,本科阶段的有实质性联系者在十到十二人,而硕士和博士阶段的同学构成了我当前的主要同学

---

[1] [美]戴维·迈尔斯著,侯玉波等译,《社会心理学(第11版)》[M],北京:人民邮电出版社,2016年,第74页。

关系，其数量为十人左右。尽管在研究生阶段的实质性交往关系数量没有那么多，但是对个人当前的工作支持力度很大。而妹妹的求学经历以专科而终止，并且一直在山东境内，后回到家乡工作，她的同学关系中主要以初中和大中专阶段为主，并且与他们有着频繁而紧密的联系。

访谈时间：2022年4月

实际上，不论受教育程度高低，现代人在各类不同类型的群体内，会优先选择与其有共同性的对象构筑社会关系，共同的身份特征、价值观、语言技巧、特有玩笑和形体语言等，都会成为"支撑着彼此极为协调的无意识的反应性默契"[1]，天然地有利于结成相对牢固的社会关系。个体受教育程度越高，走出家庭和地域限制的可能性越大，同学的人数和类别也会越多（比如案例2-11的案例中，"我"有小学同学、初中同学、高中同学、本科同学、硕士和博士阶段的同学等等），从而为其提供的构筑社会关系的客观基础和选择性也就越多，其所结成的社会关系的异质性也就越明显。一般来说，个人的教育和职业经历越多，其所承担的社会角色也就越多，社会关系网络也就会越大。有研究发现，相比城市居民来说，农民工的受教育程度相对较低，基本上在次要劳动力市场就业；因此，他们虽然生活在城市中，但并没有与城市居民或者同行之间，建立亲密的或者能够影响他们生活方式的社会关系，仍然生活在以亲缘、地缘为主的社会关系中。[2] 案例2-11中的"妹妹"虽然接受了大专层次的高等教育，但由于求学和工作经历都在山东境内，特别是后来回到家乡工作，所以她的初中和大中专同学成为她的主要社会关系对象。

---

[1] ［法］皮埃尔·布迪厄著，杨亚平译，《国家精英——名牌大学与群体精神》[M]，北京：商务印书馆，2018年，第132页。
[2] 柯兰君、李汉林主编，《都市里的村民：中国大城市的流动人口》[M]，北京：中央编译出版社，2001年，第40—70页。

> **※ 案例2-12　城市中的家乡人**
>
> 　　每逢传统节日，黄灯跟着堂弟，一次次穿过城中村的街道，见识了什么叫作"一线天""握手楼""蜗居"，见识了什么叫暗的生活。而在这些地方，黄灯通常是礼遇的对象，接受同乡们腊鱼腊肉的招待，去"改善生活"……他们将家乡的人际模式复制到了南方，在异乡讲着家乡土话、吃着过年带来的腊味、打着家乡的麻将和扑克、开着家乡的玩笑。
>
> 　　朱诗琦，《大学教师与她的农村亲人》[N]，《南方人物周刊》，2017年3月31日。

　　即使同为职业迁移人口，以是否接受过大专教育为界，受教育程度较高群体与受教育程度较低群体的迁移有明显区别。正如第一章所说，具有大学教育背景的劳动者主要在主要劳动力市场就业，他们发生教育和职业流动的目标之一，就是要了解并融入迁入地的主流文化；因此，实施迁移后他们会主动接受迁入地的主流价值观，主动构塑符合新的环境条件下的社会关系，从而促进个体顺利实现教育和职业成长，完成生活观念和方式的融入与改造。

　　不论是亲属性还是非亲属性的社会关系，个体对社会关系的感知、维护和使用等都有明显的差序区别。现代社会的职业分工产生了众多角色，每一种角色都会促使个体产生某种社会关系，比如没有利益关系下的自然结识，如亲属/亲戚类关系、邻居舍友关系、同学、同事等，因职业/工作原因结成的上下级关系、业务关系，以及为某些特别事项而特意主动或被动构筑或攀扯的关系等；在各类不同的社会关系中，都有关系性质（关系两端是否平等）和密切程度（强弱）上的差异。围绕个体结成的众多社会关系，对个体的意义、功能、性质，以及韧性、弹性和持久性等都会有很大差别。正是由于各种不同社会关系之间存在差别，也就使得个体在面对一件事时，会通过判断是否动用、动用哪个/类、怎么动用社会关系等，显示出个体处理问题时的策略、水平和能力范围，归根到底，反映出个体的社会生存能力水平和价值立场。比如有研究认为，计划分配机制、市场机制和社会网络机制是调节个体职业流动的三种主要机制[1]；在计划经济时代，类似分配工作这样的重大事件，只有强关系才能提供最大限度的帮助[2]；到了市场经济时代，个体的职业位置通常与其受教育水平和工作能力密切相关，正是从这个意义上说，上层社会地位的家长可以通过投资子女的受教育水平来保障他们的社会地位。表2-8展示了不同受教育水平的个体失业后获取新的工作机会时对社会关系的依赖程度。

表2-8 不同受教育程度城镇失业人员寻找工作的途径

（单位：%）

途径	总计	未上过学	小学	初中	高中	大学专科	大学本科	研究生
为自己经营做准备	7.3	3.9	6.6	7.8	7.5	7.8	5.6	4.8
为找工作参加培训实习考试等	5.6	—	1.3	1.8	3.7	9.9	19.8	20.4
委托亲戚朋友介绍	48.2	72.7	66.4	61.2	50.1	27.4	15.6	4.3
查询招聘网站或广告	18.5	2.7	4.5	10.5	20.1	30.7	36.0	38.2
直接联系雇主或单位	7.2	12.0	11.3	8.1	6.8	5.5	3.9	3.2
联系就业服务机构	1.4	1.7	1.1	1.1	1.6	2.0	0.7	2.2
参加招聘会	4.2	0.0	1.4	2.3	2.8	8.0	9.5	17.9
其他	7.7	6.9	7.4	7.3	7.2	8.7	8.9	9.1
合计	100.0	100.0	100.0	100.0	100.0	100.0	100.0	100.0

数据来源：国家统计局人口和就业统计司、人力资源和社会保障部规划财务司编，《中国劳动统计年鉴》（2020）[M]，北京：中国统计出版社，2020年，第112—113页。

---

1 边燕杰、张文宏，《经济体制、社会网络与职业流动》[J]，《中国社会科学》，2001（2）：77—89。
2 Bian Yanjie, "Bringing Strong Ties Back In: Indirect Ties, Network Bridges, and Job Searches in China" [J]，*American Sociological Review*, 1997, 62 (3): 366-385.

可以看出，超过一半的高中及以下受教育水平的个体，失业后主要通过委托亲戚朋友再次获得工作，而且受教育程度越低，其对亲戚朋友的依赖程度越高，其中未上过学的群体对亲戚朋友的依赖水平更是超过七成；而大专及以上的个体，则主要通过个人方式获取机会，越是受教育程度高的人，越多地利用"查询招聘网站或广告""为找工作参加培训实习考试等"和"参加招聘会"等自致性机会获得重新就业的机会。

实际上，个体如何构筑、维护和使用社会关系，与其对社会关系的认知有着密切联系。正如前面所说，平等和互惠是构筑和维持社会关系的重要基础，但对于不同的关系对象来说，平等和互惠的内涵会有明显不同。

※ 案例2-13　寒门贵子的家庭负担

在丈夫杨胜刚的家族，由于家中境况稍好的妹妹出家、四姐夫破产，无人分担重任，（博士毕业的）杨胜刚和黄灯夫妇成了唯一的资源索取对象……"很多农村家庭兄妹中只有一个考出来，大部分都比较弱，说实话大部分人都会帮。"……"这种关系不对等，但是你要知道，你现在的付出是因为他们以前对你付出了，（现在帮他们）其实是用另外一种方式回报他们当年的付出，比如当年没让我老公辍学。"……哥哥嫂子有时会对她说，"你孩子小，我们家没帮你们带过孩子"……春节回乡，哥哥、嫂子早早等在村口，接他们回家，那个时候，黄灯说，天然的亲情还是会给你安慰。

朱诗琦，《大学教师与她的农村亲人》[N]，《南方人物周刊》，2017年3月31日。

在案例2-13中，杨胜刚家族与黄灯夫妇之间是亲属性社会关系，从社会和经济地位等方面看，家族中包括哥嫂在内的兄妹与黄灯夫妇之间是不平等的。但一方面,这种关系的本质是亲戚/家人,他们之间的关系不是后天构塑的,因此,即使关系的两端不平等,这种关系也不会终结,"春节回乡,哥哥、嫂子早早等在村口,接他们回家";另一方面,当前的关系不平等本质上是对之前关系不平等的"倒置"——"你现在的付出是因为他们以前对你付出了","没让我老公辍学"。非亲属性的社会关系,是个体在家庭和血缘关系之外构筑的社会化依靠,是"个人由于那些——感官的或者理想的、瞬间的或者长久的、自觉的或者不自觉的、受因果关系推动的或者目的所吸引的——利益"[1]而结成的。正是由于结成各种社会关系的方式、目的不同,在面对处理不同事情的需要时,个体会综合考虑关系对象的能力水平以及与其关系的类型、强度、韧性和可靠性等,最终做出是否使用以及如何使用的理性判断。如表2-8中的失业者,以大专教育为界限,受教育程度较高和较低者两个群体的再就业方式有明显不同,其中的原因在于两个群体对就业岗位的期待不同:受教育程度较高者对岗位期待相对更高,岗位与就业者双方都有较高的选择性,个体自身能力对岗位选择有较大影响,如果依赖社会关系来推动,则对社会关系的考验大、使用成本高;而受教育程度较低者对就业岗位要求相对较低,岗位与就业者双方的选择性都相对较低,对社会关系的压力和个体的使用成本也相对较小。正如案例2-14中的"玫玫",与其求助的关系对象属于半亲属关系(居住地不在一起的堂弟媳妇),求助时送了连夜煎的艾,使"我"对其求助的态度从"敷衍"转变为"承诺";但对"我"推送给她的招聘信息,"不是她看不上眼,就是能力匹配不上"。如果没有特别机遇或其他重要转折,按照"我"与"玫玫"的关系发展方向与强度推测,她们之间的社会关系很难维持在有效互助的水平上。

---

[1] [德]齐美尔著,林荣远译,《社会学——关于社会化形式的研究》[M],北京:华夏出版社,2002年,第4—5页。

※ 案例2-14 "你给我介绍个活轻钱多的工作吧!"

玟玟……念完初中就出来工作了。先是到镇上,和她的妈妈一起在皮具厂做流水线,没一个月,受不住枯燥和两班倒,家人就托关系让她去了高州市区一餐馆做服务员,但也不在心思,屡次犯错,坚持了三个月后就辞职了……过年串门,玟玟主动几番跑来。有一次,她神神秘秘拉我(自小生活在深圳,回老家过年,玟玟是"我"在老家的堂弟媳妇)到一边,询问我深圳有什么地方可以打工,最好活轻钱多……我答应帮她留意。她高兴得活蹦乱跳,像个孩子……我要回深圳前夜,她还早早起床在家里煎好艾(家乡的一种特产小吃),装好送过来。这份感动,让我原本只是敷衍的应承,化作真的承诺,尽管我后来发送的好多招聘信息,不是她看不上眼,就是能力匹配不上,但我真心希望,能帮助到她一点点。

杨晓霞,《我们》[A],见黄灯等主编,《应知故乡事——返乡者眼中的中国乡村图景》[C],上海:上海大学出版社,2020年,第187—200页。

个体在社会化过程中构筑的面向不同对象的多类型社会关系,既反映了个体社会化的水平和结果,也是个体通向职业和确立社会身份地位的基础性保障。通过受教育过程,人们不仅能够获得更多的与他人交流交往的机会,也能提高个体从情感和理智层面感受他人、认识他人和接纳他人的能力,然后通过不断地与他人建立、维持、增进或者退出关系的行动实践,既塑造着个体自身,也同时塑造与改变着社会、团体及他人。但正如布迪厄所说的,"一个单独抽出的因素固有的有效性,从来无法真正按照这个因素与被考察的观点或实践之间的关联得到衡量,同样的因素,按照它被纳入的因素系统之不同,可能与不同的、有时甚至

是相反的作用相连"[1]。虽然从普遍意义上说教育对个体的社会关系构成会有明显影响,但如同其对个体的职业、婚姻、收入等各方面的影响一样,教育既不是个体构筑社会关系、获得职业和婚姻以及某种生活方式等的充分条件,也不是必要条件,而只是可能会产生重要影响的促进因素。

---

[1] [法]皮埃尔·布迪厄著,刘晖译,《区分——判断力的社会批判(下)》[M],北京:商务印书馆,2017年,第697页。

第三章　教育与能力
——孰因孰果？

帕森斯在《现代社会制度》中指出，现代社会中，若个体未进入学校接受过正规教育，即使工作极其卖力，也难以在社会上取得较好的社会地位，难以有所成就，因为作为人力资本的重要因素，受教育程度在很大程度上决定着人力资本的质量和数量，即教育能增加个人能力。[1] 但也有人说，大学毕业生比高中毕业生的收入水平高，一定程度上是因为大学毕业生拥有更强的能力、目标、身体素质以及更成功的父母。[2] 那么，是教育让人更有能力，还是更有能力的人通过教育而获得了外显的加持机会？这是本章力图讨论的主要内容。

第一节　教育与智力的关系

智力在人们日常生活中经常被使用。尽管心理学家们对智力的生成

---

[1] S. A. Alvarez, J. B. Barney, "Discovery and Creation: Alternative Theories of Entrepreneurial Action" [J], *Strategic Entrepreneurship Journal*, 2007 (1-2): 11-26.
[2] [美] 加里·贝克尔著, 陈耿宣等译,《人力资本》[M], 北京：机械工业出版社, 2016年, 第5页。

与发展已经做了很多研究，但时至今日，心理学家们对其的认识并不完全一致，如韦克斯勒认为，智力是"使个人有目的地行动、合理地思考、有效地应付环境的一种综合能力"；斯滕伯格认为智力是一种"心理上的自我管理"；中国多数心理学家则将其定义为"个体顺利从事某种活动所必需的各种认知能力的有机结合；是一种综合的心理能力，是进行学习、处理抽象概念、应对新情境和解决问题以适应新环境的能力"。[1] 从上述定义中可以看出，心理学家将智力视为个体从事有效学习和工作的基本能力，是促进人类认识和把握自己与客观世界的重要心理基础。无论在科学意义上，还是日常生活中，人们都会发现不同个体在学习、理解和应对新环境时存在速度、广度、深度以及灵活性等方面的差异，心理学家将这种差异以智商方式表达出来（详见图3-1）。

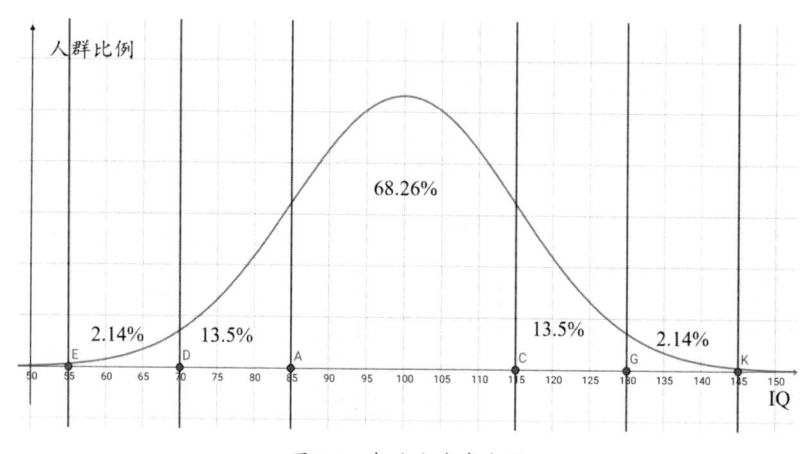

图3-1　智力分布常态图

资料来源：皮连生主编，《教育心理学》[M]，上海：上海教育出版社，2011年，第270页。

对个体智力差异的来源，现在比较一致的说法是，"一个人适应环

---

[1] 林崇德、杨治良、黄希庭主编，《心理学大辞典》[M]，上海：上海教育出版社，2004年，第1700页。

境能力的高低,或智力水平的高低,不仅取决于个体先天具有的遗传素质,更与后天的学习、培养有关"[1]。对同卵双生子的相关研究证实了这一点。有研究发现,在相同抚养环境条件下,同卵双生子智商相关系数可达0.87——"几乎与同一个人先后两次测验所得的智商分数之间的相关一样高";但如果分开抚养,他们的智商相关系数会明显下降(从0.87下降到0.68)。[2] 前一种情况说明先天遗传素质的强大,而后一种情况的产生,便意味着后天环境条件的影响同样不可小觑。但先天遗传和后天学习对个体智力的形成到底各起多大作用,目前还没有定论。有心理学家以白鼠为实验对象,发现愚笨白鼠在有丰富刺激的环境中待一段时间后,其学习能力可以大幅度提高;而聪明白鼠如果在早期长期处于一个刺激贫乏的环境,其学习能力不会比愚笨组明显好;但同样值得注意的是,从不同组别白鼠最终的智力水平看,刺激丰富的环境不能让聪明老鼠更聪明,单调的环境也不会让愚笨的老鼠更愚笨。[3] 这也就意味着先天遗传素质对后天环境教育作用的发挥有明显的约束作用。有心理学家进而发现,对于绝大多数人来说,除极少数天才与低能之外,如果用智商分数来表示一般人的遗传限的话,"大约在20—30分点之间",即如果个体后天的"生长环境越好,在智力测验上所表现的智商则越接近其遗传的上限;如果个体生长的环境越差,在智力测验上所表现的智商则越接近其遗传限的下限"。[4] 对绝大多数人来说,先天性因素提供了个体智力发展的空间,后天的环境教育既可以使个体的遗传潜质得到最大发展,也可能会抑制潜质,只得到低水平发展(详见图3-2)。

---

[1] 皮连生主编,《教育心理学》[M],上海:上海教育出版社,2011年,第268页。
[2] 刘爱伦主编,《思维心理学》[M],上海:上海教育出版社,2002年,第320页。
[3] 杨莉萍主编,《社会心理学经典研究》[M],合肥:安徽人民出版社,2010年,第6页。
[4] 刘爱伦主编,《思维心理学》[M],上海:上海教育出版社,2002年,第321页。

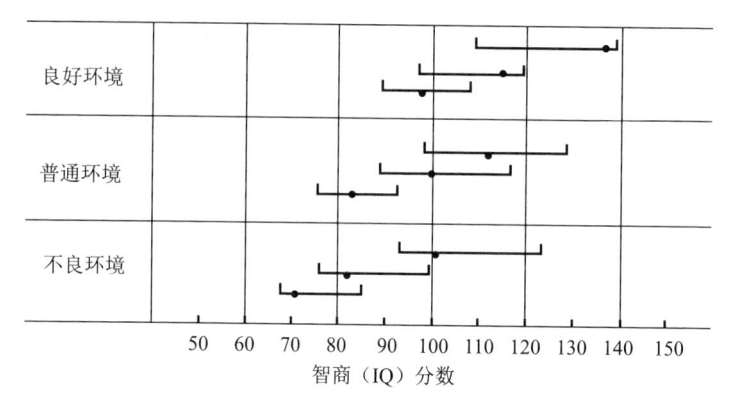

图3-2 遗传限内环境对智力发展的影响

资料来源：刘爱伦主编，《思维心理学》[M]，上海：上海教育出版社，2002年，第321页。

对于绝大多数人来说，对智力发展的良好环境更多的是指有目的、有组织的教育。而教育如何影响个体的智力水平，也同时成为心理学家探讨的问题。

一、教育对个体认知思维发展水平的影响

从智力的定义中可以看出，认知能力是智力的重要组成部分。相对于智力是个体"心理上的自我管理"综合能力，认知能力更多地体现为个体学习、认识和把握世界的能力，具体包括"接收、加工、贮存和应用信息的能力。传统的观点认为包括注意、知觉、记忆、思维和想象的能力"。[1] 在构成认知能力的各要素中，思维是将个体感觉、知觉到的各类信息，通过大脑内部的组织加工，并最终通过语言、动作等行为表现出来的核心部分。可以说，思维关乎个体认知活动的全过程："人只有在获取大量感性材料的基础上，才能在头脑中对事物进行分析与综合、抽

---

[1] 顾明远主编，《教育大辞典（第5卷）：教育心理学》[M]，上海：上海教育出版社，1990年，第222页。

象与概括，并通过概念、判断、推理等思维形式把握事物的本质特征与内部联系"；另外，在思维活动的过程中，"语言既是引起思维活动的直接动因，又是思维活动赖以进行的载体。但言语并不是思维的唯一工具，人们还可以利用表象和动作来表达和交流思想"。[1] 因此有学者认为，思维是"人类智慧的集中体现，是人猿揖别的里程碑"[2]。

※ 案例3-1 是否升学影响个体的分类水平

格林菲尔德等人（Greenfield, Reich & Oliver, 1966）研究了非洲塞内加尔农村的一些上过学和没有上过学的儿童（6—13岁）的概念形成的差异……（研究者向被试）呈现一些图片，每张图片上画了三样东西，这三样东西可以根据颜色分类，也可以根据形状或用途分类，得出的结果也不一样。要求被试说出：哪两样东西比较像，像在哪里？结果发现，没有上过学的儿童很难做出回答或解释，而且即使进行分类，也几乎都将两个相同颜色的物体归成一类；上过学的儿童不仅可以做出正确的分类，而且他们分类的依据也随着受教育程度的提高而变化，采用颜色作为分类依据的越来越少，采用形状或用途来分类的越来越多。

邵志芳，《认知心理学：理论、实验和应用》[M]，上海：华东师范大学出版社，2019年，第266—267页。

对于不同的个体来说，每个人通过对客观世界的感觉知觉过程所获得的信息基础不同，对信息加工的过程和程度、类型、方向、结构等也会有所差异，从而影响每个个体对客观事物的认识和理解水平的差异。

---

[1] 林崇德、杨治良、黄希庭主编，《心理学大辞典》[M]，上海：上海教育出版社，2004年，第1185页。
[2] 张庆林、邱江主编，《思维心理学》[M]，重庆：西南师范大学出版社，2007年，第1页。

这其中既有源自个体遗传性因素的影响，也有自出生以来即开始累积的感觉知觉信息差别，而后续的环境、教育、培训等相关活动，更是对个体思维发展水平有显著影响。

由上述案例可以看出，即使没有受过正规教育，个体也具有基本的分类能力——以颜色为分类依据；而受过教育之后，个体就能够尝试以事物的"形状或用途"为分类基础。相比于形状来说，颜色是事物最直观和表面化的特征，而用途则相对深入了一层。根据思维是"对客观事物本质特征的概括的和间接的反映"这一概念来说，受教育程度越高的个体，其思维摆脱事物表面性特征、接近事物概括性和间接性特征的倾向越明显，而且这种思维倾向的分化，不只存在于儿童和青少年群体中，成人群体内的这种分化倾向甚至更明显。有研究曾以物理学家和大学初学物理专业的人对物理学问题的分类标准做过实验，发现两组被试对测试题目（每一道习题都有一个附图）的分类标准有明显差别，"初学者往往把表面上相似的习题分为一类，例如把附图中有斜面的习题都分为一类，并称之为斜面问题，把附图中有圆盘的问题都称为旋转问题，等等；而专家则将运用同一定理或解法相同的习题分为一类。这说明初学者易受问题的表层结构的迷惑，而专家则善于发现问题的深层结构——其内在含义"[1]。专家与初学者对题目分类的差别，与他们对物理学相关知识的积累有密切关系，而且他们之间的这种差别恰如案例3-1中上过学与未上过学的儿童对事物分类的差异。

分类只是思维过程中的基础环节，而推理、判断等思维形式直接指向思维结果，成为将思维推向"填补证据间空白的复杂而高级的技能"[2]

---

[1] 邵志芳，《认知心理学：理论、实验和应用》[M]，上海：华东师范大学出版社，2019年，第327—328页。

[2] 邵志芳，《认知心理学：理论、实验和应用》[M]，上海：华东师范大学出版社，2019年，第238页。

的最后环节。不论是形象思维还是逻辑思维，都需要在对复杂信息的分析加工之后，再根据相应的推理规则，在不同证据之间建立起可靠联系，并得出最终的判断结果。

> ※ **案例3-2 "我不谈没有见过的事情！"**
>
> 鲁利亚（Luria，1976）曾考察了一些文化程度不同的农民进行三段论推理的特点。其中有些三段论推理涉及的事物是农民十分熟悉的。例如：
>
> 棉花在热而湿润的地方生长；
>
> 英格兰是一个冷而湿润的地方；
>
> 英格兰可以种棉花吗？
>
> 或者：
>
> 北极圈有很多冰雪，那里的熊都是白颜色的；
>
> 北极圈里有某个地方叫作Novaya Zemlya；
>
> 那里的熊是什么颜色的？
>
> 这样一些三段论，对于受过一定程度教育的农民来说并不难，但是那些没有上过学的被试却无法完成任务，他们甚至拒绝回避主试提出的问题。他们常说的话就是"我不知道""我怎么晓得""我只见过黑熊"等等。其中有一名被试告诉主试说："我们只说自己见到过的事情，不谈没有见过的事情。"尽管主试反复询问推理问题的含义，被试们就是一口咬定："你的问题只有那里的人可以回答。""我不是那里的人，不能根据你说的话来回答你的问题。"
>
> 邵志芳，《认知心理学：理论、实验和应用》[M]，上海：华东师范大学出版社，2019年，第303页。

从案例3-2中那些受过教育与没有受过教育的农民对三段论推理的

不同态度可以看出，没有受过教育的农民，无法接受三段论的推理逻辑，他们的思维形式只停留在具体经验阶段——"只说见到过的事情""你的问题只有那里的人可以回答"。而受过教育的农民则没有出现这样的问题，反映出个体间思维方式以及能力水平上的差异，与后天的教育有密切关系。实际上，现代心理学研究已经证明，人类认知思维发展有规律可循，其中的要点在于，首先，神经生理系统是个体思维发展的物质基础，这导致了个体认知思维能力的发展具有阶段性，例如皮亚杰就提出了儿童认知思维发展的四阶段理论（感知运动阶段、前运算阶段、具体运算阶段和形式运算阶段）、佩里对15岁以后的青少年特别是大学生思维发展同样提出了四阶段理论（二元立场、多元立场、情境建构立场和承诺立场）等。其次，由于认知思维发展以个体神经生理系统的发育及成熟有关，导致了个体认知思维发展具有关键期。比如，林崇德认为，在一般教育条件下，四年级（10—11岁）儿童的数学概括能力有显著变化，他们的思维形式开始"从以具体形象概括为主要形式过渡到以抽象逻辑概括为主要形式"，这是儿童认知思维发展的"一个质的飞跃期（关键年龄）"；而从初二（13—14岁）开始，个体的思维形式再次发生变化——"他们的抽象逻辑思维即由经验型水平向理论型水平转化"；到高二（16—17岁）时"这种转化初步完成。这意味着他们的思维趋向成熟"。[1] 再次，受个体先天神经生理因素及后天教育环境等综合影响，个体认知思维的差异性明显，比如有研究者以佩里思维发展理论为基本框架，对国内三所大学机械工程学院的400多名本科生和研究生的认知发展水平进行调查，结果发现绝大多数（超过85%）的"学生认知发展水平处于佩里认知发展理论的高阶阶段，即情境立场和承诺立场"[2]，其中以处于

---

1 林崇德，《发展心理学》[M]，杭州：浙江教育出版社，2002年，第316、381页。
2 朱佳斌、刘群群，《高等工程教育改革背景下学生的认知发展研究》[M]，上海：上海交通大学出版社，2021年，第46页。

第三阶段即情境建构立场的学生占多数，能够进入最高阶的承诺立场阶段的学生只有12%左右，从总体上看本科生和研究生在这一数据上几乎没有差别，但研究生在从情境建构立场向承诺立场转变阶段的比例更高；另外不同学校间学生的思维发展程度存在一定差异，整体上看B大学工科学生处于更高阶思维发展水平的比例最高（详见表3-1）。

表3-1　国内三所大学机械工程学院学生的认知发展情况表

（单位：人/%）

大学		二元立场		多元立场		情境建构立场		情境建构承诺立场		承诺立场		其他		合计
		人数	比例	人数	比例	人数	比例	人数	比例	人数	比例	人数	比例	人数
A	本科生	3	2.2	5	3.6	92	66.2	19	13.7	13	9.4	7	5.0	139
	研究生	1	1.9	3	5.8	25	48.1	14	26.9	4	7.7	5	9.6	52
B	本科生	1	1.8	2	3.6	23	41.8	15	27.3	10	18.2	4	7.3	55
	研究生	1	3.0	2	6.1	12	36.4	11	33.3	6	18.2	1	3.0	33
C	本科生	2	3.1	5	7.7	26	40.0	15	23.1	9	13.8	8	12.3	65
	研究生	0	0.0	1	3.1	12	37.5	11	34.4	5	15.6	3	9.4	32
合计	本科生	6	2.3	12	4.6	141	54.4	49	18.9	32	12.4	19	7.3	259
	研究生	2	1.7	6	5.1	49	41.9	36	30.8	15	12.8	9	7.7	117
总计		8	2.1	18	4.8	190	50.5	85	22.6	47	12.5	28	7.4	376

备注：大学A、B、C分别为原"985"工程大学、原"211"大学和普通本科院校。
资料来源：朱佳斌、刘群群，《高等工程教育改革背景下学生的认知发展研究》[M]，上海：上海交通大学出版社，2021年，第37—44页。

可以看出，我国大学工科学生思维发展水平虽然存在明显的水平性聚集（以情境建构立场最为集中），但同样不可忽视的是，不论本科生还是研究生，思维发展水平的个体性差异亦很明显——从初阶的二元立场，到高阶的承诺立场，三所大学的本科生和研究生都有分布。另有学者对不同学科大学生的推理能力变化进行了研究，发现大学一年级第一学期各学科学生在推理能力方面没有明显差异；到大学四年级第二学期时，首先是各学科学生在统计—方法学推理上都有改进，这种进步与学习统计课程的数量显著相关；"社会科学学生的变化可能与社会科学更强调不确定情景思维规则的教学有关。自然科学学生的变化可能与'数学训练提供了用矛盾证明的经验，可提高解决条件问题的能力'有关"[1]。正因为有意识、有组织、有计划的教育教学有助于提高学生的思维能力、形成某种思维方式，因此现代学校教育将培养和锻炼学生的思维能力纳入正式的教育教学目标之中。

※ 案例3-3 培养学生的思维能力是义务教育阶段语文教育的目标之一

在教育部最新颁布的《义务教育语文课程标准（2022年版）》中提出，将思维能力纳入义务教育阶段语文课程重点关注的核心素养之一。具体要求是：

"思维能力是指学生在语文学习过程中的联想想象、分析比较、归纳判断等认知表现，主要包括直觉思维、形象思维、逻辑思维、辩证思维和创造思维。思维具有一定的敏捷性、灵活性、深刻性、独创性、批判性。有好奇心、求知欲、崇尚真知，勇于探索创新，养成积极思考的习惯。"

在"总目标"中，涉及思维的内容有两条，分别是第六、七条。具体内容如下：

……

6. 积极观察、感知生活，发展联想和想象，激发创造潜能，丰富语言经验，培养语言知觉，提高语言表现力和创造力，提高形象思维能力。

7. 乐于探索，勤于思考，初步掌握比较、分析、概括、推理等思维方法，辩证地思考问题，有理有据、负责任地表达自己的观点，养成实

---

[1] 刘爱伦主编，《思维心理学》[M]，上海：上海教育出版社，2002年，第175—176页。

事求是、崇尚真知的态度。

中华人民共和国教育部,《义务教育语文课程标准（2022年版）》[M],北京：北京师范大学出版社,2022年,第5—6页。

与没有任何一种学科对改善学生智力特别有效[1]不同，不同学科对学生思维发展的影响明显不同。比如培根曾将数学喻为思维的体操，其根源就在于"数学是研究数量关系和空间形式的科学"，核心是"基于抽象结构，通过对研究对象的符号运算、形式推理、模型构建等，形成数学的结论和方法，……帮助人们认识、理解和表达现实世界的本质、关系和规律"[2]，因此数学被认为在培养学生抽象逻辑思维方面具有不可替代的作用。据此，有学者认为，精通数学的学生"可以利用所学知识自如地做一些假设和近似，以便将复杂的问题情境简化"，然后通过"从现实问题中识别重要的数量，并把它们之间的关系利用图表、二维表格、图形、流程图及公式等工具表达出来"[3]。这也就意味着，如果学生在受教育过程中获得了扎实的数学思维，就会帮助他们理解现实工作和日常生活中各种问题及其因果关系，并因此而具备更好的观察、理解和解决问题的能力。但与人的生物性成长一样，人类的认知思维发展在生命历程中也有关键发展期问题，即在经历了青少年期的快速发展之后，在20—25岁之间发展速度会慢下来，以后则渐趋稳定，直到50岁左右开始缓慢下降。其中支持个体持续进行质疑假设、推断、联想的反思性思维通常就是出现在20—25岁之间，"尽管每一个成年人都具备成为反思性思考者的潜

---

[1] 皮连生主编,《教育心理学》[M],上海：上海教育出版社,2011年,第229页。
[2] 中华人民共和国教育部,《义务教育数学课程标准（2022年版）》[M],北京：北京师范大学出版社,2022年,第1页。
[3] G. Kaiser, "The Teaching and Learning of Mathematical Modeling"[A],见蔡金法主编,《数学教育研究手册（第2册）》[M],北京：人民教育出版社,2020年,第58页。

能，但只有少数人能够将这种能力发展到极致，而能够一直运用这种能力解决各种问题的人就更少了"[1]，而大学教育有助于反思性思维的发展。表3-1也证实了这一点，即反思性思维或者高阶思维不会自动出现，一定是特别教育或解决复杂问题经历的结果。

但现实中也常常发现，学生式的认知思维方式不一定能够有效解决成人所面临的思维问题。心理学家从成人与学生认知思维条件的不同解释了这个问题，即现实中成年人需要承担的现实责任，让他们学会了针对特定情境的"专门性、具体实用性和保护社会系统的稳定性"的思维方式，把可能对角色行为构成威胁的具体问题以角色和责任的方式，促使成年人选择现实的而非抽象的思维方式。[2] 正如心理学研究所认为的，"逻辑给了我们一个精确的准则，依靠它，我们能够验证结论的正确与否，或者评价推理出的理论是否前后一致"[3]。从这个意义上说，学校教育中的思维训练与成年人的思维模式虽不完全一致，但通过教育，个体能够获得有效思维的基本框架。另外，由于思维过程高度依赖语言、符号或动作表征，"如果不能运用高度复杂的信号系统，就不一定能获得并巩固更高的技能"[4]。因此，以各种有目的、有计划、有组织的正式和非正式活动，帮助学生获得更多直接和间接经验、具备更多分析和解决问题的能力技巧，是现代学校教育帮助学生，最终能够以"一种相对成熟或理性的思维来认知对待事物"，逐渐"形成一种相对完善或理性的自我意识思维"[5]的重要基础。

---

1 [美]黛安娜·帕帕拉、萨莉·奥尔茨、露丝·费尔德曼著，李西营等译，《发展心理学（下）》[M]，北京：人民邮电出版社，2013年，第23—24页。
2 林崇德，《发展心理学》[M]，杭州：浙江教育出版社，2002年，第435—436页。
3 [英]罗伯特·汤姆生著，许卓松译，《思维心理学》[M]，北京：五洲出版社，1985年，第37—38页。
4 [英]罗伯特·汤姆生著，许卓松译，《思维心理学》[M]，北京：五洲出版社，1985年，第172页。
5 教育，百度百科[OL]，https://baike.baidu.com/item/%E6%95%99%E8%82%B2/143397?fr=aladdin。

二、教育对个体问题解决能力的影响

人类自诞生之日起，就必须面对各种各样的问题。问题的大小、类型、来源及性质等等千差万别，每个人对待问题的态度、方式、解决的办法等等也会有所不同，个体从解决问题中获得的经验感受等也有差别。正是在不断的问题解决过程中，个体逐渐形成了具有个人特征的问题解决策略和相对稳定的问题解决能力。根据心理学的相关研究成果，问题解决是思维的一种形式，它"由一定的问题情境引起，经过一系列具有目标指向性的认知操作，使问题得到解决的过程"[1]。值得注意的是，要成为心理学意义上的"问题"，需要满足一定条件，即"如果我们在回答一个问题或者实现某个目标的时候需要克服一些障碍，此时我们便卷入了问题解决。如果我们能很快地从记忆中提取答案，那么我们面临的并不是问题。只有当我们不能提取出直接的答案时，才能称之为需要解决的问题"。与此同时，斯滕伯格提出了"七步骤"问题解决周期理论，即"问题的确定、问题的定义、策略的形成、信息的组织、资源分配、监控和评估"[2]。还有学者提出"五步骤"问题解决周期理论，即把解决问题的过程分解为表征问题、搜集事实、抓住主要事实、提出设想和决策。[3] 不论是问题解决七步骤理论还是五步骤理论，都表明问题解决是对个体认知思维能力的全面检验，从发现问题到解决问题，个体不仅需要有一定的感知觉能力，还必须能够有效提取问题信息、明确问题解决条件及其现实限制（如问题所处的环境、资源状况等）；同时还需要个体能够有效调动相关思维介入，最后提出问题方案。在整个问题解决过程中，个

---

1 林崇德、杨治良、黄希庭主编，《心理学大辞典》[M]，上海：上海教育出版社，2004年，第1314页。
2 [美]斯滕伯格著，杨炳钧等译，《认知心理学》[M]，北京：中国轻工业出版社，2006年，第289页。
3 邵志芳，《思维心理学》[M]，上海：华东师范大学出版社，2007年，第189—192页。

体已有的相关知识技能不仅会影响到个体对问题的理解和把握,其思维方式及能力高低,也会影响到问题解决与否、质量高低以及速度快慢等问题。

※ 案例3-4 "专家"与"新手":区别在哪?

德格鲁特在20世纪40年代做了两个经典实验。在第一个实验中,他在棋盘上用22个国际象棋棋子摆出残局,之后要求不同水平的棋手(从没有经验的业余爱好者到国际象棋大师)迅速看一眼棋盘,持续时间为2—15秒,然后要求他们马上说出每个棋子摆放的位置。结果发现,特级大师可以100%还原棋子位置,大师可以还原95%,专家可以还原73%,而一般棋手则只能还原41%,业余爱好者几乎说不出来几个棋子当初摆放的位置。随后,德格鲁特又进行了第二个实验,他把棋子随机地、毫无规则地摆放在棋盘上,然后呈现给被试,要求他们还原。结果发现:那些国际象棋大师拥有的优势好像消失了,他们对这个毫无规则的残局的复盘结果和新手几乎没有什么差别。

郑旭东、王美倩、吴秀圆,《学习科学:百年回顾与前瞻》[M],北京:科学出版社,2020年,第65—66页。

案例3-4中不同级别的专家与新手在棋子复盘准确性方面的差别,主要来自不同级别专家与新手在相关领域的知识储备量、知识组织("图式"[1])和使用方式的不同。没有专家是先天生成的,即使遗传禀赋能够部分解释某些专家在某些专业技能方面的部分差异,但丰富的专业知识和

---

1 图式是人脑对事物或事件一般特征的概括,贮存于人脑的长时记忆中。现代心理学认为,人之所以能识别某种事物或事件,是因为通过学习和长期的经验积累,人脑中贮存了该事物或事件的图式。参见皮连生主编,《教育心理学》[M],上海:上海教育出版社,2011年,第146页。

对相关工作的长期投入,才是造就专家的可靠途径。例如案例3-4中不同级别的专家,他们能够通过快速将当前的对弈棋盘与大脑中已有的图式资源进行对比分析,据此判断并记忆棋盘中棋子的位置。在这个过程中,由于不同级别专家所拥有的图式资源数量不同、匹配当前棋盘与已有图式资源的速度不同,导致他们判断当前棋盘意义的速度就会有差别,从而影响他们复盘的准确度。第一个实验中的所有专家,都不是靠记忆来复盘,而是从他们快速浏览棋盘开始,就已经启动了将他们已有的知识经验自动纳入棋盘再现的任务中。从这个意义上说,这个实验中的专家不是在复盘,而是将对弈棋盘进行意义辨析和结构重现。而新手则只是在记忆棋盘,所以他们的复盘水平本质上反映的只是他们的记忆力水平。正是由于不同级别专家所拥有的知识经验量以及知识技能的组合方式不同,导致了他们对当前情境的意义辨析程度和结构重现会出现明显差异。

实际上,已有的知识经验会影响个体对问题的感知,在心理学研究中得到了证实。有研究发现,"在被试有机会写下对一件观察到的事件、一种特定的颜色或一张特定的脸的描绘后,事实上回忆的准确性就下降了",特别是"当允许被试有时间来反应时,他们的表现比起迫使他们快速反应时会更不准确,也即如果有时间来思考他们的答案,被试会更倾向于根据他们已经说过或写过的内容来做出反应,而不是根据他们亲眼所看到的来反应"。[1] 因此,即便是快速记忆重现,个体所回忆的都已经不是事件本身,而是个体在"看见""感受"事件的同时,加入了个人对事件的概念化理解和合理性解释,这也就会出现即使是面对同一件事情,每个参与者都会形成自己的对相关事件的记忆,从而使得不同人的回忆可能会有各种或大或小的差别。从这个意义上说,"眼见"不一定是实。另外值得注意的是,案例3-4中专家和新手对无意义棋子位置的复盘,显示了面对无意

---

[1] [美]斯滕伯格著,杨炳钧等译,《认知心理学》[M],北京:中国轻工业出版社,2006年,第260页。

义棋盘的问题情境,即使是专家也无法使之与自己已有的知识图式建立联结,专家的知识经验和专业技能在此情境下缺少迁移转化基础,从而导致他们只能与新手一样,单纯地依靠观察和记忆复盘。在这个过程中,专家没有表现出比新手更高的能力水平。据此可以认为,专家作用的发挥需要适当的条件;另外,专家比新手高明之处,在于专家所拥有的丰富的知识经验。通过教育,现代人不仅有机会学习和掌握人类已经发现、积累和总结的知识经验,同时还可以通过语言、文字、符号、公式等,促进个体知识经验的概念化和结构化、促进个体技能的提高。

在面对实际问题时,所有个体都会在自觉或不自觉的状况下,将已有知识经验纳入对当前问题性质和类型的判断中,从而影响个体对问题的认知和解决方向及解决策略的选择。在斯滕伯格的问题解决周期中,"问题的确定"和"问题的定义"处于问题解决七个步骤中的第一、二步。问题的确定和定义,实际上是对问题性质和类型的判断,它直接影响后续相关信息的调取和对策略的选择。有观察发现,面对新问题,专家相比新手会花相对更多的时间用来表征问题,比如有研究发现专家将"解题时间的1/4用于表征问题",而新手"仅用解题时间的1%表征问题"。[1] 表征问题的过程就是对问题类型和问题性质的判断,并就此确定问题解决的起点和目标。其后的信息梳理和问题解决策略、方法的选择、资源分配以及评估监控等步骤,都是在个体已有知识经验和专业技能的支持下运行。

※ 案例3-5 知道重要,但不会学

故事主人公是我初中的同班同学Y,他是我们班的体育委员,组织能力较强,因为学习成绩不是很好,高中去学了艺术,读了美术高中,毕业后就帮助打理父亲的家族车用润滑油企业。

---

[1] 皮连生主编,《教育心理学》[M],上海:上海教育出版社,2011年,第153页。

上次与他交流是过年期间，Y请我去他家吃饭，与我讲述他负责的销售业务的不容易，开拓新的客户非常的困难，维持原有客户也是很难的，因为石油是不可再生资源，价格在逐渐上涨，你的竞争对手总会采用价格战，抢夺占领市场。维护客户关系需要陪客户喝酒、送礼物，很是辛苦。在这种社会的磨砺中，Y锻炼了自己的交际能力。

……在Y的印象中，上大学等于自由，没人管，下课就可以玩了，所以觉得大学生活非常轻松幸福，同时对自己没有上大学表示遗憾。但对于大学生活过于轻松的理解偏差可能与一些网络上的言论——"上大学就解放了"有关。

Y觉得自己对于新技术、新知识的接受度较差，对于网络销售的不了解限制了家族企业的发展。他自己也意识到了，自己不想要去接受新事物，不想去学习，虽然他知道网络销路打开后可能会使销售量激增，但对于网络销售，可能是和自己没有接受大学教育有关，另外可能与家庭也有关，他的父母都没有读过大学，也认为读大学可能用处不大，不如早点"下社会"干活，帮忙打理公司积累些经验。

访谈时间：2021年11月

在案例3-5中，Y对于自己和家族企业面临的现实问题有三个认识：一是市场维护难度大，新客户不易开发，老客户难以维持；二是同行竞争激烈，以打价格战为主；三是网络销售模式有好处，但自己没用。对如何去解决问题，Y目前采取的策略是继续沿用"喝酒""送礼"等传统套路，虽然辛苦但自己比较擅长；出于对自己"新知识接受度较差"的认知，从主观上判定自己"不想要去接受新事物"，因而也就没有去学习接受的动机意愿。根据案例3-5的描述，可以认为Y还没有为其家族企业找到解决问题的办法。斯滕伯格把有明确解决方案的问题称为结构良

好问题、没有明确解决方案的问题称结构不良问题，他认为"现实生活的问题中，这两种类别可能代表的是问题解决这个连续体的两端，而不是两个具有明确分界线的离散类别"[1]。Y的家族企业所面临的是一个介于结构良好与不良之间的问题。销售是一个在市场经济社会中的普遍行为，销售的类型、模式、方法、策略等既很成熟，又无定法。进入现代社会以来，随着市场经济的日渐发达，市场销售也逐渐从自由发展模型转向专业化发展模式，其规模和水平往往对企业的生存发展至关重要。在此背景下，销售人员所拥有的相关专业知识和技能水平，就成为衡量其专业化水平的必要条件。当然，即使在市场经济相对发达的现代，销售行业的入职门槛相对较低，市场中有大量主要靠个人先天素质和经验、模仿别人经验等方式支持的非专业化的销售人员和企业。通常来说，缺少专业化销售人员的企业一般市场规模较小，抗击市场风险的能力相对较差；非专业化的销售人员则一般处在销售低端，属于企业销售模式或策略的执行者。案例3-5中的Y，是家族企业的参与者，但由于他缺少相关专业学习和技能训练（美术高中，没有读大学），属于传统的经验性销售人员。因此，尽管他承担市场开发和维护的责任，但由于对现代企业发展相关知识的欠缺，制约了他理性看待家族企业长远发展这个问题的能力。"问题解决的最终结果是出现新的思维产品"，当个体及其团队所拥有的"知识、技能的优化组合不足以生成新的规则时，还要学习新的知识、技能"。[2] 但这一点在Y及其家族企业来说无疑是欠缺的，未来也可能会是致命的。

从案例3-5中还可以发现，"我"认为Y不去学习、不接受新事物的原因是他没有上大学。从教育与个体思维发展关系的中去分析，接受大

---

1 [美]斯滕伯格著，杨炳钧等译，《认知心理学》[M]，北京：中国轻工业出版社，2006年，第291页。
2 皮连生主编，《教育心理学》[M]，上海：上海教育出版社，2011年，第156页。

学教育时正是个体反思性思维的形成阶段,通过"(1)课程,提供新的观点和思维方式;(2)其他同学,挑战长久持有的观点和价值观;(3)学生文化,不同于大的社会文化;(4)全体教职工,提供新的角色榜样"[1],个体在大学期间具有更多从学习知识和模仿学习周围长辈及同辈的机会。相比之前的基础教育阶段,这一时期的个体具有更大的学习和生活自主性,并且伴随着各种成年社会角色的日渐临近以及自主性社会交往的增加,他们能够更好地"思考原因不确定性的事件、评定信息的可靠性和解决逻辑问题"[2]。知识经验的增加和对现实问题态度的转变,使他们越来越倾向于"采取折中的办法解决问题",包括能够顺利地在抽象推理和现实世界之间来回转换,接受解决问题的方法可能不止一种,以及理性看待问题解决过程中不可避免地会有某种程度的冲突与代价等。[3] 正如"人是在思维中学会思维的",但"进行思维本身不能自然而然地提高思维能力"[4] 一样,个体的问题解决能力也需要在问题解决过程中得到提高,而且这种能力的提高也不是一个自然而然的结果,同样需要一定的知识经验基础以及有针对性的指导帮助。

※ 案例3-6 "最近发展区"

两个8岁男孩在传统的智力测验上得分相当,表明他们目前处于同一水平。但是当给他们呈现一些难题以致他们不能独立解决时,分别给他们一些小小的帮助,他们的差异就表现出来。其中一个男孩得分达到了9岁的水平,而另一个达到了12岁的水平……维果茨基把儿童独立所能达到的解决问题的水平与经他人指导帮助后所能达到的潜在发展水平之间

---

1 [美]黛安娜·帕帕拉、萨莉·奥尔茨、露丝·费尔德曼著,李西营等译,《发展心理学(下)》[M],北京:人民邮电出版社,2013年,第39页。
2 刘爱伦主编,《思维心理学》[M],上海:上海教育出版社,2002年,第176页。
3 李晓东主编,《发展心理学》[M],北京:北京大学出版社,2013年,第200页。
4 邵志芳,《思维心理学》[M],上海:华东师范大学出版社,2007年,第187页。

的距离称为"最近发展区"。

李晓东主编,《发展心理学》[M],北京:北京大学出版社,2013年,第41页。

维果茨基的"最近发展区"在现代教育学中具有非常重要的意义,这一理论不仅适用于儿童,也同样适用于成年人,其要义有两点:一是个体所要解决的问题需要处于"最近发展区"范围内,过易或过难都不利于学生的发展;二是在解决处于"最近发展区"的问题时,个体需要得到恰当的指导帮助,然后个体的发展会较之前有明显的跃升。确定个体"最近发展区"的标准是"高于主体原有水平,经过他们主体努力后又能达到的要求"[1]。我们曾经对1945—2008年间诺贝尔物理、化学、生理学/医学、经济学奖的400多位获奖者进行回溯研究,发现从获得最高学位(通常是博士)到被评上教授或相当职务的这段时间里,正是个体创造力最旺盛的时期,其中有超过1/3的获奖者集中在全世界的11所大学或研究机构中。[2] 这种高层次人才高度聚集的情况说明,这些大学或研究机构存在有利于激发高层次人才产出高水平成果的环境条件,其中,临近区域(包括人员临近、学科临近和物理空间临近等)的高层次人才汇聚,使得高水平专家之间的交流、指点及观点碰撞更为丰富,这对丰富高层次科学家感知问题的角度、思考问题的深度,以及借力解决问题的广度和灵活性等方面,无疑提供了非常有利的条件,这也印证了心理学家所说的,"不论杰出的人怎样具有天赋,在工作中也需要经过训练和其他有益的帮助"[3]。但如同大师级棋手对随意摆放的棋子无法记忆一样,环境的

---

[1] 林崇德,《发展心理学》[M],杭州:浙江教育出版社,2002年,第113页。
[2] 刘少雪主编,《面向创新型国家建设的科技领军人才成长研究》[M],北京:中国人民大学出版社,2009年,第11页。
[3] [英]罗伯特·汤姆生著,许卓松译,《思维心理学》[M],北京:五洲出版社,1985年,第191页。

有效刺激需要与专家个体已有的知识图式之间产生有效联结才可能产生效果。

与科学问题不同，成人世界的多数现实问题通常是结构不良问题，并没有明确的或唯一的答案。个体对现实问题的理解和表征、对相关信息的了解把握，以及个体当时所处的环境及健康状况等多种因素，都会影响个体的问题解决策略和方案选择，并最终影响问题解决结果。一般来说，现实世界中的个体解决问题策略可以归结为两个极端类型——模仿策略和创新策略，绝大多数问题的解决策略是在两个极端之间，差别主要在于对两种策略的采纳程度及模仿—创新二者在运用过程中的联结水平。

※ 案例3-7　跌落的包工头

那几年，哥哥、嫂子一直跟着四姐、四姐夫在北京工地打工，四姐夫是一个包工头，从老家找了很多青壮年劳动力，互相之间都很信任。

……

（后来由于上家单位拖欠姐夫承包工程的款项，导致）大量的工程欠款无法到位，直接摧毁了姐夫多年累积的家底，不但导致哥哥、嫂子跟随他们打工多年的工资不翼而飞，而且因为拖欠工人工资，欠下大量无法逃避的债务，最困难的时候，甚至找我们借钱。几年以来，这是姐夫第一次向我们开口，但当时我确实不愿借钱。一则，手头并没有多余的闲钱等着帮助他们，二则，也因为他们拖欠了哥哥、嫂子将近十万块钱的血汗钱，对他们心生嫌隙，总感觉他们没有保障亲人最基本的利益。尽管四姐当时承诺几个月以后还钱，但我知道，还不还钱不是她的主观愿望说了算，事实也是如此，此后几年，四姐一家的经济状况没有任何好转，她甚至几年都不敢回家，害怕村里那些曾经跟随姐夫打工的乡亲讨要工钱。2015年，我在北京访学，曾经和丈夫去看过四姐一家。他们居住在北京一个极其混乱的城中村里，为躲避别人逼债，几年来他们和外界断绝任何联系,四姐夫更是几年都不敢回家,一家人的生活全靠四姐在咖啡厅洗碗、两个女儿当导游来支付。

黄灯,《返乡笔记:一个农村儿媳眼中的乡村图景》[OL],https://mp.weixin.qq.com/s/o71CLsoMCLihlhMPB0O1NQ。

在一段时间内,如案例3-7中"姐夫"一样跌落的包工头时有耳闻,他们大多从农民工起步,在经历了一段时间的经验、人脉和资金积累后,自己做起包工头。当时全国大多数包工头在创业模式、业务内容、发展历程等等方面几乎都是一样的,像"姐夫"这样因为被拖欠工钱而彻底破产的也不在少数;甚至就连跌落后的遭遇也几乎是一样的。有针对农民工的研究发现,受教育程度不高的农民工,虽然从就业的角度看已经从农村走进城市,但他们在城市务工的经验,并没有自动帮助他们提高思考超出经验范围问题的能力,做事仍然是主要依靠经验和模仿;即使做了老板,也因为系统思维差而没有办法设立企业风险预防机制,一旦企业发展遇到风险,较易产生情绪、思维、语言、行为等方面的失格、失范,甚至因为钻牛角尖,最后导致企业、人情和生活全部破产。[1] 归根到底,模仿周围人的策略,帮助这些农民工从打工者变身为"老板",但因为"现学现卖"的"老板"做派终究缺乏足够的知识、经验、能力以及人员储备等方面的准备,致使真正遇到重大风险和问题时,并没有足够的抵御风险的心理、技术及资金能力,倒闭在某种程度上也就成为一种宿命。

三、教育对个体学习能力的影响

学习能力是个体从事学习活动所需具备的心理特征,是个体顺利完成学习活动的各种能力的组合,包括感知观察能力、记忆能力、阅读能力、

---

[1] 周化明,《中国农民工职业发展问题研究》[D],湖南农业大学,2012年。

解决问题的能力等。在日常生活、学习和工作中，个体的学习能力主要表现为"能够学习什么、什么时候学习，以及如何学习。具体包括可以记录和贮存的经验种类，可以习得的行为模式种类，可以形成的刺激与反应的联系，保持经验的效应、忘记联系及代之以新联系的能力，可以在任何时候储存已经学习过的信息等"。学习能力主要涉及"感知觉能力、运动能力以及输入与输出之间的干预过程和程序"，在个体一生中都会变化。[1] 个体学习的成果，一是获得现成的知识，包括了解前人发现并得到验证的事实、公理和规律等；二是获得知识的方法和技巧，包括认识已知和发现未知世界的方法和手段。知识是构成个体智慧的根本要素，学习能力是个体不断认识和了解世界及人类自身的重要保障。可以说，个体拥有的知识和学习能力的水平，会直接关系到其理性生存和发展的程度，也正是从这个意义上说，没有知识的人，在现代社会会显得更加的无依无靠，特别是当个体置身于其完全不了解的环境时，这种茫然无措的感觉更加明显。

处于现代社会，教育是个体获得知识、提高学习能力的最重要场所，不同的学校层次，会确定不同的知识传授和学习能力目标，学习者的任务就是在学校的组织管理之下实现学习目标。比如教育部在《义务教育课程方案（2022年版）》中提出，在义务教育阶段，课程教育的目标之一就是促使学生"初步掌握适应现代化社会所需要的知识和技能，具有学会学习的能力"[2]；随着教育层次的提高，对学生的知识掌握水平和学习能力要求也会相应提高，如《高等教育法》中对不同层次的高等学历教育学业标准是这样要求的："专科教育应当使学生掌握本专业必备的基础理论、专门知识，具有从事本专业实际工作的基本技能和初步能力；本科

---

[1] 林崇德、杨治良、黄希庭主编，《心理学大辞典》[M]，上海：上海教育出版社，2004年，第1486—1487页。

[2] 中华人民共和国教育部，《义务教育课程方案（2022年版）》[M]，北京：北京师范大学出版社，2022年，第2页。

教育应当使学生比较系统地掌握本学科、专业必需的基础理论、基本知识，掌握本专业必要的基本技能、方法和相关知识，具有从事本专业实际工作和研究工作的初步能力。"[1] 到研究生阶段，则是在掌握更多学科理论知识的基础上，具有科学研究——亦即发现知识的能力。随着知识积累水平和学习能力的提高，个体逐渐从完全的知识获得者成长为某个专业或者领域内的专门人才、专家——"对某种学术、技艺有特长"[2] 的人。个体对某个专业领域的知识越多，越容易对专业领域内的知识进行更细致的分类和更深入的把握，也能较普通人更有效地吸收和理解专业领域内的新知识，对专业发展趋势包括发现相关知识领域内的漏洞、缺陷和不足等也会更敏感，更容易补充、发现和推进新知识的产生；反之，个体对专业领域的知识越少，越容易形成知识壁垒，也越容易促使对相关专业知识领域形成刻板印象。[3] 美国学者安妮特·拉鲁在研究中发现，由于不能完全理解专业人员喜欢用的术语，知识水平较低的"工人阶级和贫困家庭的家长对学校的工作人员通常都是恭顺的"，他们通常会"默默接受教师和医务人员等专业人士的声明"，并"把众多的权威人士不加区分地融合成一个群体"；与其相反，中产阶级家长则因为具备较高的受教育程度，曾经的学习经历一方面使他们"对儿童教养标准的变化更为敏感"，另一方面由较高受教育程度带来的职业及社会地位，使他们感觉自己在专业水平及受教育层次等方面至少与学校教师平级甚至还高，也"给了他们批评教育工作者和干预学校事务的信心"。[4] 因此，两类不同社会层次的学生家长介入子女学习和学校事务的态度有明显差别。

---

1 《中华人民共和国高等教育法》（2018年第二次修订）[OL]，http://www.npc.gov.cn/npc/c30834/201901/9df07167324c4a34bf6c44700fafa753.shtml。
2 辞海编辑委员会编，《辞海（缩印本）》[M]，上海：上海辞书出版社，1980年，第29页。
3 [美] 戴维·迈尔斯著，侯玉波等译，《社会心理学（第11版）》[M]，北京：人民邮电出版社，2016年，第330页。
4 [美] 安妮特·拉鲁著，张旭译，《不平等的童年》[M]，北京：北京大学出版社，2010年，第197—217页。

※ 案例3-8　高中毕业的游戏主播

故事的主人公是我认识的一个同龄朋友，由于家庭背景较好，在读完高中之后曾前往美国大学读书，但由于不适应、对学习不感兴趣等原因，生活了四个月后选择退学，此后没有其他的受教育经历……

最开始他受限于学历的要求，很难找到让他满意的工作……后来，得益于他的社交能力以及相貌较好，加上对电子游戏非常感兴趣且比较擅长，最先在某平台上开设账号成为一名游戏主播，还会带一些游戏新手入门或提升层次，久而久之聚集了人气，现在已经成为他的正式工作，经常还会参与到线下的解说比赛、业余游戏竞赛等活动，月收入甚至超过很多本科毕业的同学。

高等教育经历的缺乏的确局限了他职业领域的发展，很多常规意义上的专业性工作都无法从事。与他聊天的时候，关于大学的学习生活内容基本上他了解得不多，其他话题往往能够侃侃而谈……从他的经历来看，没有接受高等教育对社会生活能力的影响不大，从个人兴趣切入，找到了目前对他来说较为满意的工作。

访谈时间：2021年11月

案例3-8中的游戏主播对电子游戏非常感兴趣且比较擅长，使得他对游戏相关活动规则和发展趋势都有较好的意识，以至于能够从普通玩手转变为以游戏主播为职业的专业人员，并获得不菲的职业收入；而对大学教育的陌生（仅有四个月的体验），使这个社交能力比较强、在其他话题往往能够侃侃而谈的人，依然无法介入大学校园生活的话题。游戏主播对职业和话题选择性是人类社会中常见的普遍现象，人们总是倾向于表现他擅长的或者容易得到别人认可的知识技能或优势，而对自己不熟悉的事物保持某种程度的戒备或疏远。对于现代人来说，教育通常是

个体获得职业、收入、社会地位等方面优势或技能特长的重要基础，但由于人的神经生理的发育特征，个体生命发展历程中存在学习和教育的"发展敏感期"，一旦错过相应的敏感期，个体在某些方面的学习和发展极有可能终生无法弥补。[1]

随着现代科学技术的发展及普遍应用，个体接受学习和教育的机会不局限于正规的学校教育，终身学习的概念从20世纪60年代提出，到90年代时在世界范围内取得广泛共识。但终身学习的前提，是个体能够了解和理解自己当前的状态、希望通过学习所要达到的目标，以及为要达到目标所做的各方面准备等。研究发现，对于大多数人来说，是否接受足够的教育，所影响的不只是个体的知识占有量，更重要的是对其后续学习能力的影响。以智力发育情况为例，"在16岁以前是快速发展，其后减缓；到20岁左右达到智力发展顶峰，其后智力保持一段高原期"[2]。但个体的智力并不只是生理性的自然成熟，其发展程度与个体在智力发展关键期所接受的外界刺激密切相关。作为一种有目的、有组织、有计划的外界刺激，正规学校教育一定程度上能够"决定着智力的发展，这种决定作用既表现在智力发展的内容、水平和智力活动的特点上，也表现在智力发展的速度上"。比如，在语文学习中，个体"通过识字、阅读、作文"等，逐步"掌握书面语言，扩大知识范围"，在丰富知识经验的同时，也为他们的抽象逻辑思维发展"提供了物质基础"；而通过数学学习，受教育者不仅掌握了运算规则，更重要的是学会了面对问题时"如何去思考，如何发现事物的本质联系"；通过记忆公式、运用定理规则、解答问题等具体训练，发展了他们的记忆力、观察力、想象力，以及"概括能力、空间思维能力、命题（判断）能力和推理证明能力"等等。[3]

---

1 李晓东主编，《发展心理学》[M]，北京：北京大学出版社，2013年，第2页。
2 林崇德，《发展心理学》[M]，杭州：浙江教育出版社，2002年，第528页。
3 林崇德，《发展心理学》[M]，杭州：浙江教育出版社，2002年，第98、296—297页。

正是在各种有序组织的学习内容的连续刺激下，个体的知识量不断增加，智力水平也得到不断提高，对个人、社会及世界的看法也不断成熟。这种学习和教育的过程既有助于帮助个体确立人生目标，也为个体提供了追求实现人生目标所需要的能力、手段。但如果个体原有的知识和能力基础没有积累到一定程度，那么即使个体有终身学习的愿望，恐怕在现实中也很难落实。

※ 案例3-9　做什么"实际事情"都没有"想事情"那么辛苦！

（农民工老板）遇到决策等复杂事情，缺乏决策思考所需的知识技能，也怕困难麻烦，不愿动脑筋，不会求助于专家，只凭当时的感觉拍脑袋确定，有些会简单询问同质性朋友寻求信心肯定。农民工老板通常亲力亲为，凭直觉快速决策，有时甚至于还未全部听完部属的询问，决策命令已经发出。一旦发现出错，立即改变甚至立即将当前做法大反转。一名湘西雪峰山农民工老板说，"要我想这么多复杂的问题，太头疼也想不清，不如边做边想。或者您帮我想，要做成怎样具体怎样做我都不怕辛苦"。对于农民工来说，做什么"实际事情"都没有"想事情"那么辛苦。这是农民工所受逻辑理性思维训练太少之缘故，缺乏计划能力……农民工的经验感性式学习一般只能模仿到眼见为实的工艺操作等实物生产流程，普遍地对于管理体系之类虚的东西农民工都没有学会……看似尊重知识，实际只想得到点睛高招。

周化明，《中国农民工职业发展问题研究》[D]，湖南农业大学，2012年，第123—124页。

从案例3-9可以看出，企业老板的大部分决策都与经济利益及企业命运直接相关，通常需要认真筹划再决策，但这些文化程度不高的农民工老板,"只凭当时感觉拍脑袋确定",即使他们雇用了部分具有较高文化程度(比如接受高等教育)的雇员,但对于这些被雇用者所提供的管理顾问服务,在"突破老板的文化知识限制之前,效果就会不明显"。[1] 从这些农民工老板的经历中可以看出,他们不是不想学习,但他们的学习基础、学习能力和学习效益面临很大的现实局限性,以至于很多时候会让他们陷入习得性无助状态,于是直接放弃主动学习。另外有针对上海不同阶层群体喜欢的闲暇活动研究发现,专业技术人员、领导干部、办事员或职员等群体更喜欢看电影、看报纸杂志、看休闲类书籍、上公园、跳舞唱歌等娱乐,工人、农民、服务性人员及商业从业人员等群体更喜欢看电视、打牌、搓麻将等娱乐活动。[2] 由此也就能够解释,在现实社会生活中,越是文化教育水平高的人,自觉或不自觉地进行主动学习的比例越高,而且正是通过这种不间断的主动学习,越是拥有较高受教育程度的个体,越是容易接受新知识和新技能的挑战,从而使个体较易跟上社会发展、科技进步的潮流。因此可以说,青少年阶段的受教育经历,不仅是个体获得知识和技能的重要途径,同样也为其终身学习提供了重要的能力基础和习惯养成。

第二节 教育与非智力能力的关系

智力固然是个体认识和把握客观世界的基本能力,但心理学家在现实生活中也发现,非智力因素对个体学习、生活和工作的影响同样不可小觑。"对绝大部分人来说,其日常生活并不取决于清醒的意图和经过深思熟虑的选择,而是受内部心理过程的控制,它通过加工环境特征而起

---

[1] 周化明,《中国农民工职业发展问题研究》[D],湖南农业大学,2012年,第43页。
[2] 仇立平,《职业地位:社会分层的指示器——上海社会结构与社会分层研究》[J],《社会学研究》,2001(3):18—33。

作用,并且不受意识和指导的控制。"[1] 人的日常行为并非总是处在认知思维的理性控制之下,比如"焦虑或紧张、失望、气愤、满足、欣慰以及随失败或成功而异的反应!这种情绪因素能给解决问题的进展以很大的影响,并且左右最终的结果"[2]。心理学家将这种属于智力因素之外,但又会介入智力活动过程并与智力因素产生相互影响的一切心理因素称为非智力因素,"与智能活动有关的情感、意志、人格倾向性、气质、性格等因素"都属于非智力因素范畴,"非智力因素在智力活动中对智力的发展起动力作用、定型作用和补偿作用"。[3] 有了非智力因素的介入,人类的思维与行动便有了与计算机程序不同的情感意义。教育如何影响个体的非智力能力的发展,成为本节讨论的内容。

一、教育对个体情绪情感的影响

情绪情感都是指人的态度体验。具体来说,"情绪是有机体反映客观事物与主体需要之间的关系的态度体验",一般由某种外在或身体内在刺激引起,是一种主观性体验而不是对现实对象和现象本身的客观反映;同时情绪会唤起机体的生理变化,包括"内脏机能的变化、脑电和皮电活动的变化、外部表情的变化等",人"最基本的情绪表现是喜、怒、哀、惧"。[4] 情感在情绪的基础上形成,二者在广义上相通,彼此之间可以相互影响、相互交织;但二者之间又有差别:"与机体需要相联系的体验为情绪",人与动物皆有;"与社会需要相联系的体验是情感,是人所特有的";

---

1 [美]戴维·迈尔斯著,侯玉波等译,《社会心理学(第11版)》[M],北京:人民邮电出版社,2016年,第86页。
2 [英]罗伯特·汤姆生著,许卓松译,《思维心理学》[M],北京:五洲出版社,1985年,第44页。
3 林崇德、杨治良、黄希庭主编,《心理学大辞典》[M],上海:上海教育出版社,2004年,第466页。
4 林崇德、杨治良、黄希庭主编,《心理学大辞典》[M],上海:上海教育出版社,2004年,第945页。

情绪发生得快但稳定性低,情感形成得相对较慢但稳定性高;"西方心理学界对情绪和情感两概念一般不做严格区分,常交换使用"。[1] 本研究主要探讨教育与个体情绪情感形成间的关系,故亦不会对二者做严格的区分。

不论是即时产生的情绪,还是相对稳定的情感,个体对某事某物或某人的态度体验,可能会影响到个体的相关决策及实际行动。就像布迪厄所说,"理性是有限的,但不仅仅是因为可以得到的信息残缺不全;也不仅仅因为人类的思维从总体上说是有局限的——确实没办法对各种情境做出充分认识,行动紧迫时就更是如此;而且还因为,人类的思维是受社会限制的,是由社会加以组织、加以构建的"[2]。音乐、比赛及其他集体性活动是最为常见的情绪调动调节手段,比如刘道玉曾经有过这样一段读大学期间参加武汉抗洪的回忆,"7月22日拂晓,校广播台……以高频率播放歌曲《祖国颂》:'当祖国需要的时候……'只要一听到这歌词,我们个个浑身是劲,很快地起来、洗刷、用餐,按照军事编制和分配的任务,飞驰般地奔向了抗洪的工地"[3]。如果由某种事物或行为引发的某种情绪反复出现,或者某种情绪虽是偶然出现,但已引起个体较为深层、持久的情绪反应,就会形成更为稳定的情感。

※ 案例3-10 体罚教育的后遗症

父母供给我们读书殊为不易,所以我们都十分珍惜这来之不易的学习机会……但是,农村学习条件恶劣,再加之老学究的空泛死板的八股式的教学,总是引不起我们学习的兴趣。我们感到最困难的是背书,有时老先生特别挑剔,指定你从第几行背到第几行,或命你倒背如流。每

---

1 顾明远主编,《教育大辞典(增订合编本)》[M],上海:上海教育出版社,1998年,第1227页。
2 [法]皮埃尔·布迪厄、华康德著,李猛、李康译,《实践与反思:反思社会学导引》[M],北京:中央编译出版社,1998年,第170页。
3 刘道玉,《一个大学校长的自白》[M],武汉:长江文艺出版社,2005年,第30页。

逢遇到这种情况，我们都很紧张，有时两腿直打战，心里越发慌越是出错。私塾十分看重背书……凡是背不出或背诵出错者，都要受到惩罚，轻者罚站，重者用戒尺打手心，或用竹棍磕打脑袋瓜……体罚触痛的往往只是肌肤，伤害的却是心灵，起的作用是有限的而且是短暂的，随着疼痛的消失而把老师的训斥也抛到脑后了。体罚的一个负面效果，就是产生了师生之间的对立……我对体罚教育是痛恶的，正由于我在儿童时有皮肉之苦的经历，所以我在一生的教育生涯中，才大力倡导博爱教育，不遗余力地呼吁废除一切体罚或变相体罚的惩办主义的教育。

刘道玉，《一个大学校长的自白》[M]，武汉：长江文艺出版社，2005年，第6页。

在人的"喜怒哀惧"四种基本情绪情感体验中，"喜"属于积极情绪情感，另外三种则属于消极情绪情感；但情绪情感所引起的生理反应并不意味着会带来相同性质的行为表现，"乐极生悲""知耻而后勇"等等与情绪情感相反的行为表现及后果在现实中常有发生。个体为改变消极情绪情感状态下的不利处境而引发的积极行为，尤其值得关注。心理学家不仅认可了消极情绪情感的这种积极作用，而且还发现其在个体生命发展历程中的阶段性，即导致"消极情绪产生的各种情境可以激发人们解决问题的积极性。这种智力唤醒有助于意识的发展及与情感系统相关的行为模式即自我系统的形成。在25±3岁与35±3岁之间，消极情绪的这种作用尤为明显"[1]。

人生来具有形成情绪情感的机能基础，但个体真正的情绪情感形成是在后天环境与先天基础共同作用的结果。简单来说，现实生活中经常发

---

[1] 林崇德、杨治良、黄希庭主编，《心理学大辞典》[M]，上海：上海教育出版社，2004年，第945页。

现，不同的人对同一件事，既可能产生相似的反应，也可能会有完全对立的反应，还有可能出现介于两种反应之间的反应状态；就是同一个体，也会出现对同一类事情（比方朋友间的某个玩笑）有时候欣然接受，有时候勃然大怒的情况。这种情况的产生，通常既有个体对事件理性判断的影响，也有个体即时情绪情感状态的影响，还包括个体对个人情绪情感的控制能力等。"学校生活的最主要的学习是学会上学，学会在有规则和有目标的世界里生活。"[1] "学会上学"不仅意味着学生需要掌握知识及其获得知识的方法，还需要了解和接受学校生活中各种正式与非正式的学校及社会生活相关规则，通过情感上的认同与内化，再体现在个体的言行之中。布迪厄认为，学生入读学校，"与其说是人们加入到了同一种文化之中，还不如说是加入到了无法明言的行为方式和言谈举止之中——那是学校行话最典型的表达方式，其中浓缩了具体化了的价值观；那是语言的诡秘技巧，开玩笑时的习惯，形体的架势或者声调处理上的细微之处；那是笑时的样子，是与人交往，尤其是与同类人打交道的方式"[2]。

※ 案例3-11 从"有毒"班级到"优秀班集体"

刚开学不久，初一（1）班就成了这所新建学校里最令人头疼的"有毒"班级。开学不到三周，教务处已经收到三四个"刺头学生"的违纪记录，抽烟、打架、骑机车、夜不归宿是这些十三四岁孩子的生活常态。在课堂上，他们常常起哄，让那位声音细弱的语文老师下不来台。到后来，即使是校长进入班内巡视，响彻走廊的吵嚷声也有增无减。第一任班主任沙哑着嗓子维持了半年纪律，终于在压力之下病倒了。两个月后，

---

1 [美]罗伯特·凯根著，韦子木译，《发展的自我》[M]，杭州：浙江教育出版社，1999年，第191页。
2 [法]皮埃尔·布迪厄著，杨亚平译，《国家精英——名牌大学与群体精神》[M]，北京：商务印书馆，2018年，第130—131页。

本来身体就不太好的第二任班主任也在一个傍晚被送进了急诊室。到2019年3月,继任的班主任找到校长,要求离岗调整状态……到2019年升初二的那个暑假……班里有学生家长到学校去找校长协商,要求更换班主任,否则就要向教育局反映情况。

50岁的于洁成为第四任班主任。

……

2019年9月3日,到集善中学的第三天,于洁上了自己人生中最糟糕的一堂语文课……那节课,也让于洁再一次提醒自己,这是一个初一期末考试语文只有一半人拿到及格的班级。

纪律是首先要解决的问题。之前的三任班主任都在这里折戟……一两个胆子大的学生出言顶撞几次,班里的学生也就不拿老师当回事了,之后就只有携带戒尺、黑板擦,用更大的声响震慑学生,纪律管理变成了一场比谁声音大的游戏。

……

"班级纪律为什么曾经这么乱"的深层原因,是于洁花了更多时间才明白的。她仔细问询才知道,常年跟随父母在外,这些祖籍五湖四海的学生都曾辗转多所小学,他们童年时光的课堂都是在学生的吵嚷声中度过。而更重要的是,孩子们之所以这么执着地在课堂上喋喋不休,其实是因为孤独。

……

2021年10月,当我再次回到集善中学时,于洁执教的初三(1)班已经成为历史了。但他们留下了一些记录:2021年5月,初三(1)班得到了昆山市优秀班集体的奖状。两个月后,他们在中考里拿到了破纪录的好成绩,全班六成以上升入普通高中。

……

2021年中考结束后,校长问于洁有哪些经验可以推广,她提了三条在（1）班确证可行的经验：每天20分钟午睡、15分钟动画片和直到中考都没落下的体育课。每天中午，她请任课老师中午各让出10分钟，拼凑一个20分钟让学生趴在桌上小憩……（一个毕业生回忆说）那时的午觉是多么被旁边的班级羡慕，睡得多么香……这20分钟成了这些本不属于此地的少年短暂安稳内心的时光。

魏倩，《一位"班主任"的"放牛班"实验》[J]，《三联生活周刊》，2021（42）：80—88。

案例3-11中的少年们，从刚入学时对学校纪律和老师的无视和对抗，到毕业前获得县市级优秀班集体奖状、全班同学都可以在教室里安安稳稳睡个午觉，他们对学校、班级、老师、同学以及自己的学习和日常行为的态度都有了一个反差极大的转变。班主任老师的努力，包括了解他们的成长史、安稳他们因长期缺少关注而愈发躁动的内心等，无疑是促使他们实现转变的第一动力。在这个转变过程中，学生不仅学会了以恰当方式表达自己的情绪情感，而且如心理学家所认为的，情绪对包括学习在内的行为具有"催化"作用——"学习不是一个思维与解决问题的冷认知（cold cognition）过程，而是一个伴有情绪的热认知（hot cognition）过程"，"热认知"的特点就在于"情绪与学习的关系不是单一的，有时起促进作用，有时起抑制作用"。[1] 另外现代神经生理学还发现，情绪甚至在个体思维中几乎是一个"无处不在的维度，情绪的处理过程引导着行为、思考和学习的方向"，包括帮助学习者"在学习过程中设立目标。它们会告诉经历这些情绪的个体学习者何时继续工作，何时停止，何时处在解决问题的正确道路上，何时需要改变路线，哪些是应该记住的，哪些是不重要的。当人们对所学内容和技能怀有某种情感时，

---

[1] 皮连生主编，《教育心理学》[M]，上海：上海教育出版社，2011年，第290页。

他们更愿意努力学习；当他们所学习的内容和技能对他们的动机和未来目标有用且关系密切时，他们在情感上会更感兴趣"。[1] 因此，在"有毒"班级时，学生的情绪对学习起明显的抑制作用；而在优秀班集体时，情绪就成为对学习起促进作用的催化剂。正是由于情绪情感与个体学习、思维等的这种复杂交织关系，激发学生积极情绪情感的反应，对保持学生积极的学习行为具有重要作用。

因为情绪情感的介入，使包括成人在内的个体的所有言行不只是理性思维的结果；但情绪情感对个体言行介入或影响的程度，又不只是受情绪情感的影响，同时也受制于个体对情绪情感的认知和控制能力。

※ 案例3-12 兄弟俩截然不同的处事态度

三个月前复出的湖北巡抚曾国荃，与他的大哥截然不同。皇家刻薄寡恩的本性、功臣鲜有善终的历史教训，以及四哥反复讲述的白云观丑道人的恳切规劝，都不能使他大彻大悟。他依然是目空一切，我行我素……新湘军的失败使他愤懑，不久又传出彭毓橘（其表弟、湘军将领）被肢解、悬首示众的消息，更使他暴戾失常了。

这天上午，曾国藩在行营里忙着批阅文件。这几天的文件很使他不快……偏偏总兵宋庆又来函，说豫军近日在南阳获胜，已向皇上请赏。曾国藩……心里很不安，既为九弟（曾国荃）出师不利而焦虑，又为宋庆冒功请赏而激愤。他本想在宋庆信上狠狠地批几句退回去，又怕宋庆因此而生怨恨，误了河防大事，落笔时语气又变得和缓，批驳变成了询问。

唐浩明，《曾国藩·下》[M]，武汉：长江文艺出版社，2004年，第159、168页。

---

[1] [美]科拉·巴格利·马雷特等编著，裴新宁等译，《人是如何学习的——学习者、境脉与文化》[M]，上海：华东师范大学出版社，2021年，第30页。

案例3-12中，曾国藩兄弟二人对情绪情感的认知与控制力截然不同，弟弟曾国荃"我行我素"的本质，源于其"自小就不愿意按着大哥的指教把书本深究"，"从不善于做抽象的深远的哲理思考"[1]，很多时候特别是情绪激烈时会听凭情绪对理性的掌控；而曾国藩则坚持数十年如一日，每天都会对自己的言行进行反思自省，尽力以理性克制、对冲、消解情绪情感对决策、言行的影响。曾国藩的幕僚赵烈文在其日记中曾有这样的记载："师（指曾国藩）云……如沅甫（曾国荃）之攻金陵，幸而有成，皆归功于己。余尝言汝虽才能，亦须让一半与天。彼恒不谓然。"[2] 通过省思，曾国藩对湘军及个人的战绩功劳、世事走向的认识比其弟更加理性，也因此在遇到激愤之事时，兄弟二人会表现出不同的对待方式。曾国藩对个人及湘军的冷静克制之心态，甚至有悖于心理学家发现的一种普遍现象——"当我们感觉一个行为是有意为之并且值得赞赏的，就会将它归因为我们自己的优点，而忽略情境的作用。只有当我们表现得不好的时候，我们才更有可能将行为归因于外部情境"[3]。而这恰恰是其长期对个人意志磨炼的结果。

由内外部刺激引发的情绪情感，并不是完全自然的生理性反应，"即使人类最简单的情绪，在它产生和起作用的时候，都受人的社会生活方式、社会风俗和文化教养的影响和制约"[4]。个体对某事、物或人的情绪情感反应，是在已有知识经验基础上判断评估的结果，"其中认知因素在情绪、情感的产生中起关键性的作用"[5]。从这一点上说，教育对塑造个体的

---

1 唐浩明，《曾国藩·下》[M]，武汉：长江文艺出版社，2004年，第419页。
2 赵烈文，《能静居日记》，转引自唐浩明，《曾国藩·下》[M]，武汉：长江文艺出版社，2004年，第421页。
3 [美]戴维·迈尔斯著，侯玉波等译，《社会心理学（第11版）》[M]，北京：人民邮电出版社，2016年，第106—107页。
4 曹日昌主编，《普通心理学》[M]，北京：人民教育出版社，1987年，第343页。
5 曹日昌主编，《普通心理学》[M]，北京：人民教育出版社，1987年，第363页。

情绪情感同样具有不可忽视的影响。

二、教育对个体意志品质的影响

作为个体心理过程的一部分，意志品质也像情绪情感一样介入个体的言行之中。相比情绪情感由刺激引起，意志来自个体内部，是人与动物相比所特有的积极要求改变现实，"为了达到一定的目的，自觉地组织自己的行为，并与克服困难相联系的心理过程"[1]。需要注意的是，人每天都会做出有意识的行为，但只有需要克服困难才能执行或完成的行为，才需要意志的加入。意志主要指向个体行为的目的性、自觉性、独立性和坚持性，是人的意识能动性的集中体现。由于意志与目标期待直接关联，决定了意志对个体的行为既可能产生激发、促进、坚持等积极作用，也会对某些言行甚至动机产生抑制消减作用：对符合目标期待的行为，意志会起积极的促进加持作用；而对与目标期待不符的行为则会起抑制消减作用。正是基于这一点，有心理学家认为："生活中最了不起的成就，和最让人沮丧的挫折，都来自对自己高标准的预期。"[2]

※ 案例3-13 做诺贝尔式的发明家

在初中时，我读过诺贝尔的故事，对他产生了无限的崇拜。如果说那时的崇拜仅仅是一种情愫，那么到了大学以后，这种认识逐渐上升到理性认识的阶段，我决心向诺贝尔学习，将来要做一个诺贝尔式的发明家。

……

对科学发明，我既不迷信也不存在侥幸的心理。我深知，知识是智

---

1 黄希庭、郑涌，《心理学十五讲》[M]，北京：北京大学出版社，2014年，第66页。
2 [美] 戴维·迈尔斯著，侯玉波等译，《社会心理学（第11版）》[M]，北京：人民邮电出版社，2016年，第74页。

力的基础,没有牢固而又广博的知识,要从事发明创造是不可能的。同时,我也意识到,如果一味地死读书,而没有敢于质疑、敢于批判、敢于标新立异的精神,那也是不可能有所作为的。既然目标设定了,于是我就从思想、学习和生活各个方面严格要求自己,并以诺贝尔的伟大精神标尺,时时刻刻检验和校正自己的行为。

……

我作为学生第一次出远门,也是第一次到大连,但吸引我的并不是绮丽的风光和蔚蓝色的海洋,而是大连石油化学所的科学研究条件和丰富的图书资料。在四个半月的时间内,无论是平时或是星期日,我不是在实验室就是在图书馆里度过的,甚至连旅顺港我也没有去参观。

刘道玉,《一个大学校长的自白》[M],武汉:长江文艺出版社,2005年,第33、42页。

虽然意志的力量源自于个体的内部,受个体自己确立的目标期待所驱使,但对于人类社会中的每个个体来说,个人目标与期待的确立实际上并不是从个体内部自发产生的,而一定与个体所处的社会文化环境条件,特别是教育密不可分。以学生的学习为例,通常认为智力(以智商IQ来表示)与学生的学业成绩显著相关,但心理学家发现,随着学段的提高,学业成绩与IQ的相关水平在下降,"其相关系数在小学阶段为0.6—0.7,在中学阶段为0.5—0.6,在大学阶段为0.4—0.5"[1],这意味着学段越高,包括意志品质在内的非智力因素对学业成绩的影响越大。恰如案例3-12中,"我"虽然上初中时就有了对诺贝尔的崇拜,但只有在上大学之后,个体才能真正领会这种崇拜的意义,也才会真正将对诺贝尔的崇拜转化为自己现实的行为——"没有牢固而又广博的知识,要从事发

---

[1] 皮连生主编,《教育心理学》[M],上海:上海教育出版社,2011年,第271页。

明创造是不可能的","没有敢于质疑、敢于批判、敢于标新立异的精神,那也是不可能有所作为的"——并不断地从"思想、学习和生活各个方面严格要求自己",确保自己是在向着已经确立的人生目标努力。这种不断"检验和校正"个人行为的动机和能力,既是作为学生长期系统学习知识后所导引的认知结果,也是学习过程中接受和参与"群体舆论"监督调节的人格品质之表现。因此,学生的学习"不但具有社会性、目的性和系统性,而且从某种意义上讲,还更带有强制性"[1]。学段越低,外部强制性对学生的作用越明显;而随着知识累积水平和认知能力发展程度的不同,个体间的自我判断能力、自我管理和约束能力也呈现出"学生年龄越大,能力越分化"[2]的特点,并最终以学生的自我目标设定和自我管理能力表现出来。

※ 案例3-14 逆袭的女孩

阿洁是我的研究生同学(目前是某985大学博士生在读),在我看来,她是一个非常有韧劲、不服输的女孩子。她家中除了父母外,有姐妹四人,读研期间被学校认定为"特困"等级。在家中排行老二的她,一定程度上已经成为家里的"顶梁柱"之一,读研期间就已经是家里学历最高的人,通过高考和考研,一步步从乡村走进城市,从地方"211高校"考上部属"985高校",目前仍在不断努力的路上。

……

在学习上,她是属于积极上进的那类人,能争第一决不做第二,对待每科课程、每项任务都很认真,学业成绩维持在专业前几名;工作上责任感极强,人际交往也很活泼。她自称自己是一路逆袭上来的,自认为自己不是学霸型的学生,所以会很注意自己综合素质的发展,各项活

---

[1] 林崇德,《发展心理学》[M],杭州:浙江教育出版社,2002年,第296页。
[2] 皮连生主编,《教育心理学》[M],上海:上海教育出版社,2011年,第279页。

动都去尝试，虽然学业成绩不是最佳，但硬是凭着综合素质受到老师关注。大学学的是汉语国际教育，由于种种原因，未成功保研，便选择考研，由于英语成绩非常出色，还受到英语考研名师朱伟老师的邀请参加庆功宴。虽然因为专业成绩不出色被调剂，但阴差阳错被调剂到比较教育学专业，她当时完全不知道这个专业是干什么的，也完全不知道B大学这个专业非常厉害，只是觉得好歹有个学上。然而，研究生刚入学就受到"打击"，导师是俄语方向的，她完全不会俄语，同门又是一个本校保研上来学习俄语的同学（非常优秀）。一开始导师也没有很看好她，只是觉得她很努力。她确实很"拼"，特别想要获得导师的认可，偶尔有次让导师知道自己PPT做得特别好，便以此为契机，慢慢找到获得导师关注的方法，而后和导师的关系越来越融洽，她的努力也越来越多地获得导师的关注和认可。毕业时导师得知她父母来了，还跟她和父母一起合了影。她说，"我刚开学的时候其实很难，但不知道哪儿来的勇气，'信誓旦旦'让老师相信她（我）一定是匹黑马。后来，我真的做到了，在师门里从边缘慢慢往中心靠近，我一个跨专业的当时开题报告还得了优秀"。

访谈时间：2021年11月

可以看出，案例3-14中在从乡村女娃成长为一名博士生的过程中，"阿洁""能做第一决不做第二""有韧劲、不服输"的个人的意志品质发挥了很大作用。她认为自己不是天生的"学霸型"学生，但凭着一股拼劲和认真负责的态度，"阿洁"不断克服困难，从不知道所学的专业是干什么的到开题报告时得到优秀，从师门的边缘靠近中心，"阿洁"的目标很明确——成为导师的一匹"黑马"。阿洁的经历印证了心理学家的发现，即个体的行为会"受到三种普遍的、与生俱来的心理需求的强烈影

响：自主性（控制自身状态的冲动）、胜任力（体验掌控的冲动）和心理关联性（与他人互动、建立联系和关心他人的冲动）"[1]。这其中，因为与他人的互动，特别是渴望得到导师的认可、在同伴竞争中获得优势地位以及做家里的"顶梁柱"等，都促使她对自己有着强烈的成功欲求。另外，心理学的研究发现，同伴有可能解释个体间除基因和环境影响之外的40%—50%差异中的大部分。对于学生群体来说，同伴关系大多是由共同的教育场域（特别是局部微场域，如宿舍、班级、实验室等）促发的，年龄、性别、成长经历、性格爱好等因素，会对同伴关系的强度、黏合性产生影响。处于自尊的需要，个体为了获得同伴或内群体的认可，既有可能因为确立或强化自己的目标追求，也有可能修正或改变目标，甚至改变努力的方向。对于"阿洁"来说，不同时期的优秀同学是她成长过程中的重要"同伴"——为了争第一，她需要不断地努力超越周围的同伴。在刘道玉的回忆中，同样有一群优秀的同伴对他的成长起正向促进作用："20世纪50年代的大学生，是一代热血青年，每个人都有远大的理想，那时的大学简直就像是一座'梦想剧场'，只要你进入这个'剧场'，你就不能不产生梦幻。就拿我所在的化学系53级来说，绝大多数同学都有着美好的梦想：有的要当百科全书式的科学家诺蒙洛索夫，有的要当牛顿，有的要当爱因斯坦，有的女同学要当居里夫人，而我却执意要当诺贝尔式的发明家。"[2] 同伴间的相似性、竞争性、互补性，促成了他们之间的相互学习、模仿、感染、督促，甚至自省，并最终化这种外部驱动力为个体的意志力。

相比家庭、职业等其他场域，对于绝大多数普通人来说，学校对个人意志品质的形成与磨炼具有更加明显的影响。在接受学校教育的过程

---

[1] [美]科拉·巴格利·马雷特等编著，裴新宁等译，《人是如何学习的——学习者、境脉与文化》[M]，上海：华东师范大学出版社，2021年，第117页。
[2] 刘道玉，《一个大学校长的自白》[M]，武汉：长江文艺出版社，2005年，第33页。

中，学生并不能仅按照个人兴趣或需求选择课程学习或其他课内外活动，有时候他们不得不学习或参加一些自己特别不喜欢或不擅长的课程学习或课内外活动，有时候也不得不暂时将注意力从最喜欢的课程或活动中拉回来；甚至有时候还不得不接受最喜欢的老师、同伴的离开或接受不喜欢的老师、同伴等。在这种情绪情感反复转换的过程中，学生必须学会克制内心情绪，在理性支持下形成个体意志，接受并适应学习及学校生活中的各种喜欢或不喜欢。正是在这个意义上，雇主以个体的受教育程度作为选聘雇员的标准之一——"如果某人用'正确态度'对待学校和学校权威，那么他也会用'正确态度'对待雇主和工作"[1]——本质上也是一种理性选择。

※ 案例3-15　换了跑道的人生赢家

阿玉哥是四姑的大儿子，已经35岁了，是三个女孩、一个男孩的父亲，也是我们同辈里的"人生赢家"。阿玉哥从小脑子灵，数学好，被当兵的四姑丈管教得非常自律……他10岁（时），已经能按时按点起床做家务，自己规定学习任务，自己测评。我至今还留有一本他赠我的奥数书，扉页上写着："如果假期漫无止境，假期也就没有意义。"大家都以为，他会是家族里第一个高学历、大学生，毕业后有一份农村人需要的光宗耀祖的体制内工作。谁知道，19岁那年，他高中没能顺利毕业，具体原因至今是个谜。此后，便跟随家里做猪肉生意。我再次见他时，在四姑的档口上，他光着膀子搭着围裙，头顶的风扇呼呼转却吹不动油腻成条的头发。一刀砍下，噔噔几声，排好装袋，好不利索。没过几年，娶了嫂子，夫妻单干，没多久，就听说他在深圳买了两百平方米的房子……

---

[1] [英]保罗·威利斯著，秘舒、凌旻华译，《学做工——工人阶级子弟为何继承父业》[M]，南京：译林出版社，2013年，第90页。

做了父亲后,他(阿玉哥)沉默了很多,烟瘾也大了很多……他的脾气也愈发暴躁,孩子的一点打闹都让他骂骂咧咧,尤其是在他睡觉的时候,世界必须保持绝对安静。去年,他深受失眠困扰,熬得两眼通红。他心高,不肯看医生,不肯吃药,坚信自己能够战胜。

杨晓霞,《我们》[A],见黄灯等主编,《应知故乡事——返乡者眼中的中国乡村图景》[C],上海:上海大学出版社,2020年,第187—200页。

案例3-15中的"阿玉哥""脑子灵"又自律的人,但由于某种不足为外人道的原因,中学没有毕业的事实不仅改变了他的人生发展轨道(从原以为会是家族里的第一个大学生,变身为卖肉摊主),甚至也改变了他的性格(沉默了很多、脾气愈发暴躁等),但不变的是他对自己的某种高坚持(比如"心高"、买大房子等)。自律和学习曾给"阿玉哥"带来家族内的荣耀,根据推测,最终没有完成中学学业很可能与某种较为严重的行为失格相关。这一次或一个时期的行为失格,使其后来只能以"补偿/报复性目标"和"惩罚性意志力"维护自己的面子/尊严。称其为"补偿/报复性目标"和"惩罚性意志力",是因为激发这类人生或其他目标的主要因素,既不是依从对个体条件的理性判断,也不是依从个人的爱好兴趣,而是为了补偿或报复先前的对个体造成严重影响的负面体验。现实社会中这种补偿/报复性目标和惩罚性意志力经常可见,它们虽然来自个体内部,由个体独立提出、自觉努力去追求实现,但以回应外部负面刺激为主要意图的原始诱因,常常需要个体付出极大的意志努力来维持目标和行为的合理性,过程中少有积极的情绪反馈与体验。就如"阿玉哥",强大的意志力促使其成为家族里没上过大学的"人生赢家",但在追逐这一人生目标的过程中,肉眼可见的是他承受了巨大的心理压力,

沉默、烟瘾大、脾气暴躁以及严重失眠等都是典型表现。

"人际行为是人类社会中最奇怪、最不可预测和最难以解释的现象。"[1] 人的言行不只受到理智的控制支配，还会受到情感和意志力的介入影响；虽然情感和意志力本身也会受到理智的控制调节，但不同情境下理智对情感意志力的控制调节作用会发生变化。就像"人不可能两次踏进同一条河流"一样，影响个体言行的众多因素的同时存在及各因素之间的复杂关系，造成了人的行为情绪既有明显的即时性特征，也不会完全无迹可寻，特别是随着受教育程度的提高，个体在提高认知判断力的同时，也有意志力的锻炼和成长，这些都有助于个体提高对情绪情感的控制力，使个体言行向更加理性的方向转变。

三、教育对态度的影响

"一般来说，能力只能解释较小部分的收入差异，而大学教育能够解释大部分的收入差异。"[2] 大学教育能够解释个体收入差距的奥秘，不只是大学生获得了更多的知识和能力，还有在个体的认知与行为之间起联结作用的态度之影响——"我不再拒绝他人的帮助，而是将这一份关怀默默地记在心里。我不再忧心来来往往的问候，而是将他人的善意坦然接受，并悄悄回馈。我将那头名叫自卑的野兽关进内心的牢笼，任由校园间的真善美一次次地冲刷它的爪牙"[3]——因为态度的改变，与之相关的个体认知和行为也会发生改变，比如把别人的问候和帮助看作关心，而不再是歧视。这正如心理学家所说的，"态度是根据经验而系统化了的一

---

[1] [美]戴维·迈尔斯著，侯玉波等译，《社会心理学（第11版）》[M]，北京：人民邮电出版社，2016年，第349页。
[2] [美]加里·贝克尔著，陈耿宣译，《人力资本》[M]，北京：机械工业出版社，2016年，第212—213页。
[3] 苏正民，《论志愿服务的政府责任及其立法规范》[D]，中南财经政法大学，2022年，后记。

种心理和神经的准备状态,它对个人的反应具有指导性的或动力性的影响"[1]。态度形成的基础是个体已有的直接经验或间接经验,经过认知加工后,成为能够影响个体行为的系统化且"比较持久而一致的心理准备状态或人格倾向"[2]。作为一种心理准备状态,态度具有认知(涉及对人、事、物的判断)、情感(涉及对人、事、物的情感倾向)和行为意向(涉及对人、事、物的行动意愿)三种成分,通常这三种成分会保持一致;如果出现矛盾,行为意向更倾向于与情感保持一致,就像生活中常有的"我知道我错了,可就是不愿意承认""我知道不该发火,可还是控制不住"等等。

由于人的社会化属性,每个人的态度形成实际上都是社会化过程的一部分,父母家人、老师同学及其所能感受到的社会环境,都会对其态度形成产生重要影响。个体通过态度,向外界宣示其本人或具体行为的意义和价值。

※ 案例3-16 放弃公务员身份回农村

推杯换盏间,我问侄子:"听你爸说你放下国家公务员不干,执意回村里种地,是不是有什么想法?"侄子放下筷子说:"叔,你不知道干公务员多没劲,没考上时,拼命学拼命往里钻。好不容易考上了,一上班才知道什么叫无聊得腻歪人。办公桌前坐累了,报纸看完了,剩闲聊了,我想自己看会儿书或打开电脑,还得看别人的脸色,自己口渴想喝口水吧,还得先给领导送一杯过去。哪如自己在田野里,想跳就跳,想喊就喊。"……"我去年流转了三百亩地,搞起了良种培育,除去人工、肥料、柴油、电费还有承包的钱,净赚二十六万,相当于公务员五年的工

---

[1] 时蓉华编著,《社会心理学》[M],上海:上海人民出版社,2002年,第196页。
[2] 林崇德、杨治良、黄希庭主编,《心理学大辞典》[M],上海:上海教育出版社,2004年,第1217页。

资。再说在广阔的田野里劳作,空气新鲜,心情顺畅,没有了办公室里的钩心斗角,起码多活个三年五年的。"……老哥却说凡事不能光看眼前,还是当公务员安稳,能熬个退休。侄子打断他说:"爸,我今年二十七岁,让我在办公室里熬三十多年,还不把我憋出精神病来啊。"

郭福来,《回乡散记》[A],见黄灯等主编,《应知故乡事——返乡者眼中的中国乡村图景》[C],上海:上海大学出版社,2020年,第88—95页。

在城乡二元化制度下,"上大学"跳出农村并获得一份有保障的稳定的体制内工作,是长期以来众多农民子弟的最大梦想,即便近年来的户籍制度改革给了农民子弟更多进入城市的路径,但公务员作为一种体制内有保障和相对体面的高门槛职业(高等教育学历),对众多高等教育毕业生有着居高不下的吸引力,公务员考试也因此而持续大热(详见表3-2)。案例3-16中的"侄子"通过"拼命学""拼命钻",得到了梦寐以求的公务员身份;但经过一段时间的体验之后,这个身份逐渐失去了其对于"侄子"的最初意义,"无聊""腻歪""钩心斗角",以及收入低,是他目前对公务员工作和身份的认知;而在田野里劳动的农民,可以有城里人难以享受的"空气新鲜""心情顺畅"。值得注意的是,"侄子"目前从事的农民职业,已经不是其父祖辈等传统农民的以家庭或生产队为单位的劳动生产方式——流转了三百亩地的土地承包人,实际上已经成为现代集团化农业的经营者,不仅从形式上改变了"面朝黄土背朝天"的劳动状态,其运作方式和经营收入等亦超越了传统农业的概念。"侄子"放弃公务员、重返农民身份的行为,与其对两种不同职业身份的深层次体验和认知密不可分,性质上也远非从公务员退回到农民,而是以新式农民的职业身份参与现代农业。

表3-2　2012—2022年间选择年份国家公务员考试报名与录取人数情况表

	2012年	2014年	2016年	2018年	2020年	2022年
招录人数（人）	17941	19538	27817	28533	24128	31242
报名人数（万人）	130	152	139.46	165.97	143.7	212.3
报录比（%）	72.5	77.8	50.1	58.2	59.6	68.0

资料来源：中公教育，《国家公务员考试历年数据研究报告》[OL]，http://www.offcn.com/zg/gkbksjfxzt/。

趋利避害是人类自我保护的本能，个体对特定对象的态度不仅会受到其个人原有知识经验的影响，也会受到特定外部情境的影响——"当外界的影响作用超过了内在的信仰时，态度便无法决定行为"[1]。"从众心理""服从心理""社会舆论"等都是外部环境影响个体态度的典型表现。有研究发现，在四人以下团体中，人数越多的一致性，对持不同意见者的从众压力越大：当个体面对三个人的一致意见时，所感受到的从众压力，明显大于面对两个人的一致意见、两个人的一致意见又显著大于一个人所产生的压力；但当群体中持有一致意见的人数达到四人以上时，就不再明显引起从众率的变化。对于个体选择从众的原因，心理学认为主要有以下四点："（1）与大家保持一致以实现团体目标，（2）为取得团体中其他成员的好感，（3）维持良好人际关系的现状，（4）不愿意感受到与众不同的压力。"[2] 除了从众心理有可能明显改变个体在面对特定对象时的态度，现实中个体愿意以暂时或长期、主动或被动地将"权威""榜样"的态度转变为自己态度的现象也较为常见。媒体广告及其他宣传活动中常用的"专家说""上级说""体验者说"等等，都是对人们的从众和服从心理的利用。一般来说，服从者与"权威"之间、模仿者与"榜

---

[1] ［美］戴维·迈尔斯著，侯玉波等译，《社会心理学（第11版）》[M]，北京：人民邮电出版社，2016年，第201页。
[2] 赵春鱼，《社会心理学》[M]，杭州：浙江教育出版社，2016年，第134页。

样"之间的情感距离、物理接近性,以及权威/榜样者自身的权威性等,都会影响服从者对权威、模仿者对榜样态度的接受程度。

> **※ 案例3—17 老嘎的影响**
>
> 小镇(位于重庆山区)上来了一对九十多岁的老夫妻,带着自己的儿女们来寻根……算来算去,竟是我们这一支最老的长辈,是我外曾祖父最小的弟弟,我称他"老嘎"。老嘎人到晚年希望能够寻回自己的家族,重修家谱,宣布要拿出几万块钱办一场寻亲宴。
>
> 宴席上,他播放了自己金婚庆祝的视频,是和很多对老夫妻一起参加的集体婚礼。他还写了演讲稿,在台上歌颂祖国改革开放四十年,即兴发挥讲述了自己和老伴晚年的幸福生活,他们拿着退休金去了好几个地方旅游。他兴致勃勃地期望着下一个十年还能在这里和大家欢聚一堂,约定每年腊月二十五都要回来办一场寻亲宴,精力旺盛得不像一个九十多岁的老人。家里其余的老人们眼睛都看直了,仿佛刚刚发现人生中居然还有这么多姿多彩的事情。他们以为,老年就等于平淡、安静与死亡。
>
> 老嘎过完春节就走了,可是这场宴会的内容却成为小镇上很久的谈资。老人们说起不乏羡慕,外婆还对我说,有时间还要去成都看一看老祖宗,顺便旅游。而外婆自从六十多岁从广东照料孙子回来后便再也没出过远门,每日都是看电视消磨时间,外出旅游对她来说可是迈出不小的一步。
>
> 张学婷,《一个农村老人的死亡》[A],见黄灯等主编,《应知故乡事——返乡者眼中的中国乡村图景》[C],上海:上海大学出版社,2020年,第36—46页。

相比电视等媒体上的宣传,身边的"榜样"具有更大的示范效应,"老嘎"的出现,冲击了小镇原有老年人对已有生活习惯的态度。对于

"外婆"来说,"老嘎"是自家长辈,有着比与其他小镇老年人更近的"情感距离",因此对她的态度冲击也就更明显。通常情况下,态度影响个体的行为。但现实中也不乏某些行动或事件在个体产生明确态度之前就已产生或出现,这类行动或事件既有可能会丰富或加强个体对已有知识的体验和态度,也有可能促使个体形成新的态度,或者改变甚至反转原有态度——"不仅态度会影响行为,行为影响态度"[1]的情况也时有发生。

※ 案例3-18 人生的希望破灭

广场上端有几间用烧焦的木头搭成的棚子,皮埃尔被领进其中一间。在黑暗中,大约有二十来个形形色色的人把皮埃尔团团围住。皮埃尔望着他们,不知道他们是些什么人,他们来做什么,他们要他怎么样。他听着他们对他说的话,但不明白什么意思,因此做不出结论和判断。他回答他们提出的问题,并不注意谁在听他,他们怎样理解他的回答。他望着他们的脸和身子,觉得他们都同样毫无表情。

自从皮埃尔看见士兵被迫进行可怕的屠杀以后,他心中那个支持一切的强大弹簧突然断裂,于是一切变成一堆废物。他不清楚是怎么一回事,但在他的心目中,对世界的完美、人类的良心和自己的灵魂以及对上帝的信仰,全都破灭了。这种心境皮埃尔以前有过,但从未像现在这样强烈。以前皮埃尔有过怀疑,但这种怀疑起因于自己的罪过。他在心底里感到,要排除失望和怀疑,关键在于自己,然而,现在他眼看整个世界崩溃,变成一堆废墟,但责任不在他。他觉得他无力恢复对人生的信心。

[俄]列夫·托尔斯泰著,草婴译,《战争与和平》[M],北京:北京十月文艺出版社,2016年,第1225—1226页。

---

1 [美]戴维·迈尔斯著,侯玉波等译,《社会心理学(第11版)》[M],北京:人民邮电出版社,2016年,第134页。

案例3-18中的皮埃尔不久前刚目睹了一次"可怕的屠杀"，此后他便对自己要做的事情以及别人对自己的态度很漠然，他已经不能按之前的信仰和态度继续生活。实际上，"可怕的屠杀"对于皮埃尔来说只是见证，那些"屠杀"事件的策划者、参与者和执行者不会用与皮埃尔一样的态度来看待类似的屠杀事件，他们不仅会从自己的认知、情感等立场合理化自己的行为——"感觉自己在道义上高人一等的人往往会野蛮地对待自认为劣等的人"，这很好地解释了阶级社会里的统治阶级对被统治阶级惯用的野蛮无礼态度，即被野蛮无理对待的人通常都是因为他们自己的愚昧、无知、不可理喻等等，从而夸大自己行为的合理性。

任何个体对任何事物或对象的态度都不是一成不变的。不论是案例3-16中的"侄子"、案例3-17中的"外婆"以及案例3-18中的"皮埃尔"，他们都曾着随对某一事物、事件或其他特定对象认识的深入，发生了态度上的变化。比如案例3-17中是因为"老嘎"的出现才引发了"外婆"等小镇老年对生活态度上的一些转变，"老嘎"所带来的和展示的是完全不同于"外婆"等小镇老年人的另外一种生活方式，这种"亲眼所见"的来自家族内部人员的榜样的影响力，远远超过从电视或其他渠道看到的"榜样"的冲击力。在我国包括小镇在内的广大农村老人，绝大部分并没有"退休""旅游"等现代生活概念，"务农自养"是很多农村老人或主动或被动的生活方式选择，物质生活和精神生活相对贫乏。"老嘎"的现身说法，虽在小镇老年人中间激起一定波澜，但这个榜样示范作用能否从谈资转变为实在的模仿行为，可能并不是一次近距离示范就能实现的。心理学研究发现，在影响态度改变的众多因素中，需要转变态度的必要性、紧迫性，原有态度的坚定性、合理性，希望持有新态度的合理性、与社会文化舆论及制度等的契合性，以及态度转变者的受教育程度等，都会影响态度转变的速度和深度。从为"二战"中转变美国士兵厌战态度的实验发现，对于受教育程度较低的士兵来说，单方面从美方利益强调延长战争的做法效果更好；对于受教育程度较高的士兵，则是双面宣传的效果更好，即除了需要从美方立场强调延长战争的理由外，还需要从日方继续作战的不利因素方面强调延续战争的必要性。这一发现，实际上与受过良好教育的人通常具有更强的理性思考能力和更明显的质疑精神，受教育少的人更倾向于服从权威的研究发现相一致——受教育程度较高的"中产阶级成员一直具有质疑精神，倾向于通过考察功效性来评估所有的人类制度，相信理性是解决所有问题的关键"[1]；而受教育程度较低的工人阶级更倾向于以顺从的态度接受外界的给予，"无论条件多么艰苦，上级领导多么苛刻，人们总是在寻求意义，并为之搭建参照体系"[2]。

从前面的分析可知，情感、意志和态度等虽然属于人的非智力因素，但其实它们与个体的认知、思维等智力因素的发展密切相关。一方面，个体的情感、意志和态度离不开认知和理性的控制；另一方面，因为有了情感、意志和态度的介入，个体的认知和理性有了更多变化的可能。正是在感性和理性的共同作用下，个体的生命才有了更多的可变性和可塑性，也更值得人们去不断学习、探索、体会和回味生命的意义。

---

1 ［英］劳伦斯·詹姆斯著，李春玲等译，《中产阶级史》[M]，北京：中国社会科学出版社，2015年，第482页。
2 ［英］保罗·威利斯著，秘舒、凌旻华译，《学做工——工人阶级子弟为何继承父业》[M]，南京：译林出版社，2013年，第29、67页。

第四章 教育与成长
——教育作用是如何实现的？

从前面分析中可以看出，对于现代人来说，教育既有明显的标签作用，也有实质性的能力提升；教育对个体能力的提升，虽然不能超出先天素质的极限边界，却可以实现先天素质的最大化发展。相比于其他各种正式或非正式活动，有组织有计划的学校教育活动，不仅促进了学生的智力性发展，而且非智力性成长同样不可忽视。但现代人在承认学校教育作用的同时，也有很多批评与质疑，比如如何平衡知识与能力就是个长久话题；教育内容、方法的适当性，同样也在不断接受来自各方的质疑与挑战。什么样的教育是好的教育？教育如何促进个体成长？这些是本章关注的话题。

第一节 教育对个体成长的影响

作为社会性动物，"人们天生就对提高获取和保持知识的能力以及提高学习表现的方式感兴趣"[1]。即使不通过学校教育，个体依然可以通过

---

1 ［美］科拉·巴格利·马雷特等编著，裴新宁等译，《人是如何学习的——学习者、境脉与文化》[M]，上海：华东师范大学出版社，2021年，第100页。

对周围环境和群体行为的观察、学习、适应、模仿等，使自己的言行与所处的社会氛围相契合。这也是现代学校教育制度出现之前，人类社会和人类文明能够延续发展进步的重要机制。进入现代社会之后，工业文明对个体和社会都提出了更高要求，人类自发的学习、模仿和调适行为已经远远不能满足社会发展和个体进步的需要。规范化的学校教育因此逐渐成为培养满足符合国家和社会发展需要的各类人才的重要途径，也是促进个人能力发展、阶层跃升的重要方式。在规范化学校教育的过程中，国家、社会、个体以及教育者自身等各方面力量，以不同方式参与学校教育的设置和管理中，形成了既有共性又有个性的世界不同国家、不同时期、不同种族文化的近现代学校教育目标。纵观世界各国不同时期的学校教育目标，大体上可以归结为两类，即教育哲学中长期争论的"个人本体论"与"社会本体论"，前者相对更加关注个体的教育获得和教育感受，后者则更在意教育对社会或国家目标的达成。在不同教育哲学的影响下，学校教育目标强调的重点会有明显差异，比如新中国成立后，我国长期坚持以培养德智体美全面发展的社会主义事业接班人为根本目标，其中关注个体的重点在"德智体美全面发展"，关注国家和社会需要的重点是"社会主义事业的接班人"，可以说这个教育目标既关注了个体，也关注了社会，但从句型结构上看是以后者为主。也有部分历史传统浓厚的英国私立学校，依然保持了欧洲文艺复兴运动以来逐步形成的新人文主义教育哲学的影响，强调"只有能召唤出每个学生内在的驱动力、对社会的担当和对未来参与、改造的力量，才是好的教育"[1]。但不论是哪一种教育哲学，在当下的现实中都不会绝对排斥另一种目标价值，即在现代学校教育体系中，个体与国家/社会因素共存于现代学校教育目标中。随着现代学校教育体系的不断完善，特别是义务教育的普及

---

[1] 李爽，《傲慢与偏见：英国私立学校访谈录》[M]，上海：上海社会科学院出版社，2017年，前言，第2页。

和高等教育大众化、普及化进程的推进,学校教育对个体成长的意义越发凸显:首先是越来越多的个体能够进入全链条的学校教育体系中;其次是个体接受学校教育的时间越来越长,这也是个体完成全链条学校教育所带来的必然结果。比如对比2000年和2020年的两次全国人口普查的数据可以发现,接受过大专及以上教育的人口比例从2000年的3.61%提高到2020年的15.47%[1],意味着在我国人口中,有超过15%的人接受了15年(基础教育12年,大专教育一般为3年)及以上的学校教育;2020年我国有各级各类学历教育在校生2.89亿人,其中各类高等教育在学人数规模达4183万人。[2] 如何看待如此规模的学生群体,以及如何考虑这个庞大群体中的每个个体,不仅对国家和社会的长远发展具有重要意义,对每一个体及其家庭同样具有重要影响。

一、教育是改变个体成长轨迹的重要力量

近现代学校教育体系的建立与发展,与近现代工业化生产对技术工人的需求,以及新兴资产阶级对上层社会地位的渴望密切相关。据此,一方面,近现代学校教育体系扩大了正规学校教育的服务对象,将教育从少数人的特权,转变为能够惠及普通民众子弟的基本权利;另一方面,教育的目标任务也从维护王权或宗教权力统治转向应对个人、产业及社会发展的需求。比如,由于已经认识到"阅读能力和清晰的书写在很多职业中是必不可少的"[3],在17世纪的英国出现了一批专门性学校,如数学学

---

[1] 国务院第七次全国人口普查领导小组办公室编,《中国人口普查年鉴》(2020)[M],北京:中国统计出版社,2020年,表4—1,https://www.stats.gov.cn/sj/pcsj/rkpc/7rp/zk/indexch.htm。

[2] 中华人民共和国教育部,《中国教育概况——2020年全国教育事业发展情况》[EB/OL],http://www.moe.gov.cn/jyb_sjzl/s5990/202111/t20211115_579974.html。

[3] [英]劳伦斯·詹姆斯著,李春玲等译,《中产阶级史》[M],北京:中国社会科学出版社,2015年,第85页。

校、航海学校、商业学校等,其中一所新设立的航海学校明确要求"教会孩子们写作和运算,使之适合于海上工作或其他必要的职业"[1]。甚至这一时期已经出现了一批新人文主义教育家,他们关注到当时学校教育忽视学生个体的不足,从而提出关注儿童天性需求的新教育。英国的洛克,法国的卢梭、爱尔维修等等都对后世产生了很大影响。比如,在洛克看来,"平常之人之所以有好有坏,之所以有用或无用,十有八九都是教育造成的。人与人之间所以千差万别,都是出于教育的不同"[2]。而教育之所以能够发挥这么大的作用,是因为"儿童的心智易于引导,就像水性易于引导一样"[3]。以法国思想家孔多塞(1743—1794)为例,他认为正确的教育能够真正促进自由平等,理由有三点:"第一,如果一个公民要能够履行对自己和同伴的义务而不是奴隶般地依附于比自己知识较多的人,那么,他就必须具备每个公民必须具备的最低限度的知识……第二,要发展公民各种各样的天赋才能,要保证每个公民对他们平等享受的幸福做出最大的贡献,那就需要教育。第三,人类的完善有赖于教育。只有各阶层的人民不会因缺乏必要的知识而落后于其他人民,革命变革所取得的进步才能得以维持和发展。承认上述各点,一切都要依靠国家所给予的正当的教育。"[4]虽然中外社会发展的历史和进程不同,但近代社会之前学校教育属于少数人的特权这一状况在中外各国之间却没有本质差别。即使中国古代社会有漫长的私学教育历史,甚至隋唐之后的科举制度具有打破贵族世袭制度的优势,但教育首先不是所有人都能平等享受的权利;其次即使有权

---

1 [英]威廉·博伊德、埃德蒙·金著,任宝祥、吴元训主译,《西方教育史》[M],北京:人民教育出版社,1985年,第270页。
2 [英]约翰·洛克著,徐大建译,《教育漫话》[M],上海:上海人民出版社,2014年,第1页。
3 [英]约翰·洛克著,徐大建译,《教育漫话》[M],上海:上海人民出版社,2014年,第5页。
4 [英]威廉·博伊德、埃德蒙·金著,任宝祥、吴元训主译,《西方教育史》[M],北京:人民教育出版社,1985年,第311页。

利接受教育，教育的目标也不是指向满足青少年的身心发育需要，而是服务于维护政权统治的需要。无论如何，通过文字、典籍和其他学习内容，教育给予了受教育者认识和感受现实世界之外的可能，从而使他们具有了超越时代、地域局限的可能，其成长也就具有了更深的社会意义。

※ 案例4-1　中国近代第一个获得美国大学学位的留学生

容闳（1828—1912），出生于广东的一户贫困农家，后因入读教会学校获得赴美留学机会。他于1850年入读美国耶鲁大学，1854年获得学士学位，是第一个在美国一流大学获得学位的中国人。毕业后的容闳返回国内，致力于推动中国社会的近代化。后世有人评价他——"至少办成了两件事：第一件事是在中国建成了第一座完善的机器厂——江南制造局；第二件事是在中国组织了第一批官费留学生出洋——120名留美幼童分四年赴美留学"[1]。容闳对自己行为曾做出这样的解释："予既远涉重洋，身受文明之教育，且以辛勤刻苦，俾遂予求学之志，虽未能事事如偿，然律以普通教育之资格，予固大可自命为已受教育之人矣。既自命为已受教育之人，则当日夕图维，以冀生平所学，得以见诸实用……予意以为予之一身，既受此文明之教育，则当使后予之人，亦享此同等之利益。以西方之学术，灌溉于中国，使中国日趋于文明富强之境。予后来之事业，盖皆以此为标准，专心致志为之。"

容闳著，徐凤石、恽铁憔译，《西学东渐记》[M]，长沙：湖南人民出版社，1981年，第23页。

容闳的留学经历不仅从表面上改变了他的人生发展轨迹——从贫困

1　钟叔河，《为使西学东渐而奋斗的一生——容闳和他的〈西学东渐记〉》[A]，见容闳著，徐凤石、恽铁憔译，《西学东渐记》[M]，长沙：湖南人民出版社，1981年，第8页。

的农家子弟，转而为能够登堂入室并改变国家某些发展政策方向的贤达人士，而且他的思想认识也较同时代人有很明显的不同。正如他所说，"盖既受教育，则予心中之理想既高，而道德之范围亦广，遂觉此身负荷极重，若在毫无知识时代，转不之觉也。更念中国国民，身受无限痛苦，无限压制。此痛苦与压制，在彼未受教育之人，亦转毫无感觉，初不知其为痛苦与压制也"[1]。19世纪中期的美国虽然还不是当时最为发达的国家和地区，但比起已经开始遭受西方资本主义国家蹂躏践踏的孱弱的祖国，容闳已经意识到教育是激发国人自我和自强意识的重要工具，并在归国后千方百计接近朝廷重臣，以推动其通过教育开启民智的理想。可以看出，容闳的思想和行为并不是随年龄增长和心智发育自发形成的，而与他接受的教育及与教育相关的经历密切相关。可以说，没有远赴美国的大学教育，便不会有容闳后来之于中国社会近代化所做的一切。

随着近现代学校教育制度的完善特别是各级教育的日渐普及，尤其是高等教育进入普及化阶段后，教育在区分个体社会政治身份方面的作用较从前明显减弱。比如，在容闳所处的19世纪中晚期，近代学校教育在我国还没有呈体系化发展，除少数洋务学堂之外，国内其他教育机构从内容、制度等方面几乎完全感受不到时代的变化，特别是对西方近代科学与技术的进步毫无感知。作为接受过完整西方近代教育的先行者，容闳对国家、民族及近代社会发展趋势的认识，远远超出了同代人，这是其能够以非正常的科举出身而能获得显赫身份并做成前述两件大事的前提基础。总结起来说，教育首先改变了容闳作为一个出生于贫苦人家子女的社会身份，从一个"来往于本乡及邻镇之间贩卖糖果"[2]的乡间小

---

[1] 容闳著，徐凤石、恽铁樵译，《西学东渐记》[M]，长沙：湖南人民出版社，1981年，第22页。

[2] 容闳著，徐凤石、恽铁樵译，《西学东渐记》[M]，长沙：湖南人民出版社，1981年，第4页。

贩,转身为能够影响中国近代社会发展进程的重要成员,其于教育过程中所获得的知识能力、因为受教育而接触到的美国社会等,是容闳成长轨迹发生转变的重要基础。而随着近现代学校教育制度的建立和普及,因为接受教育而对个体社会政治身份的影响,通常与国家正式或非正式制度的加持相关,如新中国成立后到21世纪初农村户口的大中专学生可以获得城镇户口、某些行/职业对新进人员的教育/学历要求等。

实际上,教育对个体成长轨迹的影响,除了社会政治身份这种非常明显的变化外,更重要的是受教育的个体在思想、认识、情感及理智等内隐性方面的变化。比如20世纪20—40年代间,在多种原因的作用下,大批回国留学生活跃在当时国内的政治、军事、外交、教育等舞台上,有学者甚至认为,"戊戌以后的中国政治,无时不与留学生发生关系,尤以军事、外交、教育为甚","现在(指20世纪20年代早期)执军权之军人,十之七八可从日本士官学校丙午同学录,与振武学校一览中求得其姓名","外交则完全为留学生所主持,高等教育界之人员亦十分之九以上为留学生"。[1] 这种情况的出现,与众多留学生因留学经历而形成的某些特质密切相关。

※ **案例4-2 陈鹤琴对教育意义的回忆**

陈鹤琴(1892—1982)是中国幼儿教育事业的开创者、著名教育家。出生于浙江上虞百官镇茅家弄一个没落商人家庭,六岁丧父,依靠母亲替人洗衣维持生活。童年时代入读私塾,十四岁入读教会中学,后考入圣约翰大学和清华留美预备学校,并赴美约翰·霍普金斯大学和哥伦比亚大学留学,获得硕士学位。回国后致力于幼儿教育,创办多所幼儿园、小学、中学、女子学校、幼儿师范学校和夜校等教育机构。以其子为实

---

[1] 舒新城,《近代中国留学史》[M],上海:上海书店出版社,2011年,第137页。

验与研究对象，开创了中国婴幼儿研究的先河。他在自己的回忆录中，这样描述了他的成长：

"在童年时代，我的人生观无非在显亲扬名。在中学时代，我的人生观在济世爱众。在大学时代，我的人生观除济世爱众外还能注意到救国呢。这种救国的观念是在清华里养成的。清华创办的历史我很明白的。清华的经费是美国退还的庚款。庚款是什么呢？无非民脂民膏而已。所以我觉得我所吃的是民脂民膏，我所用的也是民脂民膏。将来游学美国所有的一切费用，也都是民脂民膏。现在政府既然以人民的脂膏来栽培我，我如何不感激涕零呢？我如何不思报答呢？爱国爱民的观念从此油然而生了。"

陈鹤琴，《我的半生》[M]，长沙：岳麓书社，1998年，第55—56页。

可以看出，不管是容闳还是陈鹤琴，教育给予他们的不只是可以外显的文凭、履历，他们通过教育和教育经历本身所获得思想认识和情感等方面的变化，是改变他们对自己责任使命认识的基石。因此，对于任何个体来说，受教育不只是意味着学习知识，在受教育过程中所经历的情感、意志、成功、失败等多方面，都是促使个体成长的重要因素。

二、知识是个体心智成长的基础

目前世界上对"知识"并没有一个统一明确的概念，相对来说，人们大多认同知识是人类认识客观世界和人类自身的成果总和，并"借助于一定的语言形式，借助于物化为某种劳动产品的形式，可以交流和传递，成为人类共同的精神财富"[1]。对个体来说，"知识是个体头脑中的一

---

1 《辞海》[DB/OL]，https://www.cihai.com.cn/baike/detail/72/5653016?q=%E7%9F%A5%E8%AF%86。

种内部状态"[1]，是"客观事物的特征与联系在人脑中的能动反映，是客观事物的主观表征"[2]。这也就是说，对于所有个体来说，知识既有客观性也有主观性——客观性在于知识所反映的主体是客观的；主观性则在于所有个体对客观世界的认识和观察总是会带着自己已有的"信念与价值观的有色眼镜"，个体如何认识、反映客观世界，"不仅取决于客观环境，还取决于我们如何对其进行解释"。[3] 目前世界上对知识的分类有很多种，比如"就反映事物的深度而言，可分为感性知识和理性知识；就表述形式而言，可分为描述性知识、程序性知识和策略性知识；就其概括水平而言，可分为具体知识和抽象知识；就其层次关系而言，则可分为上位知识、下位知识和并列结合知识等"[4]；"依反映对象的深刻性，可分为生活常识和科学知识；依反映层次的系统性，可分为经验知识和理论知识"；从来源上说，又可分为直接知识和间接知识；等等。通常来说，人们获取知识的途径主要有两大类：一是通过与客观世界的互动所获得的各类感官经验，这通常与个体的活动能力、活动范围、感官敏感度及对感官经验的总结提炼能力有关，人类早期的知识主要为直接知识；二是借助于各种语言和物化形式，将别人已经体验、发现和总结提炼后的知识，转化为个体对客观世界的认识，这种认识不是来自于个体的直接经验，是为间接知识。随着人类对客观世界的认识日渐丰富，间接知识越来越多地影响着个体的思想观念、价值准则及行为方式；而教育是传递、总结、提炼人类间接知识的最重要途径。

---

1 "知识"，《中国大百科全书》第三版网络版（zgbk.com）[OL]，https://www.zgbk.com/ecph/words?SiteID=1&ID=289322&Type=bkzyb&SubID=42870。
2 林崇德、杨治良、黄希庭主编，《心理学大辞典》[M]，上海：上海教育出版社，2004年，第1682页。
3 [美]戴维·迈尔斯著，侯玉波等译，《社会心理学（第11版）》[M]，北京：人民邮电出版社，2016年，第4、6页。
4 林崇德、杨治良、黄希庭主编，《心理学大辞典》[M]，上海：上海教育出版社，2004年，第1682页。

相比于知识，"成长"是一个含义更为模糊的概念，在《现代汉语词典》中有两种释义：一是"生长而成熟"，二是"向成熟的阶段发展"。[1] 佘双好等人将"成长"与"发展"做了区分，认为"成长主要是指量的改变，例如身高与体重的改变，结构与大小的改变"，"一般来说是单向度的，也就是随着年龄的增长不断地增长"；相比较而言，"发展"的含义更丰富，涵盖"个人随年龄及经验增长而发生的一切改变"，既包括身体层面的变化，也包括认知、道德和社会性的变化，"既包含成长、维持，也包含衰退"。[2] 在本书中，"成长"与"发展"并没有严格区分，都是指向个体随年龄增长而不断趋向成熟的变化过程，其中以心智、道德和社会性等方面变化为主。个体心智、道德和社会性等方面的发展与成长，与其社会化程度和过程密切相关。自进入现代社会后，以传授间接知识为主的学校教育成为帮助个体加快社会化进程的重要途径。无论是通过个人的感官获得直接知识、还是通过教育和其他途径获得间接知识，个体在面对新的知识刺激时，都不是单纯的被动的知识接受者，而是通过新旧知识之间随时随地都可能发生的对接、碰撞、消减、覆盖等机制，实现个体已有知识体系的改造、重组和扩展。通过知识体系的不断改造重组，个体一方面接受了"一系列社会关系和文化模式的制约，沿着社会所能接受的轨道发展"[3]，逐渐"成为一个符合社会要求的成员"；另一方面通过"对所处的社会环境以其自身的独特方式做出种种反应"[4]的累积、循环与迭代等，形成个体独特的社会身份符号。个体的年龄、知识、能力、性格等等都是影响

---

1 中国社会科学院语言研究所词典编辑室编，《现代汉语词典》[M]，北京：商务印书馆，1995年，第137页。
2 佘双好主编，《毕生发展心理学》[M]，武汉：武汉大学出版社，2013年，第2页。
3 《辞海》[DB/OL]，https://www.cihai.com.cn/baike/detail/72/5470216。
4 费穗宇、张潘仕主编，《社会心理学辞典》[M]，石家庄：河北人民出版社，1988年，第154页。

社会化进程的重要因素。比方在每个个体都会经历的从学生到职场中的新手、成熟的老手及最终退出职场的整个过程中，相比于年龄，知识技能水平对其社会身份变化的影响更明显。"一个人必须首先彻底了解一个领域，这样才能看到这个领域的局限，而后试图彻底的脱离并发展出一种新的、独特的观点。"[1] 这是专业/行业领域内新手与老手之间有差别的重要基础，也是促进个体探索知识并促进个人成长发展的基本动力。有研究发现，如果对比受教育程度高和受教育程度低的两类人，受教育程度高的人通常对职业岗位有更高的期望，而一旦现实中不能满足他们的期望，比较常见的结果便是这些人会"尽力制造符合他们抱负的职位，而不是让他们的抱负符合已经存在的职位"[2]，尽管"制造"新职业或岗位的过程必须要通过一系列复杂的程序，才能使他们"制造"出来的职业/岗位"合法化"，得到国家和社会的认可；而受教育程度较低的人，通常是"增强，而不是减弱现存的社会力量"，虽然他们也会对现存的某些社会文化或制度规则表示不满，但他们表达不满的方式"通常以撤退到非正式领域为标志，并以超越规则可及范围的方式来表达"。[3]

※ **案例4-3　已知圈越大，不知道的就更多**

其实我们都一样，就是你已知圈越大，知道得越多，反过来讲，你不知道的就更多，所以读书其实不会让我们变成全知全能的。读书唯一的作用是让我不害怕未知，是在面对未知的时候，你会有能力去弥补你的未知……我们在逻辑上或者在数学上有一个很重要的词叫作正交信息，当

1　[美]黛安娜·帕帕拉、萨莉·奥尔茨、露丝·费尔德曼著，李西营等译，《发展心理学（下）》[M]，北京：人民邮电出版社，2013年，第123页。
2　[法]皮埃尔·布迪厄著，刘晖译，《区分——判断力的社会批判（下）》[M]，北京：商务印书馆，2017年，第569页。
3　[英]保罗·威利斯著，秘舒、凌旻华译，《学做工——工人阶级子弟为何继承父业》[M]，南京：译林出版社，2013年，第29、68页。

正交信息越多，我们对那件事情的笃定性就会越强，因为它又被确定。所以我们有的时候尝试一个全新的领域，就是为了使得我们的三观能够产生一种更加的笃定，这个笃定本身并不是说我们就什么都会了，反过来讲我承认我渺小，我承认我要跟众生、要跟万物去获得一种平等，来解决我这一生的不惑……我们也许不需要都知道，但只要近一寸我就有近一寸的惊喜，我多讲一段我就多讲一段的这种自信，在这个过程中你就变成了一个自己跟自己比，我只跟昨天的我来比，这就是一个很好的、自洽的状态。

"尹烨、俞敏洪对谈：读书的作用是让我们不害怕未知"，新浪财经（2022-04-24）[OL]，https://baijiahao.baidu.com/s?id=1730957385526857761&wfr=spider&for=pc。

案例4-3表明，个体受教育程度高，并不意味着其能够全知全能，而在于他们能够了解自己知道什么和不知道什么，并且能够对自己有缺陷的领域"有能力去弥补"，而不是任由无知的蔓延。此时已有的知识就成为支持个体探索未知的脚手架——"一切知识都只是重新探索的出发点"。[1] 而对于知识量较少的人来说，则几乎无法判断自己拥有什么、欠缺什么，更不知道如何去弥补自己的欠缺。比如有针对我国农民工的调查发现，未完成义务教育的农民工在与他人的实际工作交流中，经常会表现出明显的"吸收能力约束"，即"只能模仿表面肤浅操作或吸收常识性知识道理。稍复杂有难度的操作特别是涉及程序流程知识性的操作训练，或非常识性的逻辑理性思维，需要很长时间多次重复才能消化、吸收，改造创新很难谈及"。[2]

---

[1] 联合国教科文组织国际教育发展委员会编著，华东师范大学比较教育研究所译，《学会生存：教育世界的今天和明天》[M]，北京：职工教育出版社，1989年，第202页。
[2] 周化明，《中国农民工职业发展问题研究》[D]，湖南农业大学，2012年，第62页。

自学校教育诞生以来,知识传授就是学校教育的核心任务之一。进入现代社会后,与个体成长和社会化密切相关的思想品德、情感意志、行为习惯等与知识传授一起被纳入学校教育的目标之中,特别在"知识"与"能力"孰轻孰重的辩论中,知识传授的相对地位似乎有所下降;但实际上,个体的思想品德、情感意志乃至行为习惯的养成,都需要通过"理性"这个桥梁与知识传授产生相关。一方面,"真正的传播知识,包含着思想的传导;如果传播知识不能使儿童和他的种族之间发生共同的思想和目的,那么,所谓传播知识不过是徒有虚名而已"[1]。另一方面,如同面对客观世界的其他信息刺激一样,个体在学习知识过程中,并不是单纯的学校传授知识的被动接收者,其接受知识的过程同样体现着个体的主观能动性,只有与个体已有知识建立起联系并能够被纳入个体内部知识体系中的知识,才是个体真正掌握和拥有的知识。个体拥有的知识具有影响个体"决定怎样行动"和怎样"在世界中生存"[2]的意义。因此,虽然现代学校教育的目的不只包含对学生进行知识传授,但由于知识是形成学生思想品德及行为习惯的"物质基础",知识传授在现代学校教育中同样占有重要地位。

※ 案例4-4 教育部对我国义务教育目标的相关规定

义务教育要在坚定理想信念、厚植爱国主义情怀、加强品德修养、增长知识见识、培养奋斗精神、增强综合素质上下功夫,使学生有理想、有本领、有担当,培养德智体美劳全面发展的社会主义建设者和接班人。

1. 有理想

……努力学习和弘扬社会主义先进文化、革命文化和中华优秀传统

---

1 [美]约翰·杜威著,姜文闵译,《我们怎样思维·经验与社会》[M],北京:人民教育出版社,2005年,第236页。
2 [美]约翰·波洛克、乔·克拉兹著,陈真译,《当代知识论》[M],上海:复旦大学出版社,2008年,第2页。

文化，理解和践行社会主义核心价值观，逐步领会改革创新的时代精神。懂得坚持走中国特色社会主义道路的道理……

2. 有本领

……初步掌握适应现代化社会所需要的知识与技能，具有学会学习的能力。乐于提问，敢于质疑，学会在真实情境中发现问题、解决问题，具有探究能力和创新精神……掌握基本的健康知识和适合自身的运动技能，树立生命安全与健康意识，形成积极的心理品质，具有抗挫折能力与自我保护能力……学会交往，善于沟通，具有基本的合作能力、团队精神。

3. 有担当

……诚实守信，明辨是非，遵纪守法，具有社会主义民主观念与法治意识……尊重和理解文化的多样性，初步具有国际视野和人类命运共同体意识。

中华人民共和国教育部，《义务教育课程方案（2022年版）》[M]，北京：北京师范大学出版社，2022年，第2—3页。

从案例4-4可以看出，在我国义务教育阶段的培养目标中，虽然没有对受教育者的知识水平提出明确要求，但在"有理想""有本领""有担当"的具体要求中，都同时提出了对学习知识的明确要求，如果没有一定的知识基础，个体难以真正理解、领会、掌握相关道理，从而也就难以形成某种特定的本领、意识或精神。因此，相较于古典及近代学校教育目标对学生掌握知识的单一要求，现代学校教育目标的多元化构成不仅没有否认知识传授的意义，反而是对之前过分在意的对知识的表面化接受的升华，将学生的知识学习与思想能力形成看作学校教育目标的整体。知识与个体理想、本领、智力、思维等方面的关系，已经被心理学家观察到——"知识、经验是智力或思惟（维）的基础"，虽然"知识、

技能的掌握,并不意味着一个人智力或思惟(维)能力的高低,但知识、技能与智力、思惟(维)是相辅相成的。智力、思惟(维)的发展是在掌握和运用知识、技能的过程中完成的",并且"从知识的提高到智力、思惟(维)的发展需要经过一个质变过程"。[1] 相对于知识的可观察和可传授性,理想、本领、智力、思维等方面的内隐性特征更明显,它们的形成和发展与个体的内化机制密切相关。

对于个体来说,获得知识便是增加个体对世界的认识。现代学校教育时间的延长,为个体在相对较短的时间、较小的活动范围内,以相对较低的成本,获得了更多的间接知识。获得知识不是学校教育及个体发展的终极目的,重要的是通过知识的学习,个体需要具备"更好地同他的环境协调一致,更好地理解生活的真正意义,提高他个人的尊严,接近他认为有益的知识源泉,掌握他走向美好生活所需要的实际知识和技术"[2],从而提高个体自由面对世界的能力和信心。从这个意义上说,学校教育赋予了个体认识世界的智慧和力量。

三、能力是个体成长的核心内容

保罗·德雷塞尔认为:"大学教育的主要目的在于促进学生的认知成长。而认知成长的主要目标则是致力于把学习者培养成能够独立思考和终身学习者。"[3] 现实生活中以及科学家的研究都已经发现并证实,知识不等于智慧,也不等于能力;越来越多的人认同"教育应该较少地致力于传递和储存知识(尽管我们要留心,不要过于夸大这一点),而应该更努

---

1 朱智贤、林崇德,《思惟发展心理学》[M],北京:北京师范大学出版社,1986年,第122、130—131页。
2 联合国教科文组织国际教育发展委员会编著,华东师范大学比较教育研究所译,《学会生存:教育世界的今天和明天》[M],北京:职工教育出版社,1989年,第70—71页。
3 L. R. Lattuca, J. S. Stark, *Shaping the College Curriculum: Academic Plans in Context*, 2nd Edition [M], San Francisco: SJossey-Bass, 2009, p. 38.

力寻求获得知识的方法（学会如何学习）"[1]。"学会学习"本质上就是帮助学生获得自我学习和自我发展的能力。观察、记忆、抽象、概括等是个体从事几乎所有活动都需要具备的一般能力，另外还有某些从事特殊活动所需要的专业能力，如数学能力、音乐能力等，但不管以什么样的标准来归类，说到底，"人的各种能力是在素质的基础上，在后天的学习、生活和社会实践中形成和发展起来的"[2]。教育的目的就是通过有目的、有组织、有计划的教育活动，促进学生"获得知识经验、形成技能技巧、发展智力能力、提高思维品质水平"[3]。

在接受教育的过程中，学生通过参与教师组织的教育活动过程，一方面获得知识经验，另一方面也锻炼提高他们的注意、记忆、观察、思维、意志力等多种心理品质，帮助其"心理活动的有意性和自觉性都明显发展起来，其思维活动也逐渐从具体形象思维过渡到抽象逻辑思维"[4]。知识经验是学生在教育过程中最先获得的，同时也是最易于观察到的表面性获得，而在知识经验基础上得到发展的很多能力，如观察记忆能力、逻辑思维能力、判断评价能力、沟通表达能力、自我学习能力等等，其发展成长较为隐蔽但对个体的影响更深更远。受惠于现代心理学、神经生理学等的研究发现，现代教育比以往任何时候都更加注重学生的能力发展，并且这一目标要求会随着学生年龄和受教育程度的提高而越来越明显。以数学课程为例，在我国义务教育阶段的目标要求是"使学生获得数学基础知识、基本技能、基本思想和基本活动经验的获得与发展

---

1 联合国教科文组织国际教育发展委员会编著，华东师范大学比较教育研究所译，《学会生存：教育世界的今天和明天》[M]，北京：职工教育出版社，1989年，序言，第14页。
2 《辞海》[DB/OL]，https://www.cihai.com.cn/baike/detail/72/5470323?q=%E8%83%BD%E5%8A%9B
3 林崇德主编，《发展心理学》[M]，北京：人民教育出版社，2018年，第255页。
4 林崇德主编，《发展心理学》[M]，北京：人民教育出版社，2018年，第256页。

（简称'四基'），发展运用数学知识与方法发现、提出、分析和解决问题的能力（简称·'四能'）"[1]；进入义务教育之后的高中阶段，则是在保持义务教育"四基""四能"的基础上，"发展数学抽象、逻辑推理、数学建模、直观想象、数学运算、数据分析等数学学科核心素养"[2]。进入大学阶段后，学生学习高等数学的目标被概括为三点：一是掌握"微积分的基本理论和算法"，二是能够"利用微积分基本知识有效分析、解决、评价工程中的相关问题"，三是"提升数学素养和知识的迁移能力，从而获得批判性思维、创造力、沟通和合作等高阶能力"。[3]可以看出，学生在不同阶段学习数学的课程目标在不断丰富，从基础教育阶段的"四基""四能"，到大学阶段的知识迁移能力和高阶思维能力，即随着数学知识的加深丰富，学生除了要掌握相应的数学知识以外，还须逐渐具备将数学知识运用到解决各种实际问题的能力，且所需要解决的问题也越来越复杂。正如杜威所说，"思维不能在真空中进行；暗示和推论只能在头脑里发生，而头脑里必须具有知识，把知识作为暗示和推论的材料。……只有在思维过程中获得的知识，而不是偶然得到的知识，才能具有逻辑的使用价值"[4]。作为"顺利完成某种活动并直接影响活动效率所必需的个性心理品质"[5]，能力的获得与提高必须以足够的知识为基础条件。没有相应的知识支撑，个体的能力在很多时候只能表现为某种能力倾向而不是现实的能力素质。譬如现实中经常会听到说"某人很聪明，可惜读书少"的

---

1 中华人民共和国教育部，《义务教育数学课程标准·2022年版》[M]，北京：北京师范大学出版社，2022年，第2页。

2 中华人民共和国教育部，《普通高中数学课程标准·2017年版2020年修订》[M]，北京：人民教育出版社，2020年，第8页。

3 李莎莎、赵辉、李兴华，《一流本科课程建设视角下"高等数学"课程建设的研究与实践——以哈尔滨理工大学为例》[J]，《黑龙江教育·理论与实践》，2022（12）：61—63。

4 ［美］约翰·杜威著，姜文闵译，《我们怎样思维·经验与社会》[M]，北京：人民教育出版社，2005年，第61页。

5 《辞海》[DB/OL]，https://www.cihai.com.cn/baike/detail/72/5470323?q=%E8%83%BD%E5%8A%9B。

感叹，实际上就是指这个人具有很好的先天认知潜质，但因为缺乏足够的知识支撑，这些潜质最终并没有发展成为实际的能力。

※ 案例4-5 堂兄小荣

堂兄小荣是1970年生的，从小就很有领导欲，记得我们学前时，经常在他家堂屋里，被他组织起来，开会、学习。

上初中时，他是班长、学生会干部，很受老师器重……在学校里感情丰富，跟女生谈恋爱，没考上高中，只好回家种田。

他是个聪明人，又很好强，一直想在村里有所作为。

……

因为父亲早逝，家境不好，自己也只上了初中，堂兄在村里仕途还是不顺。后来，他知道老岳父（做过村支书）支持去村里做支书的不是他，而是能力不如他的小舅子小明后，个性强的堂兄，跟老岳父和大小舅子们的关系就不再亲密。他曾努力凭着自己的实力参加村支书的竞选，要不是他妻子和岳母说情，要他让着做了几届村支书的小舅子小明，他就会是村支书。

后来，堂兄进城了。

……

堂兄对村里还是有一颗热心，2015年寒假，他对我说："老细，我做了一个我们村的美丽乡村建设规划，我给你看看。你让倩倩（我亲侄女，其时在长沙上大学，她户口一直留在村里）回老家竞选村干部。"我没有让堂兄给我看他的乡村规划，只是笑着对他说："现在的年轻人，心不在村子里，我叫不回来的。"

……

2018年，在常州工作一年的堂兄，能力得到了老板的认可，被派去重庆出一两个月的长差，还专门给他配了一个手机。堂兄跟我父母说起这些，有一点点自豪。

蒋建梅,《每个人都需要老有所依》[A],见黄灯等主编,《应知故乡事——返乡者眼中的中国乡村图景》[C],上海：上海大学出版社,2020年,第138—157页。

从案例4-5可以看出，从小就显示出具有组织领导才能的堂兄，尽管对村里事务有想法、也有一定的能力（参加村支书竞选），但并没有做成他非常渴望的村干部；离村进城后其组织领导才能依然没有发挥的机会，最后满足于得到一个代表着老板信任的出长差机会和一部专配手机。从堂兄回村里竞选村支书以及进城后还惦记着做乡村规划的系列表现中，可以看出"堂兄"聪明、好强、有韧性的一面；同时也可以看出，即使他有明确的人生发展目标，但他为目标实现所做的储备和努力不够，特别是在他明确知道自己在竞争村支书已经处于相对被动状态时，并没有真正有效的方法手段去改变局面，从被动到主动；做美丽乡村规划也有同样的问题，这些都显示出"小荣"的"领导欲"确实只是一种个人欲望，其知识储备、行为方式都没有为其欲望的达成做好准备，情绪而非理性因素较多地主导了其行事方式和策略。心理学研究表明，个体处于人生发展的不同阶段会有不同的思维方式，比如"初中一年级的学生已经开始掌握辩证逻辑的各种形式，但水平较低；初中三年级学生的辩证逻辑思维则处于迅速发展阶段，是一个重要的转折时期；高中学生的辩证逻辑思维已趋于占优势的地位"[1]。学生在这几年中思维方式的变化，是个体神经生理发育与学习内容和经验共同作用的结果。研究发现，学龄前个体脑的体积大小"相较过去增加了4倍，到6岁时大约大脑能达到成人脑体积的90%"，由脑内神经元（灰质）突触联结急剧增加和神经纤维

---

[1] 林崇德主编,《发展心理学》[M],北京：人民教育出版社,2018年,第337页。

(白质)髓鞘化引起的人脑的这种爆发性生长会持续到青春期；其间"尽管这种旺盛的生长一直在持续，但神经元和神经突触也会被修剪"，即那些"不断使用的神经突触被保留下来，而未使用的神经突触将被消除。去除不必要或未被使用的突触及神经元，将大大改善个体脑内部的'联网'能力和皮层传递信息的效率。由于这种突触修剪会受环境因素的影响，儿童发育过程中的经验决定了哪些突触会得以增强而哪些不会，这就为其将来的发展和学习奠定了重要的基础"。[1]这表明个体能力成长既有生理学基础，同时也受到其后天学习和经验的影响。比如个体之所以在初三时的辩证思维发展能够得到快速发展，与初三时期的特殊性有密切关系——这是义务教育的结束阶段，学生面临人生中的一次关键考试，从学习内容到学习时间、体力消耗及心理承受能力等方面，都较之前有一个跃升——有研究发现，"相比未进行高强度学习的对照组被试，那些为医学考试充分准备了三个月时间的医科学生，其大脑皮层中呈现灰质增加的现象"[2]。虽然无论是否接受正规的学校教育，个体都会在人生的早期阶段学习和接受他人及社会历史文化经验，接受社会化过程，但相对于学校教育有组织、分阶段、有重点的专门培养与激发提高，特别是某些阶段性目标和关键环节的不可逾越性，现实生活和工作实践中较为普遍的实用性和变通性，对个体成长潜力激发的水平显著降低。正是从这个意义上说，"教育是儿童青少年思惟（维）发展中的主导性因素"[3]，如果没有经历学校教育中严格的逻辑思维训练，个体在现实生活实践中很难得到补偿，教育对个体认知能力的发展的影响也就显而易见了。

---

[1] ［美］科拉·巴格利·马雷特等编著，裴新宁等译，《人是如何学习的——学习者、境脉与文化》[M]，上海：华东师范大学出版社，2021年，第57—58页。
[2] ［美］科拉·巴格利·马雷特等编著，裴新宁等译，《人是如何学习的——学习者、境脉与文化》[M]，上海：华东师范大学出版社，2021年，第65页。
[3] 朱智贤、林崇德，《思惟发展心理学》[M]，北京：北京师范大学出版社，1986年，第102页。

※ 案例4-6 农民工与大专生职业发展轨迹对比

同年龄农民工会比大专学生早年外出就业务工。农民工在学校学习时间短，某些只读完初一就开始外出务工，有些读完高中职高未能上大学外出务工。高中毕业后上大专三年，有些大专生最后一年大部分时间在实习务工。

一般地，大专学生在实习或毕业后就业的一年左右大致能赶上同年龄段农民工职业发展水平，图4-1中虚线左边与实线开始重叠。在其后的2—3年基本上与同龄农民工处于相同职业发展水平，图4-1中虚线与实线重叠部分。然后开始分化，大专学生展示出较强的职业发展能力，图4-1中虚线与实线右边开始分离。虚线往上翘起表示大专学生职业发展相对于农民工以更快速度提升。

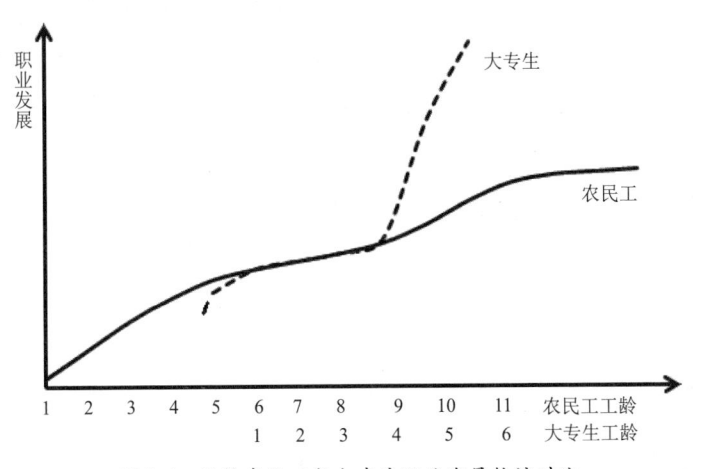

图4-1 同龄农民工与大专生职业发展轨迹对比

虚线在起始位置低于农民工的经验，职位也可能偏低，这可以解释大学毕业生出校门时工资低于农民工。对于企事业单位来说，刚出校门的大学生一般工作表现会比不上已经有数年岗位工作经验的农民工，大学生需要一段时间的工作实践过程才能赶上数年经验的农民工。虚线与实线的曲线重叠处表示两个同龄群体工作表现总体水平相差无几，各自弱点：农民工经验零散不系统，不具有逻辑地看问题的能力，大专学生经验积累不够。

周化明,《中国农民工职业发展问题研究》[D],湖南农业大学,2014年,第44—45页。

"知识仅仅是已经获得并储存起来的学问;而智慧则是运用学问去指导改善生活的各种能力。知识,如果只是作为单纯的知识,它不包括特殊的理智能力的训练;而智慧则是理智训练的最好的成果。"[1]个体接受教育的目的,不只是获得一些现成的知识,能力上的成长有着更加重要的意义。虽然"知识、技能的掌握,并不意味着一个人智力或思惟(维)的高低",但智力和思维脱离知识、技能而孤立存在,是"在掌握和运用知识、技能的过程中完成的"[2];因此,任何时候都不能离开知识的学习而来讨论能力的发展与提高。这也是现代学校教育中虽然非常重视学生的能力发展与提高,但知识的传授与学习依然占据重要的基础地位的原因之所在。

第二节 教育过程中的个体成长

众所周知,从出生到死亡,人的生理性发育成长及衰老具有明显的阶段性特征;现代心理学研究也发现,个体在知识学习和能力成长方面同样有关键发展期概念。比如林崇德认为,随着"儿童的知识经验的增长、语言能力的不断提高,以及教学的有效指导"[3],小学四、五年级之间有一个思维发展的加速期,这一时期小学生在概念分类能力、辩证逻辑思维发展以及思维独创性等方面都较前一阶段有明显的提高或转折。到了高中二

---

1 [美]约翰·杜威著,姜文闵译,《我们怎样思维·经验与社会》[M],北京:人民教育出版社,2005年,第61页。
2 朱智贤、林崇德,《思惟发展心理学》[M],北京:北京师范大学出版社,1986年,第130页。
3 林崇德主编,《发展心理学》[M],北京:人民教育出版社,2018年,第285页。

年级，学生的抽象逻辑思维基本成熟，包括各种思维成分基本稳定，"基本上达到了理论型抽象逻辑思维的水平"；个体间在思维品质和类型上的差异基本定型，思维的可塑性大大减少。[1] 美国学者帕特里克·金和斯特罗姆·基奇纳将个体的认知发展划分为7个水平3个阶段：其中1—3水平是前反思思维阶段、4—5水平是准反思思维阶段、6—7水平是反思思维阶段。根据教育阶段与学生思维发展水平的对应关系，大致可以总结说：高中学生较为普遍地处于前反思阶段（平均得分为3.20），相信知识的确定性；大学生较多地处于从前反思思维向准反思思维过渡阶段的后半期（平均得分为3.60—4.00），开始接受知识的不确定性；研究生处于准反思思维阶段（平均得分4.76），少部分高年级博士生已经达到从水平5向水平6转变的阶段，认为知识是依据不同信息源而进行的个人建构。[2] 类似的研究还发现，教育过程中的学生成长并不是以线性发展图式呈现的，比如工程学科的学生在大学最后一个学年会出现相对于其他学年更明显的认知发展水平提高，据研究者推测，这个提高很可能与工程学科的学生要在大四学年更多地参与实际工程项目、完成毕业设计有关。[3] 另外，大学生的认知思维发展水平还存在明显的学科差异，有研究发现，相比文科生，仅1/4的理工科学生在毕业前能够熟练运用以独立思考为特征、开放且灵活的思维方式来分析和解决问题。[4] 以上研究表明，个体的认知思维发展虽然有规律可循，但与个体各自的学习过程同样有密切关系。

---

[1] 林崇德主编，《发展心理学》[M]，北京：人民教育出版社，2018年，第333页。

[2] Patricia M. King, Karen S. Kitchener, "The Reflective Judgment Model: Twenty Years of Research on Epistemic Cognition" [A], Barbara K. Hofer, Paul R. Pintrich, *Personal Epistemology: The Psychology of Beliefs about Knowledge and Knowing* [C], Routledge Taylor and Francis Group, New York and London, 2002, p. 37-62.

[3] J. Wise, S. Lee, T. Litzinger, R. Marra, B. Palmer, "A Report on a Four-Year Longitudinal Study of Intellectual Development of Engineering Undergraduates" [J], *Journal of Adult Development*, 2004 (2): 103-110.

[4] M. J. Pavelich, W. S. Moore, "Measuring the Effect of Experiential Education Using the Perry Model" [J], *Journal of Engineering Education*, 1996 (4): 287-292.

※ 案例4-7　儿童几岁能守恒?

"守恒"是皮亚杰的术语,指对物质从一种形态转变为另一种形态时,物质含量保持不变的认识。皮亚杰认为前运算阶段的儿童的思维只能集中于问题的一个维度,注意的是事物表面的、明显的特征……(他认为)5—6岁儿童处于守恒的转折阶段……一般在8岁左右达到守恒……

……新近的一些研究认为皮亚杰低估了儿童的能力。如在一个数量守恒重复实验中,只有少数(16%)4—6岁儿童理解了数的守恒。然而,不久以后……却有63%的幼儿说物体的数目没变。格尔曼等用较小的数目对3—4岁儿童施测。结果发现,他们能意识到数的一一对应和数的守恒。不过,数目如果增大,6—7岁儿童仍不能达到守恒。

还有人(Dasen, Ngini & Lavallee, 1979)研究了文化背景和训练对儿童守恒的影响,比较澳大利亚堪培拉的儿童和土著儿童的液体守恒概念。结果发现,在没有训练的情况下,后者50%到14岁还未掌握守恒概念(详见图4-2),训练后仍比前者落后3年。

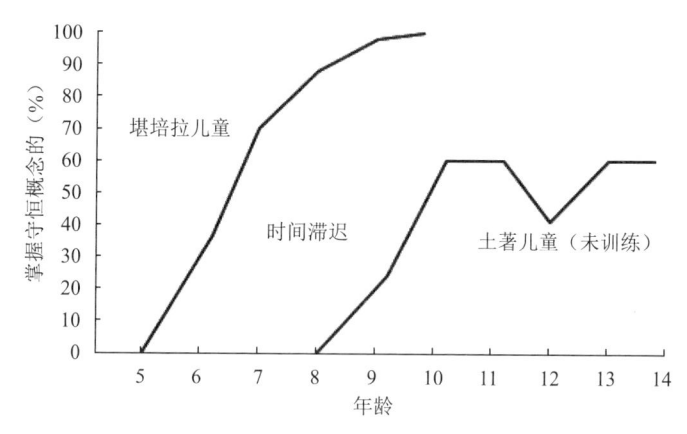

图4-2　堪培拉儿童和土著儿童掌握守恒概念的比较

林崇德主编,《发展心理学》[M],北京:人民教育出版社,2018年,第212—213页。

案例4-7中的系列实验说明，儿童形成守恒概念需要具备一定的生理基础，在生理基础不具备时，训练即使有效果，也较为有限；但如果错过了适时训练，那么这一概念的形成可能会被严重延迟，如果要达到与前述适时训练同样的效果，则需要花费更长的时间，有些人甚至可能终生都无法形成这一概念。实际上，个体认知及其他很多能力的获得，大都存在与案例4-7类似的规律。也正是从这个意义上说，现代心理学、神经生理学的诸多研究成果已经成为现代学校教育不可忽视的重要基础，只有教育教学的制度安排、内容选择，以及教育教学的评价、反馈等各环节，都与受教育者的身心发育情况相契合，学校教育的效果才是真正有益的。

根据个体进入学校后其成长发展的显示性特征，可以将个体的成长分为外显性成长和内隐性成长两部分，其中外显性成长意指可以被衡量观察的部分，比如知识点的掌握和知识量的增加、沟通表达能力的提高、交际面和活动范围的扩大、礼貌礼仪以及文凭/证书的获得、行为举止的变化等；而内隐性成长则主要指个体在思想观念、道德意识以及思维方式等方面的变化，这些变化大多难以通过考试、实验等方法手段去直接测量，但不能测量并不意味着其不存在或者没有意义。尤其对于教育过程中的个体来说，其成长是一个从知识、技能到思维方式、价值观的综合体，外显与内隐各部分的成长之间既有相互交织，也有各自独立的发展；而且相比于外显性成长能够产生的即时性效应（比如，考试成绩基本上可以反映出一个人即时的学习状态和知识掌握情况），内隐性成长可能较难被立即觉察到，因而对其意义和价值的认知可能会被延迟。但这两种成长对所有个体都是共同存在的，它们的成长机制不同，对个体的影响亦不同。为此，这里将对两种不同类型的成长分开阐述。

一、教育过程中的外显性成长

个体自开始接受正式的学校教育后，学习掌握知识便是最重要的任务,包括课堂提问、课内外作业、正式与非正式考试等,都是教师对学生知识掌握情况的考察。跟随学校的教学进度安排,学生的知识累积和能力进步情况大致可以按年级、学段予以判断区分。以教育部公布的我国义务教育语文课程标准为例,其中很明确地提出不同学段学生应该达到的一些基准性要求:比如在1—2年级学段至少要求识字1600个左右,其中800个左右会写,课外阅读总量不少于5万字,能够写自己想说的话、想象中的事物;到7—9年级阶段,识字量需达到3500字左右,课外阅读总量不少于260万字左右,能够在45分钟内完成500字的写作。[1] 其他课程也都有类似的分学段知识、能力要求。据此,就可以看出一个正常完成各阶段学业的学生从纵向视角的发展成长;并且学生的这种纵向知识能力成长具有连续性,特别是后一阶段的成长发展要以前一阶段为基础,如果过程中出现中断,通常很难顺利进入下一阶段。因此以知识掌握为核心的学业考试通常是学生获得升级/毕业的基础性标志,而不是根据学生的年龄或经历自动晋升。也正是从这个意义上,个体的知识拥有水平与受教育程度之间可以建立意义连接,即根据个体的受教育程度,能够初步判断其知识拥有水平;同时,由于所有个体的学习都不是对教学内容的"照镜子"式的倾注—反馈,而带有浓厚的个体性特征——"情绪、目标、社会关系、先前经验,以及认知的和生理的倾向,都会影响个体如何诠释情境,进而影响他们的所学。学习情境中不断变化的需求、特征及支持进一步影响着人们的诠释和情绪,这会影响他们决定做什么,进而影响他们学什么"[2]——使得即使同处于一个班级、一个年龄、一种地域文化背景等等的个体之间,依然会有学业成绩上的差异。这种差异化的成绩一方面是衡量学生个人学

---

[1] 中华人民共和国教育部,《义务教育语文课程标准(2022年版)》[M],北京:北京师范大学出版社,2022年,第7—17页。

[2] [美]科拉·巴格利·马雷特等编著,裴新宁等译,《人是如何学习的——学习者、境脉与文化》[M],上海:华东师范大学出版社,2021年,第12页。

习和知识掌握的情况，具有一定的绝对性意义；另一方面也具有评判不同学生个体在同龄人中相对位置的功能，具有一定的相对性和比较性意义。当个体或某一单位群体的学生在同龄人群体中持续表现出在某些方面具有较为稳定的领先或落后成绩时，则意味着该学生个体或群体在这些方面具有明显强于或弱于其他同龄人的成长表现。

※ 案例4-8　英国私立学校的"办学成绩"

　　2016年杜伦大学评估和监测中心的"学术增值"报告显示，英格兰私立学校学生在中学毕业的16岁时，学术领先于一般公立学校学生2年，而学校教育是唯一造成这种差异的因素，与学生入校前的已有能力、社会和经济地位、性别差异无关。报告同时指出，（私立学校学生）所有学科的平均成绩都较高，法语、历史和地理学科差异最大，化学、物理和生物学的成绩差异最小……根据2016年英国私立学校委员会的报告显示，93%的私立学校学生考入大学进一步深造，而七成学生进入前25名的英国大学……（英国）71%的高级军官、61%的医生、74%的高级法院及以上诉法院主审法官、71%的出庭大律师、51%的新闻领军人物、75%的英国音乐奖古典乐获奖者、67%的奥斯卡得主、48%的英国戏剧最高奖得主、34%的全球百强CEO、63%的英国诺贝尔奖得主、50%的上议院和下议院议员、2012年奥运会奖牌得主的四成和37%的2016年奥运会金牌得主、27.5%的金牌，都来自于私立教育系统。

　　李爽，《傲慢与偏见：英国私立学校访谈录》[M]，上海：上海社会科学院出版社，2017年，第6—7页。

　　进入学校教育之后，学生的成绩和成长性表现往往不只是反映学生个体的能力水平，还会反映一所学校的教育追求、办学风格和教育成就。自现代教育制度建立以来，不同国家、民族和政治经济文化背景下的个体受教育权基本得到保障,但由于各个国家不同程度地存在不同类型的政治、经济、文化资源等宏观保障条件以及具体学校的校长、教师、学生等多方面的差异,使得学校间的差异最终会通过学生的各方面成长表现出来。这在很大程度上成为家长为子女择校的重要原因。

※ 案例4-9　不同学生对同一所学校的不同感受

李松是衡水中学2011届毕业生,在接受央视采访时说出了那段影响深远的话:"高考的形势很严峻,你多拿一分,就可以在全省压倒一千人,或者是甚至更多!"十年后李松再次进入衡水中学,这时他已经成为联合国的一名外交官,陪同前外交部部长李肇星访问衡水中学。在这次访问中,李松感谢在衡水中学的学习时光,让他的性格更坚强,更有拼搏精神。

孕育岛,《记得"多拿一分干掉千人"的衡水学霸吗?十年过去,李松现状如何》[OL],https://baijiahao.baidu.com/s?id=1698464049347041245&wfr=spider&for=pc。

李纯觉得,在衡(水)中(学),必须脸皮特别厚,内心特别强大,才能保证自己的内心不受伤害。老师们会见缝插针地宣讲成功的重要性,"你为了有一定的社会地位,你为了不被别人看不起,你就要努力学习","人一定要成功,不成功便成仁";还有在讲台上挥着手臂流着泪的同学,激昂澎湃地喊着:"我要拼!我要挤破重围!"李纯也曾在崩溃的边缘徘徊过,但她后来找到了扑灭心中疑惑和不服的方法,接受她曾经"鄙视"一切,"你越批判这个东西你就会越痛苦,索性还不如就不要脸,参与进来,让自己麻木一点,这样就不会痛苦。"离开衡中,李纯在大学解锁了一切在衡中不被允许的、影响学习的事情,"我在大学真的没有好好学习,因为我高中太累了,学够了,上大学千万别让我学习。"

后浪研究所,《那些"衡水中学"的毕业生,后来都怎么样了?》[OL],https://36kr.com/p/1320223428725257。

案例4-9显示了学校虽然是影响学生成长的重要因素，但不是唯一因素。衡水中学代表了近年来在国内颇有争议的一种高中类型，由于奉行"全面封闭式、军事化、寄宿制管理"的模式，渲染"只要学不死就往死里学"的争分夺秒式的极限学习氛围，学校故意夸大高考对学生未来的影响，并将高考平均成绩、入读清华北大的学生人数、一本上线率等视作衡量学校办学成功与否及教师教学能力高低的最重要指标。部分学生会将这种学习教育经历视为一种对个人意志的磨炼，部分学生则质疑、抱怨甚至痛斥这种教育管理模式是将学生视为"学习机器"，还有小部分学生则从心理或生理上无法适应这种教育管理模式，甚至出现各种心理或生理疾病。学生群体的这种分化，正验证了不论是教师的教还是学生的学，本质上都取决于以下三组因素的交互作用："（1）学习者的先前知识、经验、动机、兴趣、语言、认知技能；（2）教育者自身的经验和文化影响；（3）学习环境的文化、社会、认知和情感特点。"[1] 同是衡水中学的毕业生，有的同学可以从中获得各方面的积极成长，不仅他们的学业成绩、升学以及职业发展等多方面有相对较好的表现，而且对过去的学习生活及未来发展均持相对积极的态度；有的学生则获得了相对负面的成长体验和表现，他们不仅对学校和自己的学业成绩等表现出某种程度的不满意，严重者还会出现厌学、抑郁、不遵守校纪校规以及无法完成学业等消极表现；还有部分学生可能介于上述两种情况之间，他们对自己和学校都可能表现出某些方面的满意和另一些方面的不满意。因此，对于学生个体来说，学校教育对其外显性成长的支持程度，与其个性因素及其个人与学校目标、教育环境、教师教育教学的方式方法等的和谐程度、适应情况密切相关。

---

[1] ［美］科拉·巴格利·马雷特等编著，裴新宁等译，《人是如何学习的——学习者、境脉与文化》[M]，上海：华东师范大学出版社，2021年，第6页。

※ 案例4-10　两个学校的分数观

对待考试，北师大附中的风气是不重视分数，而是重视平时的学习和积累。钱学森曾回忆说："明天要考试，今天要备考，那是没出息。要考试，就是不做准备的考，那才叫真本事。学校也提倡这个风气。我们那个班里，一般考下来都是70多分，拔尖的有几个考80多分，不过如此，但这是真的（水平），不是假的（水平），不是死记硬背的。"

北师大附中老师的评分方式也是别出心裁，如果出了五道题，学生都答对了，但是解法平淡，就只给80分；如果答对了四道题，但解法有创新，就给100分，还要另加奖励。

……和北师大附中不同，交通大学对学生要求十分严格，考试特别多，小考、大考、期末考、学年考……各种考试不断。而且学校非常重视考试分数，要计算到小数点以后两位数。

钱学森进取心很强，看到同学们都重视考试，他也不甘落后，非考90分以上不可。有一门化学分析课，为了考出好成绩，钱学森把整本英文版的教科书，从第一页到最后一页，连同注解全部背了下来。

钱永刚编著，《听馆长讲钱学森故事——110个故事带你了解钱学森的一生》[M]，上海：上海交通大学出版社，2021年，第10—11、14—15页。

正如案例4-10中两所学校及老师对待学习和分数的态度、原则，会对学生日常的学习行为和考试态度产生影响一样，学校教育中所有"有目的、有系统、有组织"的相关活动，都会以不同方式不同程度地"影响入学者身心发展"[1]，并最终通过学生的态度、行为等予以反馈。这本质上是每一个学生通过对学校教育目的、内容、方法等进行个性化的理解

---

[1] 叶澜主编，《教育学原理》[M]，北京：人民教育出版社，2007年，第57页。

吸收后，再以个体行为的方式予以表现外显化。从这个意义上说，教育者的所有活动行为，只有经过受教育者的理解、认可、内化后，才具有影响作用；而在此过程中，受教育者个人的身心状况及其与其同伴、教育者之间的关系，其所处宏观与微观经济、社会、文化、环境等各方面的因素，都可能对受教育者的受教情况产生影响。

> ※ **案例4-11　老师提问的魅力**
>
> 　　从小，吕志涛外语课学的是英语，上大学时，学校改学俄语了。全班只有两个同学从未接触过俄语，吕志涛就是其中一个，连33个俄文字母都不认识。
> 　　可是，俄语老师却总是提问吕志涛。这让从小就是优等生的吕志涛有些难为情，还为此哭了鼻子。从此，他几乎每天捧着俄文词典，关键词就用红笔画出来背，扩大词汇量和知识面。一百多页的俄文词典，他反反复复翻看。研究生阶段时，吕志涛阅读俄文文献就和中文文献的速度一样快了。
> 　　雷宇，《院士的中学时代》[M]，北京：中国青年出版社，2021年。

在教育过程中，不论是知识学习、意志锻炼，还是语言、行为习惯的养成等，都既需要教育者有目的有计划的引导、督促与检查，更需要受教育者个人对各种教育行为要求的接受与认同，甚至有时候还需要付出一定的努力才能获得相应的知识或行为要求等。案例4-10中的钱学森和案例4-11中的吕志涛都曾经为了学习而付出了很大的努力，从外显性成长的角度看，除了优异的考试成绩和熟练的阅读文献是外显性成长外，自觉学习和背诵的习惯也同样是可以被观察到的外显性成长。

根据当前我国各级教育制度的安排，随着学段的升高，学校和班级数量逐渐减少（从小学到初中、高中及大学阶段分别减少了66%、59%和

87%），校均规模明显扩大（详见表4-1）。这就意味着个体在完成某一级别的教育后，要接受更高学段的教育，除了学习科目增加、知识内容的难度会增大以外，还需要接受因就学需要而离家的距离更远、班级/学校中同学人数增加、同学间出现家庭社会背景差异化和异质化的可能性也更大，个体的生活半径随就学层次的提高而自然扩大，个体需要面对越来越多的"新"变化。美国心理学家奥尔波特认为，人只有通过新紧张所创造的经验和冒险才能成长。[1] 个体能否自如应对伴随学校教育而来的各方面情况和变化，实际上就代表着个体在学校教育环境下的整体成长水平，并对其后续的成长发展产生影响。

表4-1 我国不同学段班级和学校规模表

学历情况		校数（所）	上一级学校是下一级学校的比例（%）	校均人数（人）
小学		154279	—	699
初中		52871	34.3	949
高中（21879）	普通高中	14585	41.4	1786
	中等职校	7294		1798
高校（2756）	普通高校	1238	12.6	15244
	职业院校	1518		9658

数据来源：中华人民共和国教育部，《2021年教育统计数据》[OL]，http://www.moe.gov.cn/jyb_sjzl/moe_560/2021/quanguo/；《全国教育事业发展统计公报》（2021）[OL]，http://www.moe.gov.cn/jyb_sjzl/sjzl_fztjgb/202209/t20220914_660850.html。

二、教育过程中的内隐性成长

教育过程中，受教育者除了获得成绩、能力、行为、态度等方面的

---

[1] [美] D. 舒尔兹著，李文湉译，《成长心理学》[M]，北京：生活·读书·新知三联书店，1988年，第27页。

成长之外，以人生观、世界观和价值观为代表的个体在思想观念、道德意识以及思维方式等方面的成长，对个体同样具有重要意义。相比较而言，一方面，个体在教育过程中所获得的外显性成长较易被观察感受到，而内隐性成长是以思想、意识、观念等方式隐藏于外显性行为之后，不易被观察体验到，也更难进行比较和衡量，因此，外显性成长通常会成为人们追求和比较教育效果的重点。另一方面，知识、行为等外显性成长本身以及成绩、文凭等外显性成长的表征均具有一定的时效性，即当离开特定环境条件时，部分外显性成长及其意义可能会消失。比如个体在学校教育中获得的部分知识、形成的某些行为习惯，会因为环境的改变而被遗忘或改变；成绩和文凭等所具有的门槛性意义，在升学和就业等特定事项完成后，其表征性意义基本上就处于"闲置"状态；而思想观念、道德意识等内隐性成长，虽然其获得过程较为漫长，但对个体的影响相对会更持久、稳定。

※ 案例4-12　外显与内隐的冲突

进入大学之后，我笨拙地在北京这个大都市学着说快听不出乡音的普通话，和城市里长大的同学去交朋友，穿梭于环境优雅的校园，消费有品牌的衣服，和朋友去星巴克喝咖啡，去宜家看家具，在吃西餐的时候尽力表现得娴熟。但在投身和融入这种式样的生活时，脑海中偶尔会浮现父母在农村的辛劳与勤俭，之后就陡然觉得慌张和不安。

程猛，《"读书的料"及其文化生产——当代农家子弟成长叙事研究》[M]，北京：中国社会科学出版社，2018年，第18页。

在案例4-12中，通过连续不断的学校教育以及自觉与不自觉的自我训练，"我"已经能够说"快听不出乡音"的普通话、与成长背景不同的同学交朋友、适应和接受城市生活方式等等，这些都是人人可见的"我"的成长；但在别人看不见的地方，"我"会对这种原本不属于自己的城市生活方式产生某种"慌张和不安"。这种慌张与不安，实际上代表着"我"对自己表面上已经基本完成的生活方式改变缺乏深层次的思想或意识认同——对城市生活方式的接受，某种程度上便意味着对乡村生活亦即自己本来属于其中的生活方式的背叛。行为先于思想的转变，使个体从表面上接受了城市化生活方式的改造，但本质上自己从思想意识上对这种转变或改造还带有某种本能的排斥或抗拒——"脑海中偶尔会浮现父母在农村的辛劳与勤俭"——这种深层次的反思与挣扎从表面上难以察觉，反思的过程和结果最终也未必能够直接体现到个体真实的言语行为上，正是随着受教育程度的提高，以及个体知识量的增加和认知思维能力的提高，才使个体具备了这种反思能力，并可以不断监视自己的思维言行。个体通过对自己及周围事物的思维监控，能够自觉反思自己的言行及其后果影响，并通过不断的"质疑假设""推断和联想"[1]，培养和锻炼对个体言行的控制力，从而能够更多地摆脱惯例、文化等环境氛围的影响以及直觉、情绪等即时反应的控制。个体在思想观念、行为方式、情感意志等方面的类似变化，是其长期适应社会文化和即时环境等多种因素、多种能力综合作用影响的结果。对于个体来说，由于思维方式、情感意志的倾向性及社会文化等的相对稳定性，其言行具有长期一贯性特征；同时，个体的所有言行都是面对其时、其境、其事、其人等多种情境因素的特定言语行为反应，因此又几乎都是难以重复的。相对来说，个体言行的一贯性特征更明显，这也意味着个体言行更多地受到思想观念、思维方式等稳定性因素的影响。

---

1 ［美］黛安娜·帕帕拉、萨莉·奥尔茨、露丝·费尔德曼著，李西营等译，《发展心理学（下）》［M］，北京：人民邮电出版社，2013年，第23页。

※ 案例4-13 我在对手面前打了一个败仗

普林斯无论如何也算不上是一个老练的人，当我去见他的时候，我心平气和地说明了情况，一点也没有生气的意思。但是我说，像这样的情况是无法接受的，必须允许我夫人前来探视。

普林斯似乎根本就没有听进去……还没等我把话说完，他就对我的夫人出言不逊，这让我立即发了火。

我从椅子上站起来，绕开他的办公桌向他走去。普林斯开始退却，但是，我又立即克制住了自己。我真想狠狠地揍他一顿，但是，我没有用拳头教训他，而是用语言狠狠地教训了他一顿。我不是一个喜欢出言不逊的人，但是，那天我违反了自己的原则。我告诉他，他是一个不知廉耻的人，如果他再重复一次他所说的那些话，我那天绝对不会轻饶他。

我说完话后，立即气冲冲地转身走出了他的办公室……尽管我驳得普林斯哑口无言，但是，他却使我失去了自我控制能力，我认为这是自己在对手面前打了一个大败仗。

［南非］纳尔逊·曼德拉著，谭振学译，《漫漫自由路》［M］，济南：山东大学出版社，2005年，第404页。

由于别人的冒犯而使自己情绪激动并一定程度地失去了对自己语言行为的控制，这是"我"认为自己在对手面前打了败仗的关键。根据心理学的相关研究，自我控制是"个体对自己的心理与行为的主动调控过程，特别是指抑制短期的冲动以追求长远的更大目标的心理过程"[1]。就案例4-13来说，"我"本来是想心平气和地向对手表达自己的不满和诉求，但因为"普林斯"对"我夫人"的冒犯，当即使"我"一下子变得怒气冲冲，一时失去了对自己言行的控制，违背了自己已有的原则。可以看

---

1 黄希庭主编，《简明心理学辞典》［M］，合肥：安徽人民出版社，2004年，第524页。

出,"我"本来对自己应该如何与别人有效沟通持有既定的原则和立场,但特殊情境的出现会使得个体突然丧失对自己的控制力,正如案例4-13中的"我";值得注意的是,"我又立即克制住了自己",这种克制的力量实际上来源于"我"较长时间以来对自己过往经历的反思和未来目标的希冀,是一种理性反思的结果。现实中并不是所有的人都会有这样相对持久稳定的原则立场,比如洛克曾列举过三种缺乏原则立场的人:"第一种人几乎完全没有理智,他们所做的和所想的是仿照别人的样子,例如以家长、邻居、牧师或依据盲目的信仰而选择出来的其他什么人为榜样";"第二种人是以情感代替理智,并决定以感情支配他们的行动和论证,除了适合他们的性情、利益或党派以外,对于任何更进一步的问题,他们既不动用自己的思考,也不侧耳倾听其他人的论证";"第三种人心甘情愿地遵从理智行事,但是,(他们)缺乏巨大的健全的广泛的意识,对于问题没有一个全面充分的看法……他们只是和一种人发生交往,只是读一种书,他们只听得进一种意见"。[1] 显然,这三种人看上去都不曾接受过有组织的教育,他们完全处于自然学习和适应状态。20世纪70年代国际教育发展委员会主席埃德加·富尔曾说:"人类发展的目的在于使人日臻完善;使他的人格丰富多彩,表达方式复杂多样;使他作为一个人,作为一个家庭和社会的成员,作为一个公民和生产者、技术发明者和有创造性的理想家,来承担各种不同的责任。"[2] 任何个体若要实现上述目标,没有足够的自我反思能力和控制能力,几乎是不能想象的。

近年来,"精致的利己主义者"成为一个热词,其意指一批"世俗,

---

[1] 转引自[美]约翰·杜威著,姜文闵译,《我们怎样思维·经验与社会》[M],北京:人民教育出版社,2005年,第30—31页。
[2] 埃德加·富尔,《致联合国教科文组织总干事勒内·马厄的信》[A],见联合国教科文组织国际教育发展委员会编著,华东师范大学比较教育研究所译,《学会生存:教育世界的今天和明天》[M],北京:职工教育出版社,1989年,前言,第2页。

老道，善于表演，懂得配合"[1]的高学历精英群体，他们通过充分利用各种权力、政策及其他各类社会资源工具，以"貌似"公正合理的方式，追求个人/群体利益的最大化。虽然谋求功名利禄在任何时代任何社会都是人生常态，但无论在东方还是在西方的文化传统中，都有对能力更强的人需要承担更大社会责任与使命的共识。我国宋代大儒朱熹曾在《大学章句序》中说，必须承认每个人的天性气质"或不能齐"，其中"有聪明睿智能尽其性者，出于其间，则天必命之以为亿兆之君师，使之治而教之"[2]；而来自英国的中产阶级"自认为很有教养，受过熏陶而且很有远见"，因此也就理所当然地"认为自己拥有统理国家事务的权力"。[3]不论是朱熹所认为的"聪明睿智"者，还是受过良好教育的英国中产阶级，他们能够担当大任，除了个体自身的先天禀赋之外，还需要足够的教育、培养和熏陶。即使现代社会已经赋予所有人平等受教育的机会，大多数人能够从受教育的过程中得到收益，但一方面，"能力较低的人倾向于接受更少的教育"，即能力越强的人倾向于接受更多的教育；另一方面，即使接受同样的教育，相比能力低的人，能力高的人"教育收益提高得更快"[4]，从而在接受教育与个体素质能力之间形成循环加持——素质能力越强的人有更多接受更好教育的机会，更多更好的受教育机会进一步加持和稳固了他们更高更强的能力素质。而这种循环加持的结果就是能力素质强的人获得了较其他人更好的发展机会和职业岗位，并最终有更大可能成为各方面的领导者和决策者；相比较而言，普通人在某种程度上也更心甘情愿接受来自他们的领导或引导，比如在两次世界大战中，英国

1　王小青，《我们真的是"精致的利己主义者"吗》[J]，《北京教育（高教版）》，2018（3）：24—27。
2　宋元人注解，《四书五经》[M]，北京：中国书店，1985年，第1页。
3　[英]劳伦斯·詹姆斯著，李春玲等译，《中产阶级史》[M]，北京：中国社会科学出版社，2015年，第1页。
4　高曼，《教育筛选理论研究的新进展》[J]，《教育经济评论》，2017（3）：111—128。

"上层中产阶级成员——接受过良好的教育、举止文雅、具有好的体能及热忱——自然就成了军官",而受教育较少的工人阶级士兵则"完全乐意服从于公立学校学生和大学生军官"的命令。[1] 在相对稳定的社会环境下,因为有比普通人更强的能力、能够占据更关键的职位,能力强的精英群体不像普通人那样经常会受到"日常生活世界的制约",所考虑的也不仅仅是满足个人或家庭的"日常需求",而是可能对成千上万的普通人造成影响的程度。[2]

※ 案例4-14 "为中华之崛起而读书!"

"为中华之崛起而读书"这一激励中华儿女的励志名言,是1911年14岁的周恩来在回答老师提问时说出的……一天,正在上课的魏校长问同学们:你们为什么要读书?同学们纷纷回答:为父母报仇,为做大学问家,为知书明礼,为让妈妈妹妹过上好日子,为光宗耀祖,为挣钱发财……等到周恩来发言时,他说:"为中华之崛起!"魏校长听到一惊,又问一次,周恩来又加重语气说:"为中华之崛起而读书!"周恩来的回答让魏校长大为赞赏。

……

到东北上学接受西学教育,思想受到启蒙。周恩来小时候在淮安,除了得到养母陈氏的文化教育外,还在私塾读书学文化,到东北求学开始接触西学。周恩来1946年9月在接受美国记者李勃曼采访时说:"十二岁那年,我离家去东北,这是我生活和思想转变的关键,没有这一次的离家,我的一生一定也是无所成就,和留在家里的弟兄辈一样,走向悲

---

1 [英]劳伦斯·詹姆斯著,李春玲等译,《中产阶级史》[M],北京:中国社会科学出版社,2015年,第365页。
2 [美]C.赖特·米尔斯著,李子雯译,《权力精英》[M],北京:新华出版社,2017年,第1页。

剧的下场。"……到东北上学，让周恩来开阔了眼界，知道了外国的一些情况，也初步看到了国弱民穷受欺凌的国内现状，当听到辛亥革命爆发，推翻清朝统治的消息后，在学校率先剪去象征清朝臣民的辫子。于是在魏校长问同学们为何读书的时候，他能自然而然地说出"为中华之崛起而读书"的励志名言。

周恩来从小学时立志"为中华之崛起"而读书，到南开学校毕业时与同学们互赠"愿相会于中华腾飞世界时"的留言，到日本留学又回国参加五四运动，再到欧洲勤工俭学又回国投身革命……就一直为中华之崛起而奋斗。

石平洋，《周恩来的初心：为中华之崛起而读书》[N]，《学习时报》，2019年1月11日。

14岁就能发下"为中华之崛起而读书"的宏愿，周恩来具有超出普通人的素质能力；而他的这种素质能力，又经过后续教育和学习的不断明晰和强化。比如旅日期间，周恩来虽然没有如愿入读正规学校，但这期间得益于自己既能够阅读一些英文报纸，又能看懂日文书籍，他读到了不少宣传介绍俄国革命以及社会主义和马克思主义的著作，经过认真思考，并将其与其他各种学说进行比较，结果，他的思想越来越倾向于马克思主义。[1] 但真正成为一个坚定的马克思主义者，他也经历过"谈主义，我便心跳"的"推求比较"——"一来因为天性富于调和性，二我求真的心又极盛"[2]；其后，周恩来便将其毕生精力用来追求这个经过审慎思考后所确定的思想信仰。因此，接受新式学堂教育不仅使周恩来收

---

[1] 杨明伟，《周恩来》[M]，北京：中央文献出版社，1999年，第25页。
[2] 怀恩选编，《周总理青少年时代诗文书信集（下卷）》[M]，成都：四川人民出版社，1980年，第316页。

获到西方近现代科学知识和相应的文凭证书，更重要的是在上学和读书期间所受到的思想启蒙，以及由阅读、观察、思考、分析等习惯所带来的素质能力的全面提高。正是从这个意义上，周恩来本人将到东北接受新式学校教育视作他人生道路上的重要转折。而我国当下出现的"精致的利己主义者"现象，实际上包含了社会各界对部分具有高能力高素质群体没有承担起更高的国家使命和社会责任的失望——他们不仅没有将个人不凡的天赋能力用于谋求国家、社会乃至人类的进步发展上，反而完全视作为追求个人利益和功名最大化的私产和工具。这种现象的产生，归根到底在于现代社会特别是学校教育过程中过分在意学生的外显性成长（包括各类证书、文凭、考试成绩、言谈举止、工作能力等），而忽略了以理想信念和人生观、世界观、价值观等为核心的内隐性素质提高。

实际上，个体思想信仰和人生观、世界观、价值观的形成，与个体的知识掌握水平存在相关。比如《马克思恩格斯传》的作者——德国柏林洪堡大学教授科尔纽——所认为的，"只是在马克思和恩格斯接受了并且'翻转了'德国古典哲学的最高成就——辩证法之后，他们才有可能在研究英法两国理论并且把它们应用于无产阶级运动的基础上创立辩证唯物主义和历史唯物主义；而辩证唯物主义和历史唯物主义已经不是空想社会主义的基础，而是科学社会主义的基础了"[1]。这表明马克思恩格斯的思想理论学说，是在他们认真研究和汲取德国的古典哲学、英国的政治经济学和一般法国革命学说的基础上形成的。没有丰厚的理论基础和对资本主义制度的深刻考察，不会有马克思主义理论的诞生。随着现代科技的发展进步，越来越多的知识进入学校，科学主义和工具理性一定程度上左右了人们衡量和评判个体成长的标准，内隐性成长因其观测评

---

[1] [法]科尔纽著，刘磊等译，《马克思恩格斯传（第1卷）》[M]，北京：生活·读书·新知三联书店，1963年，第3页。

判的不易而被忽视和弱化。但正如培根所说的——"知识就是力量",但知识的力量向度完全取决于掌握它的人。因此,如果个体的内隐性成长没有与外显性成长同步同向发展,其所拥有的外显性能力可能不仅无助于人类社会的进步,甚至可能会像精致的利己主义者一样,成为社会发展和人类文明进步的障碍。

※ 案例4-15 杀害母亲的"学霸"

2015年7月11日,北京大学大三年级本科生吴谢宇在家中将其母亲杀害后,用床单、塑料膜等将其尸体包裹75层,并放置活性炭包、冰箱除味剂。之后吴谢宇向亲友隐瞒杀害母亲的真相,虚构自己要带着妈妈一起去美国做交换生交流学习,以需要生活费、学费、财力证明等理由,以其母亲的名义,从亲戚处借款144万元。事过半年后,警方在其亲戚报警后发现其母亲已遇害。在案发现场,警方还发现吴谢宇在家中装有远程摄像头,供其随时监控家里的情况。

案发后吴谢宇购买了三十余个身份证,不断伪造变换身份,直到2019年4月被警方抓获。

法院审理后认为,吴谢宇悲观厌世,曾产生自杀念头;在其父亲病故后,他认为母亲谢天琴的生活已失去意义。

吴谢宇曾经以福州教育学院第二附属中学中考第一名的成绩,考入福州一中;2012年,被北京大学提前录取。大学期间,吴谢宇曾获得过"三好学生"称号和奖学金,还担任过班长。

朝花,《史上最全最详细北大吴谢宇弑母案情分析介绍》[OL],https://zhuanlan.zhihu.com/p/64835729;吴谢宇,百度百科[OL],https://baike.baidu.com/item/%E5%90%B4%E8%B0%A2%E5%AE%87/19431403?fr=aladdin。

案例4-15中的吴谢宇，在弑母案发之前，其外显性标签光鲜亮丽——中考全校第一、高中时被北大提前录取、大学期间的三好学生、奖学金获得者和班长等等；但其内隐性成长远远跟不上其外显性成长的步伐，即如法院审理后所认为的，在亮丽的外显性标签下面，他的内心里却是悲观厌世，没有找到生命存在的价值和意义，并以他所以为的在父亲去世后其母亲的生活已经失去意义为由，走向有违人伦道德和法律的不归路。类似吴谢宇这种外显性成长与内隐性成长极不协调的人虽然是人群中的少数极端，但受惠于当前教育制度、被绩效主义挟裹下获得了若干各种各样外显性成长标签的个体，其内隐性成长是否达到了相应的水平，仍然值得关注。

> ※ **案例4-16　当代大学生理想信念调查**
>
> 　　最近有研究对广东部分大学生的理想信念情况进行调查，结果显示：绝大多数大学生认为理想信念对个人的成长发展重要（93.4%），但也有一小部分认为不重要（3.4%）或者表示不清楚（3.1%）；在具体信仰的调查中，41.3%的同学表示信仰马克思主义，29.5%的人信仰科学技术，信仰自己和宗教的同学分别有9.6%和6.6%，无信仰的同学占9.9%，还有1%的同学认为金钱至上；超过4成的被调查者认为当前大学生的理想信念过于功利化，更多倾向于个人利益和权益；还有1/4的人认为当前大学生群体中存在一定程度的社会责任感缺失；1/3的大学生表示他们的理想信念会受家庭教育的影响，接近一半的大学生表示网络舆论影响着他们的理想信念的形成。
>
> 陈化水，《新时代大学生理想信念现状调查及教育对策——基于广东6所高校的调查》[J]，《高教论坛》，2022（6）：112—115。

从以上数据可以看出，虽然当前在我国大学教育中，培养学生具有健全的人格与良好的品德修养，具备一定的社会责任感和职业道德被列入各大学的人才培养目标,并为此开设了专门的思想政治课程,但部分大学生依然没有形成积极稳定的理想信仰;并且,相较学校教育,网络舆论和家庭教育对他们的理想信仰确立有更为明显的影响,这对我国大学思想政治教育的有效性提出了挑战。从生理上说,大学生已经进入成年初期,并开始面临职业、婚姻和生活方式等越来越多需要个人做出独立判断和抉择的事项。但这些现实问题并不像教育过程中的学习和考试中那样有明确答案,只依靠在学校教育中获得的相关训练很难较好地解决各种现实问题,于是个体在成年早期便开始出现一种新的思维形式——"变通性思维"形式。处于这一时期的个体,开始明显意识到现实生活中的各种条件及限制,从而促使个体更倾向于"根据问题情境进行具体的和实用的分析和思考,并不严格按照逻辑法则进行推演";"变通性思维"不是个体已有思维的退化,而是成年人"不断成熟和发展的表现",一旦形成,"随后便逐渐固定下来,发展成为成年期认知活动的一般形式"。[1]

※ 案例4-17 马克思的思想转变

在政治和社会倾向方面,甘斯(黑格尔的学生,具有自由主义思想,时任柏林大学刑法课教授)与其说想使自己的学生成为学者,毋宁说想给他们灌输他所信奉的观点。他把自己的讲座变成了一座讲坛,他就在这座讲坛上来评述当代最重要的问题和事件……他不仅仅在纯学术方面,而且在政治和社会方面都对学生们发生了巨大的影响。毫无疑问,马克思十分深刻地受到了这种影响。不能认为,在马克思刚到柏林(大学)的时候,甘斯就完全决定了他的思想方向,因为在家里和在中学时他就已经初步认识了自由主义;但依然可以说,甘斯的影响在一切方面都很大。首先,甘斯在使马克思转向黑格尔哲学方面起了很大作用,而

---

[1] 林崇德主编,《发展心理学》[M],北京:人民教育出版社,2018年,第383页。

这种哲学在马克思的首先发展中引起了决定性的变化……甘斯的影响还是加强了马克思的自由民主情绪，唤起了他对社会问题以及从社会主义观点解决这个问题的兴趣。

［法］科尔纽著，刘磊等译，《马克思恩格斯传（第1卷）》[M]，北京：生活·读书·新知三联书店，1963年，第88—89页。

可以看出，个体思想信念的形成并不是一个自然成长的过程，而是与个体的经历尤其是受教育经历密切相关，其中随受教育程度提高而逐渐形成的反思性思维（反省思维）能力，对个体思想信念的形成更有直接关系。根据杜威的解释，个体要形成反思性思维需要具备两个条件：一是外界出现了能够引起个体"思维的怀疑、踌躇、困惑和心智上的困难等状态"，二是个体产生了积极"寻找、搜索和探究的活动，求得解决疑难、处理困惑的实际办法"。[1] 尽管理论上"每一个成年人都具备成为反思性思考者的潜能，但只有少数人能够将这种能力发展到极致"[2]，原因就在于反思性思维需要个体通过不断的"判断、理解、概念"等思维过程，将"复杂的、混乱的、不确定的情境转换为一致的、清晰的、决定的或确定的情境"。[3] 因此，反思性思维的形成不只需要个体具有充分的知识和能力储备，还要接受充分的反思性思维训练。如果个体长期缺乏独立面对各种社会复杂问题挑战的机会，也就没有形成反思性思维及理想信念的基础条件，其内隐性成长也就难有大的突破。现实中的"高分低能""精致的利己主义者"等都是对不同类型的外显性成长与内隐性成长不匹配的形象描述。

1　[美]约翰·杜威著，姜文闵译，《我们怎样思维·经验与社会》[M]，北京：人民教育出版社，2005年，第19页。
2　[美]黛安娜·帕帕拉、萨莉·奥尔茨、露丝·费尔德曼著，李西营等译，《发展心理学（下）》[M]，北京：人民邮电出版社，2013年，第24页。
3　[美]约翰·杜威著，姜文闵译，《我们怎样思维·经验与社会》[M]，北京：人民教育出版社，2005年，第140页。

第五章 教育改变了什么？

从前面的分析中可以看出，教育对于现代人具有重要意义——从作为现代社会成员的意义上来说，教育给予了现代人顺利进入社会的重要基础和凭借；从作为独立自在的社会个体来说，教育是激发个人潜能、培养兴趣和养成人生观、世界观、价值观的重要场所。因此，无论是国家、社会，还是家庭、个人，现代教育都被赋予了重要期待。但正如法国数学家、哲学家帕斯卡尔所说，世界是很复杂的，任何一个单独的真理都是不充分的，如果脱离了和它互补的真理，就只能算是部分真理而已。[1] 教育对个体及社会的作用和意义，既会受到复杂的国家性、制度性、历史性、社会性等诸多重要社会背景因素的影响，也会受到家庭与个体的主客观投入及先天资赋条件的影响，以及重要社会背景因素与个体性因素的协调性及配合度的影响。在多种因素的复杂作用之下，首先不是所有的个体都能从现代学校教育中得到同样的收获；其次从普遍性意义来说，教育有可能也不是影响个体成长发展的唯一或者最重要的因素。因此，现代社会虽然需要所有的个体都具有某种教育凭证，但对不同个

---

[1] ［美］戴维·迈尔斯著，侯玉波等译，《社会心理学（第11版）》[M]，北京：人民邮电出版社，2016年，第74页。

体来说,这种教育凭证所具有的价值意义可能会有明显差别。

作为一种群居性动物,每个人从出生到死亡始终都处于不同类型的结构化社会中,并由此获得具有不同含义的社会性身份,比如作为家庭人、单位人、国家人以及不同的性别角色、种族角色等。个体的不同社会性身份在不同情况下发挥着不同作用,影响着个体在不同场合表达出其所承担社会身份的立场观点、言行举止,以获得不同类型和结构环节中的不同类型和不同程度的社会认可,避免各种或隐或显的社会拒绝。在不同类型的社会结构中,个体获得角色与位置的方式不同:有的属于先赋性位置,包括作为子女、父母以及种族、性别等生物谱系性角色;有的则是后致性位置,主要包括个体的职业性、社会性角色。教育不能改变先天的谱系性角色,但在如何看待和塑造自己的角色,以及如何获得及获得怎样的后致性角色方面,教育的影响深刻而广泛。本章主要在前面分功能讨论教育对个体影响的基础上,从教育对个体可能产生的综合性影响方面,探讨什么样的教育能够改变人,以及不同教育对人的改变是如何发生的。

第一节 什么样的教育能够改变人?

教育对人类的意义和影响自古以来就得到了认可,也正是在此基础上才使得教育能够与人类相伴始终。但现实中也不乏接受同样的教育,教育收获完全不同的案例。那么,教育对个体改变的这种差异性,根源在哪里?现代神经生理学的研究成果一定程度上给予了答案。

一、有意义的学习能够改变人的大脑结构

神经生理学的研究发现,突触是大脑中信息传递的接合点,具有刺激和抑制的属性。人在出生时,大脑仅拥有万亿个突触中的一部分,大

部分需要在出生后形成，并部分地受个体经验的指引。有神经生理学家用雕塑艺术来类比人脑中突触的形成，即通过修剪产出过剩的突触和添加新的突触，形成大脑中的连接。突触添加的过程涵盖了人的一生，并且在人生的中晚期更为重要。突触的增加由经验驱动，是一部分或大部分记忆的基础。通过对老鼠的实验研究（详见案例5-1），神经生理学家研究发现学习行为能够"使神经细胞变得更加有效或有力"，从而使"大脑皮质总体结构因接触学习机会和在社会情境中学习而改变"。[1]

神经生理学家研究还发现，是学习而不是练习能够改变大脑结构。有学者曾以一批原先不知道如何玩杂耍的人为被试，他们中的一半人后来参加了为期六周的杂耍课程，另一半人则没有参加，"被试训练前后的大脑结构区别，与其训练后所获进展或表现水平无显著相关，这表明这些脑区域的变化可能与培训所花费的时间或付出的努力有关，而不与训练达到的结果有关"[2]。另外，来自对大脑的解剖结果显示，大学生比高中辍学生的突触联结多40%，但未接受丰富刺激的大学生的突触较少。[3] 这意味着是学习内容的难度和新颖性刺激了大脑神经元，并促进了大脑结构的改变和重组——一方面，"一个人接触信息的质量和习得信息的数量反映其大脑的终生结构"，甚至可以肯定地说，个体的"大脑和心理的功能性组织取决于并得益于经验"；另一方面，大脑不是被动地记录和接受信息，而是主动对所接受到的信息进行编码，"通过诸如推理、分类等心理活动'创造'信息经验"。[4] 通过这样的组织加工过程，学习和脑发展

---

1 ［美］约翰·D.布兰思福特等编著，程可拉等译，《人是如何学习的：大脑、心理、经验及学校》[M]，上海：华东师范大学出版社，2002年，第134页。
2 ［美］科拉·巴格利·马雷特等编著，裴新宁等译，《人是如何学习的——学习者、境脉与文化》[M]，上海：华东师范大学出版社，2021年，第65页。
3 皮连生主编，《教育心理学》[M]，上海：上海教育出版社，2011年，第38页。
4 ［美］约翰·D.布兰思福特等编著，程可拉等译，《人是如何学习的：大脑、心理、经验及学校》[M]，上海：华东师范大学出版社，2002年，第133、140页。

之间实际上是以互惠方式发生相互作用。这一点在专家与新手的区别中得到很好的证明（详见案例3-4）。

※ 案例5-1　复杂环境下的老鼠更聪明

在一些经典的研究中，把老鼠放到一个杂居环境中，该环境充满物体，能为老鼠探究和玩耍提供充足的机会（Greenough，1976）。物体每天都在变换和重新摆设。在更换物品的时间里，动物被安放到另一环境中，该环境摆设另一组物体。因此，像在纽约下水道中或堪萨斯田野里真实世界的老鼠一样，这些老鼠具备相当丰富的经验，能通过这些经验提取信息。一个对照组的老鼠被放在一个典型的实验室环境中，在空荡荡的笼子里独自生活或与一、两只老鼠一起生活。

当生活在复杂环境或贫瘠环境中的老鼠成长到青春期后，让两组老鼠接触学习经验。在复杂环境中长大的老鼠一开始就比其他老鼠少犯错误，它们也能很快学会不犯任何错误。在这一意义上，它们比在剥夺环境的老鼠更聪明。如果给予正面的奖励，它们比单独关在笼子中圈养的动物在应付复杂任务时表现得更加突出。显然，学习改变了老鼠的大脑：在复杂环境中生活的动物，它们视觉皮质中每个神经细胞的突触拥有量比在标准笼子里圈养的动物高出20%到25%。

［美］约翰·D.布兰思福特等编著，程可拉等译，《人是如何学习的：大脑、心理、经验及学校》[M]，上海：华东师范大学出版社，2002年，第134页。

相比于新手单纯地凭借看到的和记忆到的信息来复盘，大师和专家则是将看到的棋盘信息与其大脑中的相关信息进行匹配，从根本上说，他们所复盘的信息不是看到的和快速记忆的结果，而是对其看到的信息

与原有信息的再加工；但当棋盘上的信息本身没有意义即随机摆放时，大师和专家大脑中已有的信息模块就无法发挥作用，他们需要与新手一样，靠观察和记忆复盘。从案例3-4的实验中可以看出，凭借丰富的学习和实践训练基础，大师和专家"通过基本功能和策略相连接"的信息"模块"[1]，拉开了大师、专家和新手之间的距离。个体终其一生始终在通过各种感知器官识别各种信息，不同个体间的差别在于所有个体都是以自己的方式，"识别信息并建立信息片段之间的关系"[2]，并逐渐构建个体专属的知识结构网络。就个体一生来说，一方面，在个体神经系统发育旺盛期的知识积累和网络结构会影响后续的信息识别和知识网络的再组织；另一方面，个体的学习过程本身还会刺激大脑结构的变化，而脑结构始终是个体学习的物质基础。因此，重视个体在神经发育旺盛期的有强度的学习，对其一生都会产生影响。这一点，同样得到了相关研究的证实。有研究发现，相比年龄因素，个体的受教育背景与其"形式运算问题解决成绩之间的关系更为密切"，"受过大学教育的、年龄在63—75岁的老年男女被试的形式运算思维测验成绩与在校男女大学生一样好；在大学时主修自然科学的人比主修人文社会科学的人成绩要好"。[3] 上述研究证明教育对个体一生的发展都具有重要意义，其中最重要的意义在于，个体通过受教育过程，不只获得了知识，"学会在有规则和有目标的世界里生活"[4]，更重要的是在有组织的学校教育中，个体通过接受不同等级的有难度和新颖性的学习和挑战，促进了大脑结构的改变，并为后续的学习、发展和成长做好准备。

1　［美］约翰·D.布兰思福特等编著，程可拉等译，《人是如何学习的：大脑、心理、经验及学校》[M]，上海：华东师范大学出版社，2002年，第34、133、140页。
2　［美］科拉·巴格利·马雷特等编著，裴新宁等译，《人是如何学习的——学习者、境脉与文化》[M]，上海：华东师范大学出版社，2021年，第4页。
3　林崇德主编，《发展心理学》[M]，北京：人民教育出版社，2018年，第459页。
4　［美］罗伯特·凯根著，韦子木译，《发展的自我》[M]，杭州：浙江教育出版社，1999年，第191页。

二、教育对个体的改变与其自身投入密切相关

尽管神经科学的研究成果证实了学习对人的重要性，但现实中随时可以发现各种反例——或者个体的受教育程度与其能力发展不匹配，或者个体的能力水平与其学业表现不匹配——表明教育与个体的能力之间并不呈必然的对应关系。表5-1就是一个很常见的例证：该数据表显示了来自同一所学校三个年级六个课程实验班242名11到14岁、智力水平均处于同龄人中的前25%水平，但在创造力倾向和学习动机方面存在差异的初中学生，在学校正规考试（从初一到初三，分别计4次、8次和12次期中、期末考试中语文、数学、英语三门课程）中的成绩差异（详见表5-1）。

表5-1 上海市文来初中课程实验班同学的资赋分类及学习成绩情况表

（单位：人/%）

资赋分类			学习分层表现的人数/比例（%）		
	分类标准	人数	资优生	扩大的资优生	低成就者
Ⅰ类	同时满足智力、创造力倾向及动机要求	121	41（34）	47（39）	33（27）
Ⅱ类	仅满足智力和学习动机要求	11	5（45）	2（18）	4（36）
Ⅲ类	仅满足智力和创造力倾向要求	67	22（33）	26（39）	19（28）
Ⅳ类	仅满足智力要求	43	16（37）	19（44）	8（19）
合计	—	242	84（35）	94（39）	64（26）

备注："资优生"指学业成绩处于年级前5%的学生，处于前25%—前5%的学生为"扩大的资优生"，其余学生属于"低成就者"。

资料来源：项瑞芳等，《资赋优异学生甄别研究——以上海市文来初中课程实验班为例》[J]，《教育发展研究》，2016（2）：49—53。

表5-1表明了：第一，四类学生的先天资赋条件虽然有差别，但从成绩表现上则发现四个类型间的差别并不显著，每个类型中的学生成绩在

资优生、扩大的资优生和低成就者三个组别中都有表现，且分布比例比较接近，四种类型之间的学生分布没有显著差异（P>0.05）；第二，尽管在几近同样的教育环境、内容、方法、要求等外部条件之下，同一类型中的学生资赋条件也比较接近，但不同学生的学习成绩表现有明显差异（0.01<P<0.05）。之所以出现这种情况，可能既有学生间生理性和心理性因素的原因，也有经验习惯等方面因素的影响。正如前面所说，由经验和内驱力驱动的大脑结构系统，会因为个体的积极学习而使"大脑的接线图不断重组"[1]，使得即使从"最基本的个体层面，脑发育和认知（以及皮层区域之间的连通性）也受文化、社会、情感和生理经验的影响并由这些多层经验而组织，这带来了学习中与年龄相关的以及与个体性相关的变异性"，最终"每个学习者都会在生命进程中发展出独一无二的知识序列和认知资源，它们由学习者的文化、社会、认知及生物等境脉的相互作用所塑造"。[2] 如此，对于所有个体来说，由于每个人的知识、经验、认知、情感、意志力等各方面的不同，使得不同个体之间虽然有类似的大脑系统结构和智力水平，但每个个体对不同学习内容的敏感度及情感态度不同，这也就导致了他们的学业成绩会有明显不同。已有研究证明，个体对学习的认知和投入水平，会明显影响其学习情绪及学习效果。比如，在解释不同大学生在"知识—技能收获"差异的因素中，"准备课程的时间""阅读和写作量"可以解释其中18%的差异，"课程对高阶认知的要求"可以解释16%的差异。[3] 还有研究表明，"学生若想取得更好的成绩排名或是在竞赛中获奖，就要在自我主导的学习活动中投入更多的

---

[1]［美］约翰·D. 布兰思福特等编著，程可拉等译，《人是如何学习的：大脑、心理、经验及学校》[M]，上海：华东师范大学出版社，2002年，第136页。
[2]［美］科拉·巴格利·马雷特等编著，裴新宁等译，《人是如何学习的——学习者、境脉与文化》[M]，上海：华东师范大学出版社，2021年，第3页。
[3] 岑逾豪，《大学生成长的金字塔模型——基于实证研究的本土学生发展理论》[J]，《高等教育研究》，2016（10）：74—80。

时间和精力"[1]。这意味着作为一种环境条件，教育能否改变以及在多大程度上改变个体，与个体自身对教育的认知和投入程度，以及教育内容对个体的挑战水平密切相关。

※ 案例5-2　了解是产生兴趣的基础

我大一暑假跟着我的班主任建立的一个支队，去调研绿色小城镇的发展状况，第一次了解专业能干什么事；然后跟着新生导师开始听会，报名参加XX计划（所在大学向本科生开设的一个科研导向的创新人才培养计划），然后督促自己去做项目，就发现了专业到底分为哪几个领域，专业到底能做什么事情；再就是和学长交流，就是在大一暑假的时候带我支队的那个学长，跟我说我们专业除了冷这一块，农村这块还有很大的一块在热力，我就开始感兴趣这一块。但我们课程培养体系对热的培养不是特别足，特别是对于城市能源这一块的热没有太多，到了大三才会有，所以我大二的时候就主动申请那个SRT（大学生研究训练计划），跟着那个做热项目的老师做项目，就了解了热，从那之后也定下我以后就要做热的方向。

郑雅君，《金榜题名之后：大学生出路分化之谜》[M]，上海：上海三联书店，2023年，第137—138页。

从案例5-2中可以看出，通过前期多种不同的主导学习和积极投入，让"我"从对专业的茫然无知，到逐渐对其中的一部分——"热"——产生了兴趣，而且这种兴趣的产生先于正常的学业安排；因为有了这种兴趣驱动，促使"我"自主谋划，提前投入相关知识的学习和项目研究中。

---

[1] 王纾，《研究型大学学生学习性投入对学习收获的影响机制研究——基于2009年"中国大学生学情调查"的数据分析》[J]，《清华大学教育研究》，2011（4）：24—32。

这里，"我"的积极学习投入与兴趣的产生、学习成效之间形成了一定意义上的良性循环。根据已有研究，个体在学习投入—兴趣产生—学习成效之间的这种循环较大概率会持续终生，这在一定程度上能够解释，在同样/类似的教育环境条件下，拥有相近先天资赋的学习者会表现出不同的学习效果。依据心理学的相关研究，人的先天资赋条件大致呈正态分布（详见图3-1），但一方面，不同的环境条件会影响个体的发展（详见图3-2）；另一方面，对学习的态度和投入本质上对个体发展的影响更大。也正是从这个意义上说，"年轻人就读的大学类型——公立或私立、录取条件的严与宽——对心理发展乃至最终的事业成功和收入几乎没有影响"，对其真正能够产生影响的"是由个人投入学习和课外活动以及大学环境的丰富性和多样性共同决定的"。[1] 对国内大学生学习投入的相关研究也证实了这一点，即除了学生的学习性投入会对其学习收获产生正向影响外，院校主导的学习性投入，也会以直接和间接的方式正向影响学生的学习收获；特别是对学生学习收获的自我评价而言，院校主导的学习性投入，包括对学生的学业支持、向学生提出挑战性的认知目标等，对学生的知识技能、高阶能力及自我概念的发展等方面，其影响要大于学生主导的学习性投入。[2] 相反，没有足够的主观性学习投入、缺乏足够丰富的校内外条件刺激，个体的受教育经历可能只是一种表面性经历，难以获得真正的成长。

从前面的分析中可以看出，虽然从理论上说教育具有改变个体的功能，但是否改变了个体以及在多大程度上改变了个体，不仅与教育自身的设置、组织实施的配套相关，更重要的是与受教育者自身的投入情况密切相关。

---

[1] ［美］劳拉·E.伯克著，陈会昌等译，《伯克毕生发展心理学》［M］，北京：中国人民大学出版社，2014年，第29页。

[2] 王纾，《研究型大学学生学习性投入对学习收获的影响机制研究——基于2009年"中国大学生学情调查"的数据分析》［J］，《清华大学教育研究》，2011（4）：24—32。

> ※ 案例5-3　大学的收获
>
> 我们基本每一个学期最后几周都会有课程设计，我觉得学到最多的就是查阅资料和查阅文献。因为我在大学之前是不懂这些的，自从有课程设计之后我就知道原来学机械要查手册、资料，所以我们有的时候几个人会集合起来去图书馆借阅书籍，查阅标准之类，这培养了我们严谨的思维，用我们老师的话来说，就是胆大心细，就是要敢想敢做，但是在做的过程中还是要细心。
>
> 朱佳斌、刘群群，《高等工程教育改革背景下学生的认知发展研究》[M]，上海：上海交通大学出版社，2021年，第94页。

三、教育对个体的改变是全面的

根据生物进化论的观点，生物体的进化往往开始于局部，然后通过"相关变异"法则——生物机体的"整个体制在它的生长和发育中如此紧密地结合在一起，以致当任何一部分发生些微的变异，而被自然选择所累积时，其他部分也要发生变异"——和补偿法则或平衡法则——"即一方面有一部分通过自然选择而大大地发达了，而另一连接部分由于同样的作用或不使用却缩小了；另一方面，一部分的养料被夺取，实际是由于另一连接部分的过分生长"[1]——的共同作用，引致整个机体的功能结构与组织体制发生变化，最终获得更好的生存优势；而这种生存优势还会通过遗传机制，在后代中予以某种程度的保存。人作为一种高级生物机体，其生存发展中的任何变化，也不会局限于局部，同样会因为这局部的变化而带动其他相关、相邻组织发生变化，最终变化会逐渐蔓延到

---

[1] ［英］达尔文著，周建人等译，《物种起源》[M]，北京：商务印书馆，2002年，第160、164页。

个体的其他相关方面。最常见的就是个体因为受教育的原因而离开家乡，甚至随着受教育等级的提高，可能会离家越来越远（详见表4-1），虽然"离开家乡和家人去外国，从来就不是十分愉快，哪怕你一直梦想那个地方，期待很高，离开家人和家庭也总是有遗憾和痛苦的"[1]；但当个体接受并习惯了异地生活后，其完成教育后的工作和居住地也有较大可能不是简单地返回家乡。

※ 案例5-4 "既回不了乡村"又"进不了城市"的新一代农家子女

她（小兰）的老家在汝州市近郊乡村，父母务农……小兰本人在汝州市的一家生产空气净化器的国有企业打工。月薪250元，每月伙食120元左右，住厂里集体宿舍，水电、宿舍费由厂里承担。除去伙食费，每月积余只能买点衣物、化妆品而已。她说，在汝州、洛阳、郑州、开封等城市打工的青年男女，月薪通常在200元—300元之间。女孩子除了伙食，工资收入差不多都花在衣物与化妆品上。她们靠着廉价而时兴的衣服与化妆品，把自己打扮得像城里人一样……

她所在的村落有二三百户人家。80%以上的农户盖起了大平房：有一层的，也有二层的，都是平顶，用以晒谷物。余下的老式砖瓦房，基本上是老人们居住。村里有不少青年还买了摩托车……

（对于未来，小兰苦笑着说：）"能顾上眼前已不错了。谁知道今后呢？如今，一个农家女孩在城里找一份比较稳定的工作，很困难。要找一份稳定且报酬比较高的工作更难。"（当被问及如果在城里待不下去是否考虑回农村时，小兰回答说：）"没有考虑过这个问题。我想在城里奋斗几年再说，我读了那么多年书（大专），人又不比别人笨。要我回到农村，

---

1 [法] 皮埃尔·布迪厄著，张祖建译，《世界的苦难——布尔迪厄的社会调查》[M]，北京：中国人民大学出版社，2017年，第1041页。

嫁人，然后围着小孩与锅台转，这种生活我是无论如何过不了的。就是在城里嫁个有钱人，然后替他生孩子、做饭，这样的生活我也无法接受的。我希望通过几年的奋斗，能在城里打下一片属于我自己的天地。"

曹锦清，《黄河边的中国》[M]，上海：上海文艺出版社，2013年，第305—307页。

从案例5-4中可以看出，尽管出身于农家的小兰在城市里的生活并不如意，也知道于她而言在城里的未来也未必可期，但她仍然没有返回乡村的打算，主要是她自认为"读了那么多年书，人又不比别人笨"，内心已经接受不了农村女性嫁人后便"围着小孩与锅台转"的传统生活方式。这也表明，尽管只是接受了大专教育，工作收入也难以保障其在城市里的生活，但接受高等教育的经历在某种程度上还是给予了"小兰"离开家乡在城市里打拼一下的勇气。图5-1显示了河南省居住在农村或原生家庭位于农村、年龄在16—65周岁劳动力的受教育程度与工作地点的关系。研究者将农村居民工作地点按照行政区划级别分为农村、乡镇、县城、市区、省会城市、三大经济区（京津冀经济区、长三角经济区和珠三角经济区）和国外七个等级，并分别赋值为1—7，其中1表示农村，7表示国外。

由图5-1可以看出，本科是农村居民工作地点的区分线，低于本科层次的居民，工作地点集中在县城与市区之间；接受了本科及以上教育的居民，工作地点集中在市区与省会城市之间。表5-2则是从就业的角度看2021届陕西省高校毕业生的就业去向。据统计，2021届陕西省高校毕业生中的67.1%为本省生源，毕业生留在陕西省的就业比例为65.9%，但从表5-2可以看出，在四个层次的毕业生中，专科毕业生的留陕比例最高；而硕士和博士两个高层次的毕业生留陕比例相对较低，特别是硕士毕业生，留陕比例不到一半。

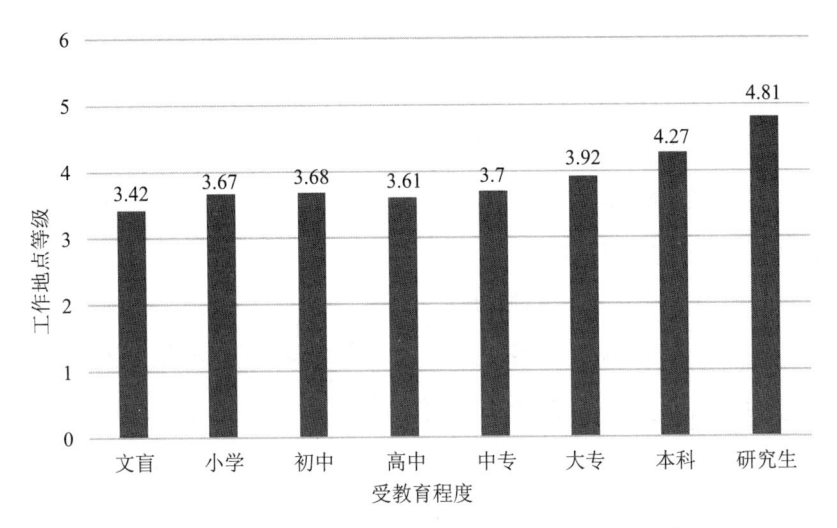

图5-1　河南农村居民不同受教育程度与工作地点分布情况

资料来源：曹昱，《农村居民受教育程度对收入水平的影响研究》[D]，河南大学，2019年，第31页。

表5-2　2021届陕西省高校应届毕业生就业区域情况表

	人数（人）	省内就业比例（%）	其他吸引毕业生最多的五个省市
博士	3225	55.6	北京、河南、四川、江苏、广东
硕士	37534	45.9	广东、北京、江苏、浙江、河南
本科	171857	65.3	广东、浙江、江苏、北京、上海
专科	120016	73.3	浙江、江苏、广东、甘肃、四川

资料来源：秦教，《大学毕业生都到哪儿去了？——2021年陕西省高校毕业生就业调查》[EJ/OL]，《当代陕西》，http://www.sx-dj.gov.cn/ddsx/202209/20220517/67949.shtml；中华人民共和国教育部，《2021年教育统计数据》[OL]，http://www.moe.gov.cn/jyb_sjzl/moe_560/2021/。

有针对我国"双一流"高校[1]毕业生就业地的研究发现，经济因素是

---

[1] "双一流"是中共中央、国务院继"211工程""985工程"之后提出的又一项以建设"世界一流大学"和"世界一流学科"为目标的国家战略，2017年和2022年分别公布了第一、二批建设名单。

影响"双一流"高校毕业生就业地选择的核心因素,但就学地与就业地的空间距离对毕业生的就业选择有负向影响;就业地的地方品质、政策因素等,也会影响毕业生的就业流动。[1] 相比于受教育程度较低者的就业流动主要受经济因素驱动,受教育程度较高的个体,通常会受到经济因素和地方品质因素的共同作用。

实际上,个体对就业地和居住地的选择,不只是工作场所或生活地点的变化,本质上是对生活方式的选择。虽然通常迁移者能够获得比留在当地的人能够获得更好的收入,但离开熟悉的生活环境,同时也意味着需要"以牺牲熟悉的社会准则和文化价值观为代价",并在某种程度上"抛弃一个能为你提供许多实际支持的大家族"。[2] 因此,个体选择在家乡之外工作和居住的时候,一方面需要对其所选择之地有一定的了解,即至少其吸引力比离开家乡的代价大;另一方面,个体需要对自己的工作和生活适应能力有足够的信心。个体的受教育程度对其这两方面的信心都有积极的正向作用。

第二节 教育如何改变人?

马克思认为,人"不仅是一种合群的动物,而且是只有在社会中才能独立的动物"[3],即个体的人是独立的,但又具有明显的社会性,并且其独立本身也需要依赖其社会性。教育作为一种有目的、有计划的促进个

---

[1] 王强等,《基于空间计量交互模型的人才流动影响因素研究——以中国"双一流"高校毕业生为例》[J],《地理学报》,2023(6):1392—1407。

[2] [美]基思·佩恩著,李大白译,《断裂的阶梯:不平等如何影响你的人生》[M],北京:中信出版社,2019年,第191页。

[3] 马克思,《〈政治经济学批判〉导言(节选)》[A],见中国浦东干部学院教务部编,《马克思主义理论经典原著导读》[M],北京:人民出版社,2016年,第37页。

体社会化机制，以不同方式促进个体从多种不同的角度，感知自我、认识社会，并通过个体神经、生理及心理等等方面机制的"幕后"整合，形成自我期待，最终使个体能够根据其在社会化结构中的不同位置（包括现实位置和所期待的未来位置），不断地"调整自己的言语和行为以适应我们的观众"[1]。

一、个体的自我认知与社会认知影响其自我期待

心理学中有三个与"自我认知"密切相关的概念术语：一是"自我认识"，指个体对自己的觉知，感觉到"自己在此时此地的身心状态"；二是"自我意识"，指"一个人对自己以及自己和他人之间的关系的意识，即个人对自身的自觉观念系统"；三是"自我概念"，指的是"个体对自己各方面认识的总和，包括认知、意志、情感三种成分"。[2] 看得出，这三个概念从不同视角讨论个体对于"自我"及其与周围关系的感知、认识。本文在此基础上提出自我认知的概念，其内涵即是指个体对自己是谁、自己是一个怎样的人，以及我对自己是否满意等各方面的综合认识和判断。自有自觉意识以来，个体就开始了自我认知的过程，自我认知的内容和层次会随着个体年龄的增长和生理、心理的成熟，以及知识阅历的增加而不断丰富。相比于个体的自然经验，现代学校教育通过各种有计划、有组织的课内外学习和活动，不断增加和拓展学生自我认识的角度和层次；身边的同学、老师及书本中其他的人物榜样，也在一定程度上影响着个体的自我期待。

---

[1] ［美］戴维·迈尔斯著，侯玉波等译，《社会心理学（第11版）》［M］，北京：人民邮电出版社，2016年，第74页。
[2] 黄希庭主编，《简明心理学辞典》［M］，合肥：安徽人民出版社，2004年，第525、526、523页。

> **※ 案例5-5 "我开始意识到我不仅仅是一个泰姆布或考撒人"**
>
> 我们的动物学教师名叫佛兰克·勒本特莱勒。他也是一个莱索托人，学生们都很熟悉他。他长得很帅气，并且平易近人，又比我们大不了几岁，因此，在学生中很有人缘……最让我们惊奇的是，他与来自乌姆塔塔的一个考撒女孩结了婚。当时，不同的部落之间通婚是很少见的。在他们结婚之前，我记得还没有人与同部落之外的人结婚。我们一直接受禁止这种婚姻的教育。但是，看到佛兰克和他的夫人，我们这种狭隘意识开始动摇，并渴望冲破仍然束缚着我们的部落主义，我也开始觉察到去作为一个非洲人，而不仅仅是一个泰姆布或考撒人的身份。不过这仍然是一种初步的认识。
>
> [南非]纳尔逊·曼德拉著，谭振学译，《漫漫自由路》[M]，济南：山东大学出版社，2005年，第32页。

处于社会化生活中的个体，几乎无时无刻不在进行自己与他人的比较或被比较之中，个体的自我期待不只是建立在"我是怎样的"自我认知基础上，还摆脱不了"我在群体中是怎样的""与某人相比，我是怎样的"等为主要内容的社会认知结果的影响。因此，个体的自我认知通常不是单独进行的，而是与其社会认知同时进行。心理学中的"社会认知"有两种含义：一是指"个体对人、社会关系等社会性刺激所进行的认知活动"；二是指"探讨与社会行为有关的认知活动的研究领域"。[1] 本文中的"社会认知"只取其中的第一种含义而不包括第二种含义，具体是指个体对他人、群体和社会以及各种社会关系的认识。个体在认知他人、群体和社会的同时，会通过自觉或不自觉的比较、认同、批判、反思等

---

1 黄希庭主编，《简明心理学辞典》[M]，合肥：安徽人民出版社，2004年，第325页。

方式，不断调整自己的情感、意志和言语、行为表现等，以实现更符合其自我认知和社会认知的自我期待。如案例5-5中的"我"在希尔德顿学院第一次目睹了真实的跨部落婚姻，而且由于婚姻中的主人公本身"很帅气""平易近人""很有人缘"，无形中提高了"我"对接受这种从前所受教育中不被允许事情的正当性，并对"我"原本拥有的"部落主义"观念产生了冲击。尽管这种冲击还很表面，但却是后来"我"改变自己身份认同的起点。此外，美国心理学家库利曾提出"镜像自我"的概念，认为"他人对自己的态度反应就像是一面镜子，个体通过它们了解和界定自己"[1]，即个体不只是在感知他人、群体和社会，还会根据他人、群体和社会对自己态度，来感知、界定和规范自己，以使其社会形象更加符合自我期待。

※ 案例5-6 "我感觉他们可能是在嘲笑我"

昌盛生长于甘肃省的一个偏僻的农村，通过贫困专项计划被南方大学某社科专业录取。当他接到录取通知时，以种地为业的父母甚至没听过南方大学的名字……"来了之后就发现，现实已经远远地偏离了我的预期……我从中国大西北最偏的一个小山村来到中国最繁华的国际化大都市里面，那这种落差你知道，很多东西我都是没有见识过的。我都是第一次去尝试，所以很多时候感觉自己非常的土。大一刚来的时候可能还不注意这些，但是慢慢地发现其实和周围的人是有非常大差距的，而且这些差距不是你努力就可以赶得上的。他们的经历，包括他们的一些旅游或者求学的经历对我来说都是闻所未闻的。我身边的同学都出过国对吧，那我在高考前我连省都没有出过，感觉差距非常大。大二就陷入了一种非常低迷的状态，可以说稍微有点抑郁。每次出门我都会有一种

---

[1] 黄希庭主编，《简明心理学辞典》[M]，合肥：安徽人民出版社，2004年，第191页。

恐惧，就是害怕与其他人交流，更不愿意跟其他人谈起我自己，感觉别人看我时的眼神是不对的，我感觉他们可能是在嘲笑我。"

郑雅君，《金榜题名之后：大学生出路分化之谜》[M]，上海：上海三联书店，2023年，第119页。

案例5-6中的"昌盛"因为自己是从偏僻的农村到中国最繁华的大都市来上大学，所以在入学之初，他首先感受到的是生活环境的变化所带来的各方面冲击——"现实已经远远地偏离了我的预期"，"偏离"预期是因为当前的生活及学习环境已经远远超出了之前的生活经验范围，因此适应大学学习生活中的诸多"第一次"是当时的首要任务；但随着对周围同学有了更多了解，他开始感知到自己与同学之间的差距，即在与他人的比较中，他发现了一些仅靠自己努力无法赶得上的差距，并由此而产生了某种无法掌控的"恐惧"感——"害怕与其他人交流，更不愿意跟其他人谈起我自己，感觉别人看我时的眼神是不对的，我感觉他们可能是在嘲笑我"。

根据心理学的相关理论，个体自我认知中的"自我观念"可以分为现实自我、投射自我和理性自我——现实自我"是个人从自己的立场出发对自己目前实际状况的看法"；投射自我"是个人想象中他人对自己的看法，以及由此而产生的自我感"；理性自我"是指个人想要达到的完善的形象"[1]——个体据此而形成对自己的综合性判断。但同时，个体的自我认知概念离不开对他人及社会的认知。从案例5-6中可以看出，"昌盛"在大二前后这段时期所形成的自我认知，既有基于对"自我"的认知，包括对"我"与别人有不同的成长环境的现实认知、感觉别人都在

---

[1] 黄希庭、徐凤姝主编，《大学生心理学》[M]，上海：上海人民出版社，1988年，第163页。

嘲笑"我"的投射认知、"我"与别人的差距不是努力就能赶得上的理想认知等;还有对社会及他人的社会认知在发生作用。比如,他在这一时期自觉将自己与周围同学区分开来,其中最典型的是他将部分同学的经历扩大化为除他之外的全体同学的共有特征,并夸大了这种成长经历对个体未来发展的持久性影响,从而使其社会认知出现了一定偏差。在我国,自新中国成立后,类似"昌盛"这样从偏僻农村到大城市上大学的学生群体历来都不是少数个案现象,比如,有学者通过对1952—2002年间北京大学和苏州大学学生学籍卡的研究发现,在1953—1993年,这两所大学中农村户籍学生的比例在21%—25%之间[1],虽然农村户籍的学生并不一定来自偏僻农村,但其中肯定不乏贫困家庭背景的学生;特别是自2012年以来,我国各级政府陆续出台"国家专项""高校专项""地方专项"等一系列提高农村贫困地区学生上重点大学机会的政策,重点高校招收农村贫困地区学生人数从2012年的1万人增加到2018年的10万人[2],此即表明在当下我国所有的顶尖大学中,都有一定数量和比例的来自偏远农村的同学,他们中的很多人可能有与"昌盛"差不多的成长背景,上大学之前没有出国甚至出省经历的同学应该不是个案。另外,个体之间有成长背景方面的明显差别,在任何时代任何国家都是一种现实的客观存在,这是个体社会化过程中不可忽视的重要背景;不过,相比成长背景,学习、生活、科研、体育及社会活动等不仅是大学生活的主要方面

---

[1] 根据李中清、梁晨等人对北京大学和苏州大学1952—2002年学籍卡的研究结果,来自农民和工人家庭的大学生比例在两校虽有不同,但差别不是很大,农民和工人家庭子女的入学率保持了一个相对平稳的状态。参见梁晨等,《江山代有才人出——中国教育精英的来源与转变:1865—2014》[J],《社会学研究》,2017(3):48—70+243;梁晨、李中清等,《无声的革命:北京大学与苏州大学学生社会来源研究(1952—2002)》[J],《中国社会科学》,2012(1):98—118+208。
[2] 熊静、杨颉,《"重塑自我"的学习实践:专项计划生精英大学学业融入的个案研究》[J],《重庆高教研究》,2020(3):38—55。

和内容,而且也是各种大学生群体组合的主要媒介,更是大学生丰富和提高自我认知和社会认知的主要途径,大学生个体的自我期待更多的是上述活动的结果。但由于"昌盛"等处于弱势成长背景的个体,在进入与其之前经验范围截然不同的场域时,容易遭受其他成长背景较好的大学生不会遭遇的压力困境,进而影响个体的自我认知和社会认知。因此,案例5-6中"昌盛"在大二时进入情绪低迷期,本质上不全是由自我认知偏差导致的,基于比较而产生的社会认知结果对其同样产生了不可忽视的影响,恰如"生活中最了不起的成就,和最让人沮丧的挫折,都来自对自己高标准的预期"[1]和与他人的比较。

个体建立自我认知和社会认知的过程通常并不都是愉快的,相反对个体认知产生重要影响的事件或经历,往往会伴随不同程度的痛苦感受。但正是因为这些或大或小的事件和经历的刺激,个体的自我认知和社会认知才会逐渐从模糊变得清晰、从虚幻变得真实,个体的自我期待也由此变得更加切合实际并具有现实指导性。因此,个体成长成熟过程中的每一次认知转变,从来都不是无缘无故发生的,个体也不必将其所经历的挫折性事件或经历看作失败或者负债,实际上这些经历都会成为个体后续建立自我认知和社会认知以及自我期待的基础,它们与其他所有成功性事件和经历一起,共同构成了个体既有连续性又有阶段性的心智成熟历程。"因为每一次质变都促使有机体采取更加复杂的方式,以免系统受到刺激的支配。更加确切地说,每一次质变都是来之不易的,它是机体对世界复杂性所做的反应,一种在深入认识世界和我有何不同方面所做的反应。"[2]

---

1 [美]戴维·迈尔斯著,侯玉波等译,《社会心理学(第11版)》[M],北京:人民邮电出版社,2016年,第74、325页。
2 [美]罗伯特·凯根著,韦子木译,《发展的自我》[M],杭州:浙江教育出版社,1999年,第101页。

二、自我期待影响个体的自我发展水平

心理学的研究发现，处于各种不同的结构化组织中，"个体的脑在很大程度上由社会关系所塑造"，其原因在于个体"通过这些社会关系所获知的信息支撑着他们的情绪，也影响他们的认知（关于事实和程序的知识）、动机和兴趣"。[1] 具体来说，就是个体通常会依据其在群体、社会中的身份地位感知，经过自我认知和社会认知的"幕后"加工，在一定社会文化规范和目标框架下，形成较为稳定的自我期待，然后经由情感、意志、行为等各方面，引导、规范个体的决策和行为。"盖拉缇娅效应"（Galatea effect）指出，一个人期待的越多，得到的也就越多——因为期待会引导个体朝着相应的方向去努力[2]，甚至超越暂时的进退得失。比如表5-3显示了2022年我国不同受教育程度的城镇劳动者的失业原因。

表5-3中"研究生"和"本科生"是受教育程度最高的两个群体，除了"从没工作过"（正在找工作或准备下一场考试）外，"参加学习培训"是他们结束上一份工作的重要原因（分别占各自群体比例的11.1%和13.8%，分别居于各自群体结束上一份工作的第二、三位原因）；而受教育程度较低的小学、初中和高中群体中，这一比例分别为0.3%、1.0%和2.4%。这表明受教育程度越高的群体，对职业岗位的要求及自我发展的期待越高，因此也越有可能超越暂时利益而继续追加教育投资；而受教育程度较低的群体，虽然有相当比例的失业人员是因为对上一份工作不满意而主动失业，但他们中的多数并没有为此而去接受某种连续系统的教育训练，通过提高自己的从业基础而主动寻求个人自己职业发展路径的改变。与此相似的对我国农民工的调查也发现，虽然很多农民工认识到

---

[1] [美]科拉·巴格利·马雷特等编著，裴新宁等译，《人是如何学习的——学习者、境脉与文化》[M]，上海：华东师范大学出版社，2021年，第29页。

[2] D. B. McNatt, T. A. Judge, "Boundary Conditions of the Galatea Effect: A Field Experiment and Constructive Replication"[J], *Academy of Management Journal*, 2004, 47(4): 550–565.

表5-3　2022年我国不同受教育程度城镇劳动者结束上一份工作的原因

(单位: %)

原因	总计	未上过学	小学	初中	高中	大学专科	大学本科	研究生
从没工作过	18.2	11.0	6.3	6.8	10.8	24.9	45.7	69.7
退休	3.4	2.6	3.3	3.8	5.8	2.6	0.8	0.5
健康或身体原因	7.0	21.1	13.8	8.9	6.7	4.2	2.1	0.7
照顾家庭	21.5	21.3	24.9	27.5	23.8	18.4	9.7	5.0
参加学习培训	4.6	0.1	0.3	1.0	2.4	7.5	13.8	11.1
对上份工作不满意	17.3	4.1	10.0	16.4	20.5	22.7	15.5	6.6
上一份工作任务完成	12.4	21.7	23.7	16.8	11.2	6.6	4.7	3.7
被解雇	2.7	3.2	2.9	3.0	3.5	2.4	1.7	0.5
季节性歇业	3.3	7.7	6.6	4.9	2.8	1.6	0.5	0.2
单位/个体经营户倒闭停产	7.2	4.3	5.4	8.0	9.8	7.2	4.0	1.8
承包土地被征用或流转	0.4	1.2	1.0	0.5	0.4	0.1	0.0	—
其他	2.0	1.5	1.8	2.4	2.3	1.8	1.3	0.3
合计	100.0	0.9	9.7	33.4	20.9	17.1	15.9	2.1

资料来源：国家统计局人口和就业统计司、人力资源和社会保障部规划财务司编，《中国劳动统计年鉴》(2022)[M]，北京：中国统计出版社，2022年，第106—109页。

他们的学历偏低，也看得到若要有"较好的职业发展唯有依靠职业技能训练"；但面对现实的各种农民工职业培训班，其中若干人（2010年的调查为15%左右）并没有参加在他们看来"没有针对性，泛泛而谈不能马上帮到我，有些不知道讲的什么"的培训班，这可能与相当一部分农民工（约1/3左右）认为自己"能把接下来的半年或者一年想清楚就不错了，哪里懂3—5年"[1]有关，此即先前的经验限制了他们对提高自己职业能力的意义解释，限制了其职业发展空间，从而使接近70%的农民工在

---

[1] 周化明，《中国农民工职业发展问题研究》[D]，湖南农业大学，2012年，第89页。

初级工水平、20%的人在技术熟练工水平上便进入职业发展高原区——大约90%的农民工只能"在底层职业岗位徘徊而难以上向发展"[1]。个体先天具有赋予其经验以意义的内在动力,不同的受教育程度强化了不同群体对其经验解释的意义差别,从而在某种程度上促进了他们在知识和能力获得方面的"马太效应"——受教育程度较高者群体更倾向于通过自己的主动改变而改变其对职业/岗位的不满意,受教育程度较低的群体则更倾向于以等待拯救的心态,比如寄希望于包公式的"青天大老爷"来掌管他们的"公共事务",或者由政府下令给农民工加薪等,以改变不够满意的状态。

※ 案例5-7 "重生"

我成年了,开始在北京天天快递公司当客服……在一次投诉中,我巧合认识了一名在上海开出租的司机,在网上聊了一段时间,他突然和我说,你挺聪明的,人生不应该止步于此,应该去参加成人考试,继续接受教育。

当时,我都没听说过自考是什么,去加了一些自考的QQ群,发现在群里,有很多没机会参加高考,或者高考失利后想要获得文凭的人。咨询如何报考之后,我去搜索北京教育考试院,点开自考栏目,看到北大、清华、人大、北外这些院校都在里面。我几乎是一眼看到北京大学的心理学专业:一方面觉得我有自卑问题;另一方面也觉得心理学很神奇,想通过它更加了解自己。几乎没有什么考虑,我就决定要考这个专业。

……我高兴地把报考消息发在同事群,没想到得到的反馈是,"这很难的,你绝对考不过。""你以为是个人都能考?"

被泼冷水后,我心里不服气,为什么没去试就说我不行?我更加激

---

1 周化明,《中国农民工职业发展问题研究》[D],湖南农业大学,2012年,第88、150—151页。

励自己，一定要考下来。上班的时候，我把考试的书放在手边，边看书边工作。下班后，我回到月租200元的木板隔断房，房间非常小，连张桌子都没有，我就坐在床上学习。在昏暗的灯光里，也不知道为什么可以那么专注，那么投入，我完全沉浸在备考状态里，所有能量都汇聚在书上的字里行间……我没怎么接受过学校教育（初中一年级就辍学打工），理解力不强，但记性很好，能把一本书80%的内容背下来。

第一次考试，我报名了四门科目，都高分通过了。这让我获得一个非常好的正向反馈，就验证了说ok，我的学习方法可行。在那之后，除了英语挂过科，其他科目真的是所向披靡，全都一次性过，平均分达到87分。我成了自考圈里比较知名的人物……

从专科到本科考试，加起来一共30多门科目，我考了大概4年时间，终于在2015年拿到了北京大学的学历证书。我好像在某个意义上获得了重生，开始去找一些更合适的工作……我第一次有了名片，上面写的"用户体验设计师"……我身边的人都不一样了，有名校毕业生，也有国外留学生，他们给我感觉有文化，说话有逻辑，职业选择背后会做很多考虑，这给我的认知带来很大的突破。

（2018年入读香港理工大学硕士研究生，2020年攻读同校博士生）

"从辍学打工到香港读博，她像鸟飞往她的山" | 百家故事，《人物》[OL]，https://baijiahao.baidu.com/s?id=1763663081818364787&wfr=spider&for=pc。

案例5-7中"我"在参加成人自学考试之前，正规学校教育的经历只到初中一年级，因此在被人告知可以参加自学考试时，根本不知道自学考试是什么。决定参加成人自学考试时，先后得到来自外界的鼓励和"泼冷水"两种刺激，从正反两个角度激活了"我"内心中的自我期待。

在后续的行动中,即使有教育基础差、理解能力低以及学习条件支持不足等现实问题,由自我期待驱动下的意志力和历次特别是首次考试结果的正向反馈,让"我"有了坚持学习下去的理由。学习过程及完成任务本身,也在不断改变"我"对自己和社会的认知——几乎所有的考试科目都能一次性高分通过,使"我"不仅"成了自考圈里比较知名的人物"等,还使"我"对自己有了越来越高的期待——从自学专科到自学本科,最终成为全日制研究生。经历了这样的历程之后,"我"不只是拿到了学历、换了工作岗位,更重要的是"我"认为自己获得了"重生"。

"对绝大部分人来说,其日常生活并不取决于清醒的意图和经过深思熟虑的选择,而是受内部心理过程的控制,它通过加工环境特征而起作用,并且不受意识和指导的控制。"[1]个体的自我期待是自我认知和社会认知长期综合作用的结果;个体的自我期待一旦明确,就会对个体产生暗示、激励、引导和纠偏作用,充当个体日常行为的"监视器"。

※ 案例5-8 绩点的意义

他回想起刚进入南方大学的时候,"还是很在意这个绩点的,刚进来的时候觉得大学的成绩和高中的那个完全不是一回事,就是很优秀的那些人,必须得好好学习,不然学不过他们"。……渐渐地,通过他对系里同学的观察,他发现……"中文系很崇拜那种书读得多、思维活跃的人。当时我就观察那个班里怎么样,后来我发现我们班最有想法的那些人,就是中上等那些人,这种人绩点都不好,后来我就对绩点失去了执念,发现这个不是正比关系嘛!刻意去追求那个绩点没意义!后来就大一下了,大二的时候看到外面很多名教授来讲座,去蹭讲座,然后就越发感觉这个绩点不是太重要了,不要把精力放在这个上,还是多读书,这个

---

[1] [美]戴维·迈尔斯著,侯玉波等译,《社会心理学(第11版)》[M],北京:人民邮电出版社,2016年,第86页。

才是重要的。要不然人家讲什么你都听不懂。"

郑雅君,《金榜题名之后：大学生出路分化之谜》[M]：上海：上海三联书店，2023年，第167—168页。

案例5-8显示了一个大学生在进入大学的不同阶段对标识大学学习成绩的"绩点"的不同看法：从最初的"很在意"，到不"刻意去追求"，再到"不是太重要"。转变的根源在于他对"优秀学生"的认识及自我期待发生了转变。转变的过程体现了"他"希望自己以怎样的身份，融入一个自己虽然拥有合法身份、但身份类型依赖于个体塑造的群体。作为一种社会性动物，个体需要通过拥有某种群体性身份，以"增强我们的自我概念……我们不仅在群体中为我们自己寻求自尊，还在群体中寻求自豪感"；"群体的凝聚力越强，对成员的影响力就越大……同一种族群里的人会感到一种共同的'归属群体的从众压力'——言谈、举止、穿着都应该像'我们'"；而且越是在社会中拥有优越感的群体，会越加倾向于以某种"偏见"来"保护他们的地位"；个体相应地也就越会以群体内的"标准"和"偏见"来构塑其自我期待。[1] 案例5-8中的"他"所入读的是一所素有声望的中国顶尖大学，因此，他希望自己能够按照"中文系"的优秀定义，调整自我期待的目标和内涵，以真正得到"中文系"的认可。

三、思维水平影响个体的行为表现

"我们总有一种不可抑制的冲动，想要解释行为，对其归因，以使其变得秩序井然，具有可预见性，使一切尽在掌握之中"，但不同人在

---

[1] [美]戴维·迈尔斯著，侯玉波等译，《社会心理学（第11版）》[M]，北京：人民邮电出版社，2016年，第208、321、323页。

不同情境下，对"相似的情境可能会有截然不同的反应"[1]，比如某人与朋友发生了争吵，是将争吵归因于朋友的敌意还是糟糕的心情，抑或是因为此情此景触及了自己的痛点等。不同的归因模式导向不同的归因结果，并影响个体后续的行为表现。作为一种思维习惯，归因实际上是个体的思维能力和思维模式的日常化反映。针对已经发生的事情，个体如何对其进行归因，主要取决于：(1)是否充分掌握已发生事情的相关信息；(2)是否具有合乎逻辑的连贯思维。信息的获取能力与个体的知识经验密切相关；而合乎逻辑的连贯思维，则是个体长期思维训练的结果。

表5-4 不同推理水平的行为表现及过程要求

推理水平	行为表现	推理要求
初级水平	从题目情境中去识别、提取证据，以此进行直接推理。	直接推理-1：由单一证据直接推断（证据→结论）
过渡水平	能从情境中去识别、提取多重证据，根据需要建立证据之间的简单关系，进而做出有效推理。	直接推理-2 识别多重证据，明确证据之间的简单关系即可直接推理（证据1—证据2—证据3……→结论）
高级水平	能从情境中去识别、提取多重证据，并正确建立证据之间的复杂关系，整合分析而做出有效推理。	间接推理-1 识别多重证据，并构建证据间的复杂关系后进行正确推断（证据1 & 证据2 & 证据3……→结论）

资料来源：罗玛，《"证据推理"科学能力的实证研究》[D]，华东师范大学，2018年，第63页。

从表5-4中可以看出，虽然"知识、技能的掌握，并不意味着一个人智力或思惟（维）的高低"，但思维是"在掌握和运用知识、技能的过程

---

[1] [美]戴维·迈尔斯著，侯玉波等译，《社会心理学（第11版）》[M]，北京：人民邮电出版社，2016年，第5页。

中完成的"[1]，因此个体间所拥有的相关知识技能不同，往往会导致不同个体以及同一个体在不同成长时期会处于不同推理水平——发现和提取信息/证据的能力、在不同信息/证据之间建立关系的能力，以及由信息/证据推断结论的能力是关键因素。有学者将文字作为思维的基础，认为"若只有语言没有文字，思维的深度终归有限，很难深入地思考下去，若有了文字的帮助，将思维结果写下来"，便有了"一步一步向前向深里推进"的可能。[2] 这恰如杜威对概念的解释，即概念是人类理智的工具，人们通过概念，"可以把感觉和回忆的材料集中起来，以便澄清含糊的事实，使看起来似乎是混乱的东西变得有秩序，使不连续的零碎的东西统一起来"，并使我们"具有类化的能力，把我们的理解力从一种事物扩展和延伸到另一种事物上"。[3] 因此可以说，文字和概念是支持个体进行逻辑思维的基础，相关知识经验的多寡、在不同信息之间建立关系的能力，决定了个体的推理复杂性水平，进而影响个体发现/提出问题、解决问题的能力和方式。如案例5-7中提到，"我"在初参加自学考试时，由于原来的受教育程度低，理解能力差，导致了"我"只能用背书的方法来学习和通过考试；而案例5-2中的专家在恢复对弈棋盘时，则基本上不是依靠记忆而是根据其对棋局的快速判断和理解，并将其与大脑中已有的信息模块进行匹配来复盘。有研究认为，个体生命中所积累的知识"出自两个过程：学习者从他们的直接经验中学习到新信息的过程，以及基于推理和想象生成新信息的过程"，并且"推理能力是纵贯人的一生学习的决定性因素，人们正是通过推理，特别是在他们追逐自我兴趣的境脉中的推理，来终其一生发展

1　朱智贤、林崇德，《思惟发展心理学》[M]，北京：北京师范大学出版社，1986年，第130页。
2　王庆，《为什么文字的发明是人类步入文明阶段的重要标志之一?》[J]，《民俗典籍文字研究》，2018（2）：13—23+253。
3　[美]约翰·杜威著，姜文闵译，《我们怎样思维·经验与社会》[M]，北京：人民教育出版社，2005年，第128、151页。

自身的知识"。[1] 如果依据表5-4的不同推理水平的判断标准对案例5-7中的"我"和案例5-2中的专家进行区分，那么前者只处于推理的初级水平与过渡水平的层次上——即个体只能对问题进行直接的信息提取和简单应用；后者则处于高级水平——即个体能够对不同来源的相关信息进行统一的整合、分析和推理。[2] 这表明个体的信息处理能力，实际上就是其知识水平、理解能力、分析综合能力和推理判断能力的综合表现。现代学校教育从目标设定到内容选择、实施过程及最终评价，都将培养和提高学生的思维能力作为重要内容，因此不难理解不同教育阶段的学生，其证据推理能力的发展水平与其年级或学业等级水平显著正相关[3]，并且这种推理能力的发展水平会延续到教育后的生活和职业过程中。

现实生活中，虽然个体面对的很少是"单一系统内""有明确答案可寻的"良好结构问题，从而使得个体难以直接套用学校教育过程中所受到的逻辑训练来解决实际问题；更需要个体通过超越"抽象的、去情境化的"逻辑运算方式，结合具体情境、立场观念、情感情绪等诸多现实因素，去面对和解决各类"条件和答案均不明确的模糊问题或结构不良问题"。[4] 通常情况下，规范、规则、信息、情绪情感及个体对不确定信息的假设、推理等，会共同影响个体的问题解决，从而使得现实中的问题解决具有鲜明的情境性、相对性、主观性、整合性等特征，概括来说就是相对于学校教育中的绝对性和客观性，现实生活中的若干问题实际上只能是在"不完美和妥协基础上"做出决定和选择。[5]

---

1 [美]科拉·巴格利·马雷特等编著，裴新宁等译，《人是如何学习的——学习者、境脉与文化》[M]，上海：华东师范大学出版社，2021年，第97—98页。
2 汪茂华，《高阶思维能力评价研究》[D]，华东师范大学，2018年，第100页。
3 罗玛，《"证据推理"科学能力的实证研究》[D]，华东师范大学，2018年，第211页。
4 林崇德主编，《发展心理学》[M]，北京：人民教育出版社，2018年，第420—421页。
5 [美]劳拉·E.伯克著，陈会昌等译，《伯克毕生发展心理学》[M]，北京：中国人民大学出版社，2014年，第26—27页。

※ 案例5-9　新东方的由来

1988年，我身边的朋友就开始一个接一个地出国了。我想，如果一直留在北大教书，不出国进行深造的话，那么我会在未来的世界失去机会。所以在1987年、1988年的时候，我开始准备自己的出国考试，包括托福和GRE……

由于没有奖学金，我意识到一个问题：我不得不靠自己挣钱去美国读书……当时，我在北大拿的工资比较低，想靠工资出国留学是完全不可能的。于是，我……就开始参与一些培训机构的托福、GRE课程的教学工作。就这样，我每个月有了一两千元的收入，比在北大的工资高出了差不多十倍。所以这就给了我一个启示，让我感觉如果去参加培训班教学的话，会挣钱更快。

但后来，我又觉得参加培训班教学还不如自己开培训班来钱更快，所以我就在北大成立了一个托福培训班（但由于这个培训班与北大官方培训班形成了竞争关系）……我跟北大的领导发生了一些争执，甚至是冲突。北大给了我一个行政记过处分……被处分以后我在北大有很多方面都落了下风……1990年的时候，我向北大提交了辞职报告。

从北大出来以后，我很自然地要开始自己的事业，继续着手创办培训班。因为我当时已经考过了托福、GRE，对这两个考试非常熟悉，所以就决定从托福和GRE的培训开始做起。

还有一个原因就是，我发现尽管国内出现了学习英语的热潮，学习英语的人越来越多，但是更多学生学习英语的目的是希望自己能够通过考托福和GRE出国。这就意味着，参加英语考试的生源比纯粹学习英语的生源要更加充足。所以我最终决定，从出国考试开始做……

这两个考试在当时被认为是比较难的，尤其是GRE……不夸张地说，我是京城GRE词汇第一老师。

就这样，我教授这两个考试实际上是有了一个比较高的门槛。也就是说，我不会遇到别的跟我教得同样好甚至比我教得更好的老师，来跟我竞争。

俞敏洪，《我曾走在崩溃的边缘——俞敏洪亲述新东方创业发展之路》[M]，北京：中信出版社，2019年，第1—10页。

案例5-9中的"我"从兼职赚学费到辞职开设培训班（新东方的雏形），其间经历了很多条件和答案都不明确的结构不良问题，比如在面对"我"开设的培训班与官方培训班及领导产生冲突时，"我"是否选择辞职，辞职后开设何种类型、何种层次的培训班。不仅不同个体会有不同的解决方案，即使同一个体在不同境遇之下可能也会有不同的选择；影响个体选择的关键在于所有个体都会基于知识能力水平、个人立场、价值观、行为习惯和准则等来理解和解释其所面对问题的意义，并结合"当下"的情感情绪状态、优劣势评估、结果预判以及当前所要解决的核心问题、限制性条件等，提出满足当下的自己的解决方案，即使自己也知道这个方案可能从长远看并不是一个最优甚至较好的方案。

※ 案例5-10 "两条摇摇欲坠的船，靠在一起，并不能互相取暖"

多年之后，我才知道，几乎那一年的时间，父亲在帮那家人打官司，和那个村庄的村支书。那家人把所有的希望都放在了父亲——这个乡村能人——的身上，也许还因为是父亲怂恿他们去打官司，父亲似乎是在发泄自己对权威的恨意和不满，而忽略了这场官司会给那家人带来什么……当然，官司失败了。那家人几乎倾家荡产。两条摇摇欲坠的船，靠在一起，并不能互相取暖，相反，却为对方增加了各自坠入自己的深渊的速度。

梁鸿，《家的地理》[A]，见梁鸿，《历史与我的瞬间》[M]，广州：花城出版社，2020年，第9页。

案例5-10中的"父亲"是个"乡村能人"，表明"父亲"某种程度上具有比普通农民高的处事能力，愿意帮助甚至成功怂恿乡邻与村干部打官司本身就是一个证明；但"乡村能人"的身份也表明"父亲"的能力、视野和经验储备显然只能局限于"乡村"范围内，很难承担打官司，尤其是与村干部打官司这种专业性很强、涉及面较广、影响因素错综复杂的高难度事务。因此，由立场和情绪（"发泄自己对权威的恨意和不满"）激发下的问题解决过程，最终还是失败了，结果是导致最终两家人都快速坠入各自的深渊。从案例5-10可以看出，"父亲"和"那家人"本质上都不具备解决"打官司"这个复杂问题的能力，并且也没有充分认识到如果问题解决不好所带来的可能后果和风险，仅凭情绪驱使，不但没有改变自己的问题，反而使自己的境遇更加恶化。

对比案例5-9和5-10便会发现：案例5-9中的"我"，不管是辞职还是最终开办出国英语考试培训班，其决策都由多种因素推动，其中个人目标、外部环境及个人所具备的优劣势分析，是影响决策的主要因素；而案例5-10中的"父亲"在帮人打官司这件事情的决策上，个人的立场、情绪和信息（极有可能只是部分）是影响决策的主要因素。对照表5-4中的推理复杂性水平，表明受过大学教育的"我"与"乡村能人"显然处于不同的推理水平。柯林斯曾经说："每个人都面对着策略的选择……个体不必是计算的机器；他们对于整个网络不可能获得充足的信息以便做出精确的计算，认识能力固有的局限任何时候都会限制可能性。"[1]

---

1 ［美］R. 柯林斯著，吴琼等译，《哲学的社会学：一种全球的学术变迁理论（上）》［M］，北京：新华出版社，2004年，第32页。

结　语

作为现代人的一项重要权利和义务，教育已经成为现代社会中每个个体获得社会性身份的第一步，人们通过教育获得了知识经验、能力发展和习惯养成以及文凭证书。这些不仅支持了个体的社会化过程和程度，也成为个体获得结构化社会认可及准入的重要凭证。正是从这个意义上，教育被国家、社会、家庭及个人从不同立场、角度寄予厚望，教育成为所有现代化国家最重要的事业之一，从吸引就业的角度看，2021年我国教育行业共吸引劳动就业人口1972万人，约占全国总就业人口的11.6%；从支出的角度看，当年国家财政性教育支出占总支出的15.3%，个人用于教育及娱乐消费的费用占10.1%。[1] 无论从哪个方面说，其教育的重要性都不言而喻。

伴随着受教育程度的提高，个体从生理、心理到思想、情感、言语表达、行为方式以及个人期待等，都会在自觉与不自觉中发生变化，并体现于日常行为表现中，从而将自己放置于相应的社会结构化组合中，逐渐实现其社会身份构塑并日渐巩固。"对绝大部分人来说，其日常生活

---

[1] 国家统计局，《年度数据》[OL]，https://data.stats.gov.cn/easyquery.htm?cn=C01。

并不取决于清醒的意图和经过深思熟虑的选择，而是受内部心理过程的控制，它通过加工环境特征而起作用，并且不受意识和知觉的控制。"[1]个体的内部心理过程及其对环境的感受，都与个体的知识经验、能力素质、立场情感、行为方式及情绪状态，甚至健康状况等有密切关系；而这种经过加工后的心理过程机制，经由具体事件、行为过程及行为结果的联结，转化为具有某种主导日常行为模式的"自动化"意义，从而以"习惯"模式对个体产生长期影响。教育是影响和塑造个体从生理到心理、从意识到行为等的重要场所及途径，在教育主导下的个体的某些行为模式和行为习惯不会因受教育过程的终止而消失。值得注意的是，教育对个体的终生影响和延迟效应主要不是体现在个体在受教育过程中所学习和记忆到的具体"事实和定义"上，而更多体现在其在受教育过程中所获得的"学会学习""学会生活"的态度、技能和方法，特别是当个体通过接受足够多的教育，使其能够"学会自由地和批判地思考；学会热爱世界并使这个世界更有人情味；学会在创造过程中并通过创造性工作促进发展"[2]之后，个体相对而言便更容易有效地融入现实世界，为更好的生活和职业做准备。

教育对个体的改变会因人的社会性特征而产生弥散性影响。一方面，教育对个体的改变，会通过婚姻家庭、职业收入、社会地位和生产与消费方式等途径，转化为家庭性的社会资本和文化资本，然后通过子女教养方式，以及家庭的营养健康、教育、职业等方面的投资消费等方式，影响子女后代。子女通过代际传承机制所继承的社会资本和文化资本，既反映了不同类型家庭的绝对经济社会地位水平及消费水平，也反映了

---

[1] [美]戴维·迈尔斯著，侯玉波等译，《社会心理学（第11版）》[M]，北京：人民邮电出版社，2016年，第86页。
[2] 联合国教科文组织国际教育发展委员会编著，华东师范大学比较教育研究所译，《学会生存：教育世界的今天和明天》[M]，北京：职工教育出版社，1989年，第108页。

子女与教育在家庭生活中的相对地位,并以此影响子女后代的受教育能力(水平)和社会、经济地位的获得。另一方面,教育对个体的改变,还会同时通过社会竞争机制和示范效应方式,向外延伸、扩散,影响家族、社区的教育投资观念行为。就像贝特兰·罗素所说,"乞丐不嫉妒百万富翁,虽然他们一定嫉妒比自己收获更多的别的乞丐"[1]。最有力的竞争对象或者榜样示范,通常来自于熟悉、邻近或地位相似的人,教育对个体的明显改变,会对周围人群、社区产生弥散性的示范效应,某种程度上促使人们改变本已习惯的决策路线和行为方式,从"倾向于从他们最熟悉的选项中做出选择,从而走上一条看起来相对好走的道路"[2]的习惯性行为方式中做出某些改变,将教育对个体的影响,以不同"振幅"、不同"波长"的连续性和非连续性扩散方式,扩散到家族、社区乃至社会。相对来说,越是在信息相对封闭、改变路径相对贫乏的地区,教育改变个体的示范性效应及弥散性效应越大。需要说明的是,通过代际传承、示范效应和弥散效应等方式,虽然可以将教育对个体改变的某些影响向外扩散,但教育对个体的生理、心理性改变自身并不能进行人际转移,而只附着于个体自身的生命,并随着个体生命的终止而消失。

最后,不得不说教育对个体的改变还存在明显的局限性和"天花板"。一方面,教育对个体的改变是有条件的,即个体在教育过程中的各种各样的"真"投入,而不是各种形式的"假"投入,是教育能够改变个体的基本前提。从这个意义上说,维果茨基的"最近发展区"理论具有巨大的指导价值:教育过程中的过高要求、难度过大,容易对学生的发展产生抑制作用;而过低的要求、期待和难度则根本不会影响到学生

---

[1] [英]贝特兰·罗素著,傅雷译,《幸福之路——贝特兰·罗素通情达理集》[M],西安:陕西师范大学出版社,2003年,第74—76页。
[2] [美]基思·佩恩著,李大白译,《断裂的阶梯:不平等如何影响你的人生》[M],北京:中信出版社,2019年,第178页。

的大脑变化,即使个体与其他人花费了同样多的时间,教育对其从生理到心理各方面发展的影响和改变都极其有限。另一方面,教育对个体改变的限度还会受到个体生理心理条件的限制。虽然现代神经生理学认为,个体的"学习和脑发展以互惠的方式发生相互作用"[1],脑的发育是个体学习的基础,后天的积极学习过程能够在一定程度上改变个体的大脑组织及其结构,并促使个体的脑向更有利于学习方向的改变;但正如刺激丰富的环境不能让聪明的老鼠更聪明一样,不同的环境、营养和教育条件能够提高或降低个体智商水平的限度在上下20—30分点之间。同时,由经验和内驱力所驱动的"大脑系统似乎按不同的时间架构发展",不同的大脑区域和发育敏感期常常发生"在特定的时间里,利用特定的经验"[2]。这也就意味着人类大脑的发育具有与年龄、事件/经验等密切相关的特殊性,因此并不是在个体成长过程中的所有时间段、所有接触到的内容都会引起个体大脑组织结构的变化,教育的内容选择、学习的方式方法等都需要根据大脑组织结构变化的规律去设置,由此我们也可以解释,错过了青少年时期正规学习的成年人,再进行学习的难度更大、效果也相对不够理想。

正如布迪厄所说,当一个物体或一件事获得了制度化的认可之后,往往意味着这个物体或这件事就已经不只是其本身,"而是变成了一项社会功能,也就是一种授权、一项任务、一份责任、一个角色"[3],与其相关的人或事情、事件也由此获得某种制度化身份。教育之于个体的改变,在千百年来的人类社会发展历史中已经获得了或正式或非正式的各种

---

1 [美]科拉·巴格利·马雷特等编著,裴新宁等译,《人是如何学习的——学习者、境脉与文化》[M],上海:华东师范大学出版社,2021年,第3页。
2 [美]约翰·D.布兰思福特等编著,程可拉等译,《人是如何学习的:大脑、心理、经验及学校》[M],上海:华东师范大学出版社,2002年,第136页。
3 [法]皮埃尔·布迪厄著,刘晖译,《区分——判断力的社会批判(下)》[M],北京:商务印书馆,2017年,第759页。

"授权",教育与知识、能力,教育与学历/文凭,教育与职业,以及教育与婚姻、家庭、社会经济地位等之间的种种连接,也得到了各种或隐或显的合法性操作和许可——教育是个体成为"文明人""现代人""有能力的人"等无法绕过的社会化必经之路。更重要的是,个体在经由此路时,已经率先被制度化的学校教育分置于与其未来身份、地位及职业系统相连接的结构化组合的不同位置上,教育对个体的改变在很大程度上也与其被置于的社会结构化组合中的位置相匹配。这也就是说,教育对个体的改变,不只是由教育的内容、方法等所决定,教育与社会、个体之间的相互契合机制,既改变了个体,也改变了教育和社会。与此同时,由于教育对个体的改变通常是基于个体自身的主动选择配合,特别是个体积极的学习与投入,表明教育对个体的改变,实际上也是个体借由教育的通道,完成了对自己的改变与塑造;在此,教育只是个体改变自己的中介工具和手段,即教育改变了个体,个体塑造了自己。

参考文献

边燕杰、张文宏,《经济体制、社会网络与职业流动》[J],《中国社会科学》,2001(2):77—89。

岑逾豪,《大学生成长的金字塔模型——基于实证研究的本土学生发展理论》[J],《高等教育研究》,2016(10):74—80。

仇立平,《职业地位:社会分层的指示器——上海社会结构与社会分层研究》[J],《社会学研究》,2001(3):18—33。

丁大建、高庆波,《毕业了你将去哪里——2003年北京地区高校本科毕业生就业意愿调查分析》[J],《中国人力资源开发》,2004(4):4—10。

高曼,《教育筛选理论研究的新进展》[J],《教育经济评论》,2017(3):112—128。

管振、孙志军,《教育收益中的人力资本与信号效应估计》[J],《劳动经济研究》,2020(4):3—20。

黄勇、从玉华,《大学生就业:从计划分配到市场"双选"》[J],《国际人才交流》,2004(3):9—11。

姜全保、淡静怡,《中国女性婚姻的推迟与补偿》[J],《中国人口科学》,2017(5):53—65+127。

李锋亮,《教育的信息功能与生产功能:一个筛选理论实证检验方法的文献综述》[J],《中国劳动经济学》,2006(2):153—183。

李路路,《制度转型与分层结构的变迁——阶层相对关系模式的"双重再生产"》[J],《中国社会科学》,2002(6):105—118+206—207。

李中清、康文林,《中国农村传统社会的延续——辽宁(1749—2005)的阶层化对革命的挑战》[J],《清华大学学报(哲学社会科学版)》,2008(4):26—34+159。

梁晨、李中清,《贫寒之家大学之路的变迁》[J],《读书》,2013(9):141—148。

梁晨等,《江山代有才人出——中国教育精英的来源与转变:1865—2014》[J],《社会学研究》,2017(3):48—70+243。

梁中和,《哲学何以安顿权力——柏拉图论权力的来源、根据与运用》[J],《社会科学文摘》,2020(1):88—90。

刘少雪、杨林,《我国工程师职业发展的现状与未来》[J],《高等工程教育研究》,2008(5):35—38。

刘燕梅、段小红,《农民受教育程度对其家庭收入的影响分析——基于甘肃省13个市县的实地调研》[J],《浙江农业学报》,2013(2):404—409。

刘泽云、刘佳璇,《中国教育收益率的元分析》[J],《北京师范大学学报(社会科学版)》,2020(5):13—25。

罗忠勇,《农民工教育投资的个人收益率研究——基于珠三角农民工的实证调查》[J],《教育与经济》,2010(1):27—33。

秦岭,《从农村劳动力受教育程度分析农民增收问题》[J],《南京人口管理干部学院学报》,2004(1):14—18。

任剑涛,《政治权力的权威性:来源、生成与限制》[J],《天府新论》,2016(3):1—9。

王强等,《基于空间计量交互模型的人才流动影响因素研究——以中国"双一流"高校毕业生为例》[J],《地理学报》,2023(6):1392—1407。

王善迈,《我国教育投资比例的历史分析》[J],《北京师范大学学报》,1987(5):66—75。

王纡,《研究型大学学生学习性投入对学习收获的影响机制研究——基于2009年"中国大学生学情调查"的数据分析》[J],《清华大学教育研究》,2011(4):24—32。

肖干,《职业适应期大学生员工频繁"跳槽"现象的调查分析与教育启示》[J],《中国青年研究》,2014(3):84—88+83。

许琪、潘修明,《美貌与地位:中国人婚姻中的匹配与交换》[J],《社会》,2021(6):203—235。

姚泽麟,《"工具性"色彩的淡化:一种新健康观的生成与实践——以绍兴醴村为例》[J],《社会》,2010(1):178—204。

易翠枝,《婚姻市场的教育分层与女性人力资本投资》[J],《华东经济管理》,2007(2):127—130。

钟云华,《大学毕业生职业流动的影响因素分析》[J],《高等教育研究》,2015(6):33—41。

诸建芳、王伯庆、恩斯特·使君多福,《中国人力资本投资的个人收益率研究》[J],《经济研究》,1995(12):55—63。

曹锦清,《黄河边的中国》[M],上海:上海文艺出版社,2013年。

曹日昌主编,《普通心理学》[M],北京:人民教育出版社,1987年。

费穗宇、张潘仕主编,《社会心理学辞典》[M],石家庄:河北人民出版社,1988年。

顾明远主编,《教育大辞典(增订合编本)》[M],上海:上海教育出版社，1998年。

郝维谦、龙正中主编，《中华人民共和国教育专题史丛书·高等教育史》[M]，海口：海南出版社，2000年。

黄希庭、郑涌，《心理学十五讲》[M]，北京：北京大学出版社，2014年。

黄希庭主编，《简明心理学辞典》[M]，合肥：安徽人民出版社，2004年。

柯兰君、李汉林主编，《都市里的村民：中国大城市的流动人口》[M]，北京：中央编译出版社，2001年。

李强，《当代中国社会分层》[M]，北京：生活·读书·新知三联书店，2019年。

李爽，《傲慢与偏见：英国私立学校访谈录》[M]，上海：上海社会科学院出版社，2017年。

李晓东主编，《发展心理学》[M]，北京：北京大学出版社，2013年。

林崇德，《发展心理学》[M]，杭州：浙江教育出版社，2002年。

林崇德、杨治良、黄希庭主编，《心理学大辞典》[M]，上海：上海教育出版社，2004年。

刘爱伦主编，《思维心理学》[M]，上海：上海教育出版社，2002年。

刘道玉，《一个大学校长的自白》[M]，武汉：长江文艺出版社，2005年。

刘少雪主编，《面向创新型国家建设的科技领军人才成长研究》[M]，北京：中国人民大学出版社，2009年。

刘文，《高等教育投资与毕业生供求研究——基于人力资本的视角》[M]，北京：中国经济出版社，2006年。

皮连生主编，《教育心理学》[M]，上海：上海教育出版社，2011年。

曲恒昌、曾晓东，《西方教育经济学研究》[M]，北京：北京师范大学出版社，2000年。

容闳著，徐凤石、恽铁憔译，《西学东渐记》[M]，长沙：湖南人民出版社，1981年。

邵志芳，《认知心理学：理论、实验和应用》[M]，上海：华东师范大学出版社，2019年。

佘双好主编，《毕生发展心理学》[M]，武汉：武汉大学出版社，2013年。

时蓉华编著，《社会心理学》[M]，上海：上海人民出版社，2002年。

舒新城，《近代中国留学史》[M]，上海：上海书店出版社，2011年。

杨莉萍主编，《社会心理学经典研究》[M]，合肥：安徽人民出版社，2010年。

叶澜主编，《教育学原理》[M]，北京：人民教育出版社，2007年。

张庆林、邱江主编，《思维心理学》[M]，重庆：西南师范大学出版社，2007年。

赵春鱼，《社会心理学》[M]，杭州：浙江教育出版社，2016年。

朱佳斌、刘群群，《高等工程教育改革背景下学生的认知发展研究》[M]，上海：上海交通大学出版社，2021年。

朱智贤、林崇德，《思惟发展心理学》[M]，北京：北京师范大学出版社，1986年。

[美]迈克尔·W·阿普尔著，王占魁译，《教育能够改变社会吗？》[M]，上海：华东师范大学出版社，2014年。

[美]加里·贝克尔著，陈耿宣等译，《人力资本》[M]，北京：机械工业出版社，2016年。

[英]威廉·博伊德、埃德蒙·金著，任宝祥、吴元训主译，《西方教育史》[M]，北京：人民教育出版社，1985年。

[法]皮埃尔·布迪厄著，刘晖译，《区分——判断力的社会批判》[M]，北京：商务印书馆，2017年。

[法]皮埃尔·布迪厄著，杨亚平译，《国家精英——名牌大学与群体精神》[M]，北京：商务印书馆，2018年。

［美］约翰·D. 布兰思福特等编著，程可拉等译，《人是如何学习的：大脑、心理、经验及学校》[M]，上海：华东师范大学出版社，2002年。

［英］达尔文著，周建人等译，《物种起源》[M]，北京：商务印书馆，2002年。

［美］约翰·杜威著，姜文闵译，《我们怎样思维·经验与社会》[M]，北京：人民教育出版社，2005年。

［英］安德鲁·海伍德著，吴勇译，《政治学核心概念》[M]，天津：天津人民出版社，2005年。

［英］安东尼·吉登斯著，李康、李猛译，《社会的构成——结构化理论纲要》[M]，北京：中国人民大学出版社，2016年。

［美］罗伯特·凯根著，韦子木译，《发展的自我》[M]，杭州：浙江教育出版社，1999年。

［美］兰德尔·柯林斯著，刘冉译，《文凭社会——教育与分层的历史社会学》[M]，北京：北京大学出版社，2018年。

［美］安妮特·拉鲁著，张旭译，《不平等的童年》[M]，北京：北京大学出版社，2010年。

［美］斯蒂芬·P. 罗宾斯著，孙建敏、李原等译，《组织行为学》[M]，北京：中国人民大学出版社，1997年。

［英］约翰·洛克著，徐大建译，《教育漫话》[M]，上海：上海人民出版社，2014年。

［美］科拉·巴格利·马雷特等编著，裴新宁等译，《人是如何学习的——学习者、境脉与文化》[M]，上海：华东师范大学出版社，2021年。

［美］戴维·迈尔斯著，侯玉波等译，《社会心理学（第11版）》[M]，北京：人民邮电出版社，2016年。

［美］黛安娜·帕帕拉、萨莉·奥尔茨、露丝·费尔德曼著，李西营等译，《发展心理学》[M]，北京：人民邮电出版社，2013年。

［美］基思·佩恩著，李大白译，《断裂的阶梯：不平等如何影响你的人生》[M]，北京：中信出版社，2019年。

［德］齐美尔著，林荣远译，《社会学——关于社会化形式的研究》[M]，北京：华夏出版社，2002年。

［美］西奥多·W. 舒尔茨著，蒋斌、张蘅译，《人力资本投资——教育和研究的作用》[M]，北京：商务印书馆，1990年。

［美］D. 舒尔兹著，李文湉译，《成长心理学》[M]，北京：生活·读书·新知三联书店，1988年。

［英］亚当·斯密著，谢宗林、李华夏译，《国富论（I—III卷）》[M]，北京：中央编译出版社，2010年。

［美］斯滕伯格著，杨炳钧等译，《认知心理学》[M]，北京：中国轻工业出版社，2006年。

［英］罗伯特·汤姆生著，许卓松译，《思维心理学》[M]，北京：五洲出版社，1985年。

［英］保罗·威利斯著，秘舒、凌旻华译，《学做工——工人阶级子弟为何继承父业》[M]，南京：译林出版社，2013年。

［英］劳伦斯·詹姆斯著，李春玲等译，《中产阶级史》[M]，北京：中国社会科学出版社，2015年。

联合国教科文组织国际教育发展委员会编著，华东师范大学比较教育研究所译，《学会生存：教育世界的今天和明天》[M]，北京：职工教育出版社，1989年。

Ping-Ti Ho, *The Ladder of Success in Imperial China: Aspects of Social Mobility 1368–1911* [M], New York: Basic Books, 1962.

A. D'Houtaud, Mark G. Field, "The Image of Health: Variations in Perception by Social Class in a French Population" [J], *Sociology of Health and Illness*, 1984, 6 (1): 30-60.

Bian Yanjie, "Bringing Strong Ties Back In: Indirect Ties, Network Bridges, and Job Searches in China" [J], *American Sociological Review*, 1997, 62(3): 366-385.

D. B. McNatt, T. A. Judge, "Boundary Conditions of the Galatea Effect: A Field Experiment and Constructive Replication" [J], *Academy of Management Journal*, 2004, 47 (4): 550-565.

J. A. Ortega, "A Characterization of World Union Patterns at the National and Regional Level" [J], *Population Research and Policy Review*, 2014 (2): 161-188.

J. Berger, R. M. Zelditch, "Status Organizing Processes" [J], *Annual Review of Sociology*, 1980(6): 479-508.

S. A. Alvarez, J. B. Barney, "Discovery and Creation: Alternative Theories of Entrepreneurial Action" [J], *Strategic Entrepreneurship Journal*, 2007 (1-2): 11-26.

S. Boukarras, V. Era, S. M. Aglioti, and M. Candidi, "Modulation of Preference for Abstract Stimuli Following Competence-based Social Status Primes" [J], *Experimental Brain Research*, 2020, 238 (1): 193-204.

曹昱,《农村居民受教育程度对收入水平的影响研究》[D], 河南大学, 2019年。

罗玛,《"证据推理"科学能力的实证研究》[D], 华东师范大学, 2018年。

汪茂华,《高阶思维能力评价研究》[D], 华东师范大学, 2018年。

于春娥,《建国以来大学生就业制度的沿革与职业价值观的演变》[D],

山东大学，2008年。

张欢华，《国家与地位获得：1949—1996年的中国社会》[D]，香港中文大学，2011年。

周化明，《中国农民工职业发展问题研究》[D]，湖南农业大学，2012年。

国家统计局编，《中国统计年鉴》（1999）[M]，北京：中国统计出版社。

国家统计局人口和就业统计司、人力资源和社会保障部规划财务司编，《中国劳动统计年鉴》[M]，北京：中国统计出版社。

国务院人口普查办公室、国家统计局人口和就业统计司编，《中国人口普查资料》[M]，北京：中国统计出版社。

麦可思研究院编著，《中国大学生就业报告》[M]，北京：社会科学文献出版社。

中华人民共和国教育部编，《全国教育事业发展统计公报》（2015、2019、2022）[OL]，http://www.moe.gov.cn/jyb_sjzl/sjzl_fztjgb/。

后　记

　　踏入教育学专业近四十年，真正从事教育学研究也有三十年，在深感受惠于这个最初既无感觉又不知如何向人解释的学科之后，希望有一天能够用自己的方式去回报这个国家、这个时代、父母家人，以及自己在求学和工作过程中所受教、接触过的无数老师、同学和朋友。今天这个愿望终于要实现了，心里不只是有激动，还有不少的忐忑。

　　作为一个出生于20世纪60年代的农村女娃，在该上学的年龄背起了书包，顺着升学的阶梯，一次次告别熟悉的老师、同学和学校，然后在新的憧憬中结识新的老师、同学和朋友，就这样一步步走出了乡村，最终成为一个生活在与家乡和幼时玩伴都少有交集的大城市里的人。我曾经以为我所得到的这一切都是理所当然的，以至于根本不需要去考虑和反思：教育为什么能够让我拥有与我的玩伴甚至我的兄弟姐妹不一样的人生？是教育改造了我，还是教育激发培育了我，抑或教育只是给我提供了一个跨入与我的家庭出身完全不同的职业平台？每结束一段受教育经历都会得到一张毕业证书，它既是对我刚刚结束的这段受教育过程的证明，又是开启下一段教育或是职业历程的基础；但与我拥有同样证书的人很多，可他们中没有任何一个人拥有跟我完全一样的人生，那这些证书到底在个体一生的成长发展中发挥了什么作用？无论是当下还是过去，有人为了获得证书而踏进学校，也有人只是接受了最单纯的学校教育，那么作为学生来说，是获得证书重要还是接受教育重要？……细究下来，似乎有无数问题。作为一名专业的教育研究者，我希望自己能够尝试回答这些问题。

从构想到完成，本书持续了差不多十年的时间，时间跨度之长和写作过程中的困难都远远超过了最初的设想。终于坚持下来，特别感谢那些为本书完成提供了各种帮助的朋友、学生和家人，以及偶然遇到的出租车司机、小时工等等，与他们的交谈以及请他们提供的书面或口头材料，不仅开阔了我的研究视野、丰富了支撑材料，他们对我的信任和督促更是弥足珍贵！在此，特别感谢福州大学孙秋碧教授，读博期间结下的友谊，一直在滋养着我自此之后的学习、工作和生活；感谢太原理工大学的张金萍博士，上海交通大学教育学院2021级博士生郭鑫、李亭松、钱佳莉、章颖倩、赵宏娟、赵鑫等，以及我的同事吴燕、马春梅等。

完成本书后，愈发感觉要感谢我的只有初小、完小文化水平的父母！他们没有因为经济条件差而限制我们兄弟姐妹的受教育机会，尤其没有限制我这个女孩子，上完大学又上研究生，离家越来越远。

感谢我的婆婆，没有上过学是她一辈子的遗憾，但她为我承担了儿子出生后的绝大部分家务，尽管大部分时间她不知道我在做什么。

最后，感谢上海交通大学"文科成果文库资助计划"的资助，感谢商务印书馆编辑们的辛劳付出！